한국어로 내려온
New Bible

새로운
성 경

제77권

5부 | 총10부

하얀마음

하나님 말씀 중에서

1. 사랑의 하나님

- 세상을 창조하신 하나님은 모두를 사랑하신다. 인간만 특별히 더 사랑하지 않고, 우주 만물을 다 똑같이 사랑하신다. 그러니 하나님이 창조하신 천지 만물과 화친하고, 미물까지도 소중히 대하라.

- 하나님은 특정 종파나 민족만을 더 사랑하지 않으신다. 자기 자신만 구원받겠다는 욕심을 버리고, 자기 종파만 구원받는다는 편협한 교리에서 벗어나야 한다. 종파를 초월해서, 모두를 사랑하라.

- 원수까지 사랑하라 했으니, 이 세상에 사랑하지 못할 자가 누가 있겠는가? 종파가 다르다고 해서 부모 형제와 원수처럼 지내는 자는 인간의 근본을 모르는 자다. 가장 가까운 가족부터 사랑할 때 남도 진심으로 사랑할 수 있다.

- 한 사람을 원수같이 생각하던 마음에서 사랑하는 마음으로 돌리면, 자기 자신의 마음이 가장 기쁘고 행복하다. 하나님께서는 인간의 마음속에 무거움이 없이 기쁘고 행복한 삶을 살기를 바라신다.

- 이웃을 "내 몸처럼" 사랑하라 했으니, 마지막 한 장 남은 천국의 티켓도 이웃에게 양보하라. 자기 중심적인 신앙에서 벗어나서 남을 위해 살아야 한다.

- 독초도, 약초도, 이단도 사탄도 천사도 다 필요하기에 존재한다. 독초일지라도 극소량을 사용해서 생명을 살릴 수 있고, 약초라 하더라도 남용하면 생명을 잃을 수 있다.

- 세상 모든 것을 명약으로 활용하는 것은 인간의 지혜에 달렸다. 어떤 것이든 어떤 사람이든 적재적소에 꼭 필요한 명약으로 승화시키라.

- 사탄도 이단도 천사도 모두 하나님의 주관하에 존재한다. 진정한 하나님의 백성은 사탄과 마귀까지도 감화시켜서 천사로 거듭나게 한다.

2. 기도

- 하나님은 인간의 생각까지 모두를 다 알고 계신다. 우리의 소원도 이미 알고 계시기에, 소원의 기도를 할 필요가 없다. 우리가 받을 자격이 되면 내려 주신다.

- 죄를 짓고 아무리 회개를 해도 용서받지 못한다. 도둑질한 자는 용서해 달라고 기도하고, 도둑맞은 자는 도둑을 잡게 해 달라고 기도하면, 공의의 하나님은 누구의 편에 서시겠는가?

- 자기가 잘못한 것은 그 사람에게 직접 갚고 용서를 구하라. 그가 용서하면 하나님도 용서하신다. 땅에서 매면 하늘에서도 매이고, 땅에서 풀리면 하늘에서도 풀리는 이치다.

- "회당에서 기도하지 말고 골방에서 기도하라" 했다. 눈에 보이는 골방이 아니라, 골방과 같이 고요한 마음이다. 잡념을 버리고 하나님을 향해 마음을 집중하며, 사랑하고 용서하는 아름다운 생각만 나오도록 하라.

- "두드리면 열릴 것이다." 하는 것은 육의 소원을 위해 두드리라는 것이 아니라, 진리의 깨달음을 얻기 위해 두드리라는 것이다.

- 기도하는 방법: 생활 속에서 수시로 기도하는 삶을 살아야 한다.

- "저의 죄를 용서하여 주옵소서." 하는 회개의 기도를 하라.
- 범사에 "하나님! 감사합니다." 하라. 현재 가진 것에 감사하며, 과욕하지 말라. 자기 노력 이상의 것을 더 갖고자 기도하는 것은 도둑놈심보다. 공의의 하나님은 각자 노력한 만큼 주신다.
- "하나님 뜻대로 살아가겠나이다." 하며 마음의 각오를 다지라.

- 기도는 하나님의 말씀을 받아서 "행하는 것"이다. 하나님이 계심을 굳건히 믿고, 하늘을 향하여 한 점 부끄럼 없이 사는 삶 자체가 가장 위대한 기도이며, 삶이 곧 예배다.

3. 지도자

- 똑같이 사랑한다는 말을 해도, 순수하게 하는 말은 천사의 말이지만, 사기 쳐서 재산을 가로채려고 하는 말은 사탄의 말이다.

- 종교 지도자가 아무리 훌륭한 설교를 해도, 신도의 재물을 거둬서 더 큰 교회를 짓고 자기의 부귀영화를 바라며 설교하면 사탄의 가르침이 된다.

▪ "저희 교회는 만원사례요, 믿음은 다 같으니 이웃의 개척 교회에 가서 예배를 드리시오." 하며, 이웃 교회의 부흥을 먼저 생각하여 제 신도를 보내는 종교 지도자가 있다면 그를 따르라. 그가 하나님의 사랑을 실천하는 자다.

▪ "부자가 천국에 들어가는 것은 낙타가 바늘구멍을 통과하는 것보다 더 힘들다" 하였거늘, 지금의 교회에서는 부자가 되기만을 기도하고 소원하니, 이는 곧 천국을 포기하고 지옥 행 열차의 티켓을 사는 것과 같다.

▪ 예수는 빈손이었다. 종교 지도자가 예수보다 더 호화롭고 편안하게 살아간다면 잘못된 것이다. 부귀영화와 명예를 바라는 자는 절대로 갈 수 없는 좁고 협착한 길이 종교 지도자의 길이다.

▪ 종교 지도자는 유리로 비춰 봐 한 점의 부끄러움이 없이 살아야 한다. 의식주도 직접 일해서 해결하고, 예수의 가르침과 행함을 그대로 따라야 한다.

▪ 종말은 없다. 지금의 잘못 가는 종교 집단에게만 종말이 있다. 보이지 않는 하나님은 보이는 육의 종말은 관여하지 않으신다. 환경 파괴로 인간이 스스로 멸망을 자초하는 것이다. 종파끼리 싸우기 전에, 무너진 인성을 바로잡고 지구의 몸살을 해결하는 데 뜻을 모으는 게 급선무다.

4. 성전이란

▪ 이 세상 자체가 하나님께서 만드신 성전이다. 자연보다 더 아름다운 성전이 있는가? 보이는 건물이 성전이 아니라, 성스러운 마음가짐이 성전이다.

▪ 반석 위에 교회를 지으라 했다. 지상의 단단한 돌은 인간이 쪼갤 수 있으나, 마음속의 굳은 결의는 세상 무엇으로도 쪼갤 수 없다. 바르고 굳건한 믿음으로 성경의 가르침을 실천하는 것이 마음의 반석 위에 교회를 짓는 것이다.

▪ 손으로 지은 건물의 교회에 모여서 복음을 전하는 것이 아니라, 교회를 개인과 가정에 심어 주어야 한다. 무너지고 부서지는 건물을 짓지 말고, 마음속에 영원히 불변하는 참진리의 교회를 지으라.

5. 십계명

- 십계명은 인간이 죽어서 반드시 통과해야만 하는 열 개의 관문이다.

- 부모를 공경하지 아니한 자는 "네 부모를 공경하라." 하는 제5계명의 관문이 열리지 않으니 구원받을 수 없다.
- 살인, 간음, 거짓, 우상 등의 나머지 계명도 마찬가지다.

- 십계명은 하나님의 친필이다. 모기소리만 한 하나님의 음성이라도 들어 보겠다고 여기저기 찾아 헤매지 말고, 십계명부터 암송하고 지키라.

- 십계명은 영혼을 구원하는 양식이며, 십계명을 지키는 것이 구원을 받는 길이다. 인간이기에 지키고자 노력하고 또 노력한다면 지킬 수 있다.

- 십계명을 지키고 천사처럼 아름답게 살아가는 그 마음 하나면 세상에 이루어지지 않는 것이 없다.

6. 보물

- 하나님은 재물이 아니라 우리의 마음을 받으신다. 사랑을 실천하며 천사처럼 변하는 마음이 하나님께 바치는 보물이다.

- 보이지 않는 하나님께 재물을 바치려 하지 말고, 너희를 길러 준 부모에게 용돈 드리고, 찾아뵙고, 효성을 다하라. 그것이 하나님께 효도하는 것이다.

- 하늘에는 선과 악의 창고가 있다. 자기 창고에 선이 많으면 천국으로 구원을 받고, 악이 많으면 심판받아 지옥으로 간다. 그것이 바로 "선한 일을 행한 자는 생명의 부활로, 악한 일을 행한 자는 심판의 부활로" 나오는 것이다.

- "선악과를 따먹지 말라"는 것은 양심을 지키라는 것이다. 선과 악을 구분할 수 있는 양심을 최초에 인간에게 주셨다. 선한 열매는 취하고, 악한 열매는 버리며, 양심에 비추어 부끄럼 없는 삶을 살아가라.

- 가장 작은 거짓말을 하지 않고, 가장 작은 죄를 짓지 않으며, 가장 작은 선행을 하고, 가장 작은 악행을 멀리하는 것이 율법의 일점 일획도 빠뜨리지 말고 다 지키는 삶을 사는 것이다.

7. 우상

- 박물관에 있는 불상은 하나의 예술품이다. 그 조각품에 대고 제 소원을 빌 때 우상숭배가 된다. 십자가라 하여도 그 앞에서 소원을 빈다면 우상숭배하는 것이며, 하나님께 소원을 빈다면 하나님을 우상으로 전락시키는 것이다.

- 지금 기복신앙에 젖어 있는 모든 사람이 우상 앞에 절을 하고 있다. 조각품을 우상이라며 파괴하지 말고, 네 마음속에 있는 욕심의 우상을 무너트리라.

- 생수를 약초가 먹으면 약을 만들고 독사가 먹으면 독을 만든다. 같은 성경을 봐도 선한 지도자는 신도를 천사로 만드는 데 활용한다. 그러나 욕심이 가득한 지도자는 재물을 거두어들여 제가 부귀영화를 누리는 데 악용한다. 그가 바로 성경을 우상숭배의 도구로 전락시키는 거짓 선지자다.

- 성경을 한 획도 빼거나 더하지 말라는 것은, 그 가르침을 빠트리지 말고 온전히 지키라는 것이다. 성경 속에서 자기에게 유리한 구절만 보는 것은, 자기에게 불리한 구절들을 빼 버리는 것이다. 믿음이 제일이요, 행함은 구원과는 관계없다는 것은 자신에게 유리한 쪽으로 성경을 악용하는 것이다.

- 진정한 종교 지도자는 종파에 관계없이 어떤 종파든 어떤 책이든 접하고 보고 깨우쳐 견문을 넓히도록 인도한다. 참진리를 모르고 자신이 없는 자가 남을 이단이라며 배척하고, 신도들의 눈과 귀를 가린다.

8. 예수

- 예수의 재림은 없다. 예수가 다시 온다 해도, 과연 누가 그를 예수라고 믿겠는가? 예수와 같은 삶의 행함이 곧 예수의 재림이다. 각자 모두가 "재림 예수"가 되는, 차원 높은 믿음으로 가야 한다.

- 예수는 "주여 주여 하지 말고, 아버지의 뜻대로 행하라"고 했다. 예수가 전한 하나님의 뜻이 곧 "길이요, 진리요, 생명"이며, 그 가르침이 예수의 보혈처럼 소중한 것이다. 예수를 믿는 것은, 예수의 가르침을 믿고 따르는 것이다.

- 예수는 낮은 자로서 만백성을 섬기고자 했다. 만나는 모든 사람을 다 하나님이라 생각하라. 돈을 벌수록 겸손하고, 높은 지위를 얻을수록 낮아지라.

▪ 예수는 종파를 만들지 않았다. 인간이 만든 종교와 인간의 교리를 따르지 말고, 예수를 통해 전한 하나님의 참진리를 연구하고 따르라.

▪ 예수가 2천 년 전에 만백성을 위해 죽었으니, 지금 이 땅에는 예수의 가르침대로 사는 천사만 존재해야 한다. 예수가 죽어 가면서 바란 것은 만백성이 천사가 되어 예수의 자리를 채워 주는 것이지, 지금과 같이 재물을 바치면서 중언부언 제 소원만을 비는 백성들을 바란 것이 아니다.

9. 구원

▪ 천사가 사는 천국에는 천사만 갈 수 있으니, 천사 같은 마음을 길러야 한다.

- "천국 열쇠를 네게 주리니 땅에서 무엇이든지 매면 하늘에서도 매일 것이라" 했다. 땅에서 천사같이 사는 자가 하늘에서도 천사가 되어 천국에 들어간다. 모든 사람에게 천사같다는 말을 듣는 삶을 살아야 한다.

▪ 천사의 곱고 아름다운 마음은 부모를 공경하고 어른을 어른으로 대접하는 데에서 출발한다. 효도하는 자는 형제와 화목하게 지내기에 가정이 화목해지고, 이웃과 화목해지고, 국가가 화목해지고, 온 인류가 화목해진다.

- 그러므로 지상의 아름다운 소왕국은 가정에서부터 이루어야 한다.

▪ 선택된 14만 명만 구원받는 것이 아니라, 천사처럼 변하고자 하는 14만 명을 기초로 온 인류가 천사처럼 거듭나는 영적인 개혁이 시작되는 것이다.

▪ 천 년에 걸쳐서 하늘에서 이루어진 것같이 이 세상을 낙원으로 만들어, 만백성이 지상의 천국에서 살다가 죽어서 그대로 하늘의 천국으로 들어가는, 영원한 지상 낙원을 건설하는 것이 하나님의 계획이다.

- 이것이 구약과 신약에 이어 "새로운 성경"으로 역사하시는 하나님의 창조의 완성이다.

▪ 지금의 믿음으로 구원받을 수 있다면 그 길을 가라. 그러나 자신이 없다면 하나님께서 직접 내리신 160권의 "새로운 성경"을 읽고 구원의 길을 보라!

하나님 머리말씀

이 새로운 성경을 읽는 너희 모두는
이 율법에 따라 행하면 영원히 구원받을 것이니라.

너희 인간이 수년, 수십 년, 평생
성서를 공부하고 기도하는 것은
하늘나라 나의 곁으로 오고 싶은 소망일진대,

몇천 년 전의 너희 인성과 생각이
지금의 너희와는 판이하게 다르니,

꺾여 가고 병들어 가는 너희를 고칠 수 있는 길은,
오늘 내가 선지자에게 내리는 새로운 성경과 같이
너희가 변화되는 것뿐이니라.

나의 예수가 태어난 것처럼
내가 아들 선지자를 선택하여
나의 새로운 성경을 온 세계에 전하고자 하니,

묵은 것은 버리고 새로운 것은 취하여,
너희 모두는
'여호와 하나님! 저의 죄를 용서하여 주옵소서.'
하는 기도문으로 기도하고, 죄를 뉘우치라.

이 새로운 성경은
수천 년간 내려온 성서를 요약한 것이니,
너희는 이 책을 정독하여 쉽게 깨달음을 얻고,
이대로 실천하여 하늘에 오르라.

대역자 머리말

■ 하나님의 율법을 지키는 선지자로 선택을 받도다.

저는 남들처럼 그저 열심히 살아온 평범한 사람이었습니다. 그러나 50대 중반에 사업에 실패하여 많은 부채에 시달렸으며, 건강도 악화되어 눈이 잘 안 보이고, 걷기도 어렵고, 두통이 심해서 잠을 이룰 수 없는 고통의 나날을 보냈습니다. 그때 제가 선택할 수 있는 것은 육의 삶을 끝내는 길뿐이었습니다.

죽기 직전에 그동안에 죄를 지은 이들에게 용서를 빌고 인생을 끝내기로 작정하였습니다. 어려서부터 지은 죄를 빌고 빌다 보니 끝이 없었고, 죽음으로도 그 많은 죄를 용서받을 길이 없다는 생각에 하염없이 눈물이 흘렀습니다. 그 순간 '재래식 화장실의 구더기는 죄를 짓지 않는데, 나는 인간으로서 구더기만도 못한 삶을 살았구나.' 하는 생각이 들면서 괴로움에 몸부림칠 때, 갑자기 하나님의 음성이 들렸습니다.

"나는 여호와 하나님이니라. 너는 십계명을 암송하고 내가 내려 주는 메시지를 받아 책으로 만들어 만백성을 구하라." 하시며, 제 눈을 손으로 문지르게 하시고, 아픈 머리와 다리를 손으로 두드리게 하셨습니다. 그러고 나니 눈도 잘 보이고 걸을 수 있었으며 머리의 통증도 말끔히 낫게 되었습니다. 그때부터 십계명을 암송하고 나면 들려주시는 말씀을 기록하였고, 1999년 8월부터 2004년 7월까지 권당 288쪽, 총 160권을 받아서 "새로운 성경"이라는 책으로 펴내게 되었습니다.

그러한 저에게 죽기보다도 힘든 길이 시작되었습니다. 모든 교인들이 저에게 사탄이요, 이단이요, 악마요, 마지막 시대에 온 거짓 선지자라 하면서 공격하였고, 저를 짐승을 보듯이 대하는가 하면, 편협한 종교 지도자들의 선동으로 신도들이 이 책을 직접 읽어보고 평가할 기회마저 막아 버렸습니다. 그래서 하나님의 말씀을 세상에 내는 데 많은 어려움을 겪으며, 피를 토하는 심정으로 책을 전하고 있습니다.

그러나 아무리 인간의 힘으로 막으려 해도, 하나님의 뜻이 세상에 전해지는 위대한 역사는 계속될 것입니다. 책으로 전해지는 "하나님의 말씀"은 세상 끝날까지 항상 우리와 함께하실 것입니다. 사람은 죽어도, 책에 기록된 말씀은 영원히 남으니까요.

■ 따뜻한 실천

하나님께서는 어려운 사람들에게 삶의 터전을 마련해 주고, 미래를 열어 주는 것을 기뻐하십니다. 어려운 이웃이 스스로 자립할 수 있도록 이끌어 주는 것이 진정으로 이웃을 돕는 것이라고 말씀하셨습니다. 그래서 일자리가 없는 제자들에게 작은 사업장을 만들어 주는 "달란트 사업"을 하고 있습니다. 식당, 반찬 가게 등을 차려 주고, 기존의 어려운 사업장이 자립할 수 있도록 돕고 있습니다(커피숍, 미용실, 의상실 등).

하나님께서는 교회에 나와서 모든 시간과 재물을 쏟기를 원하지 않으시고, 그 시간과 재물을 교육에 투자하여 스스로 미래를 열어 가기를 원하십니다. 그래서 제때 공부하지 못한 제자들에게 학업을 이어 가도록 하였습니다. 중화요리 주방장을 하며 초등학교 검정고시부터 공부하여 2012년에 방통대를 졸업한 36세 남성, 만학도들의 2년제 중학교에 입학해서 2007년에 명지대학을 졸업한 38세 여성, 중학교 검정고시를 시작으로 숭의여자대학을 졸업한 47세 여성 등이 있습니다. 그밖에도 많은 제자들에게 나이를 초월하여 배우고 깨우쳐서 사회 속의 당당한 일원이 되도록 인도하고 있습니다.

학자금 대출로 힘겨워하는 젊은이들을 위해 "따뜻한 바람 장학회"를 발족하여(2016년 12월) 대출받은 학자금 전액을 매월 갚아 주고 있습니다. 또한, 다문화 가정을 위해 "다문화 가족 랜드"를 조성하여, 각종 시설을 무료로 활용하도록 하고 있습니다.

이러한 따뜻한 실천이 아직은 미약합니다. 그러나 책의 수입이 늘고, 저와 뜻을 같이하는 분들이 늘어나면 계속 확대할 것입니다. 지도자로서 신도의 재물을 헌금으로 거둬들여 착복하는 것이 아니라, 하나님께서 기뻐하시는 일에 사용하도록 중매 역할만 하며 살아가고자 합니다. 이런 제가 과연 사탄이고 이단인가요? 하나님께서 기뻐하시는 일이라면, 저에게 사탄이라 하든 거짓 선지자라 하든 굽히지 않고 실천해 나갈 것입니다.

끝으로, 일상의 삶 속에서 "지금 내가 하는 행동이 과연 하나님께서 기뻐하실까, 슬퍼하실까?" 생각하고, 매사에 하나님께서 기뻐하시는 길을 택하기 바랍니다. 교회에 모여서 집단적으로 예배 드리는 것이 아니라, 개인이나 가정 단위로 새로운 성경을 읽어 스스로 깨우치고 그대로 행하면 충분합니다. 그것이 마음속에 성전을 짓고, 신령과 진정으로 예배 드리는 길입니다. 그러면 천국의 문에 들어서게 됩니다.

2017. 2. 1.

하나님 말씀 대역자 김용철

차 례

십 계 명

이 책은 십계명을 암송하고 나면 내려 주시는 "하나님의 음성"을 듣고 그대로 받아쓴 기록입니다. 하나님께서 십계명을 모세에게 내려 주셨지만, 그것은 만백성에게 내려 주신 것입니다. 마찬가지로 이 책의 모든 말씀도 저에게 내려 주셨지만, 만백성 각자에게 들려주시는 말씀입니다. 여러분도 이 책을 접할 때마다 십계명을 암송하고 나서 정독해 주시기 바랍니다.

제일은, 너는 나 외에는 다른 신들을 네게 있게 말지니라.
제이는, 너를 위하여 새긴 우상을 만들지 말고, 또 위로 하늘에 있는 것이나, 아래로 땅에 있는 것이나, 땅 아래 물 속에 있는 것의 아무 형상이든지 만들지 말며, 그것들에게 절하지 말며, 그것들을 섬기지 말라.
제삼은, 너는 너의 하나님 여호와의 이름을 망령되이 일컫지 말라.
제사는, 안식일을 기억하여 거룩히 지키라.
제오는, 네 부모를 공경하라.
제육은, 살인하지 말지니라.
제칠은, 간음하지 말지니라.
제팔은, 도적질하지 말지니라.
제구는, 네 이웃에 대하여 거짓 증거하지 말지니라.
제십은, 네 이웃의 집을 탐내지 말지니라.

나 여호와가 존재함을 믿는 그 자체가 구원의 길에 들어서는 기본이요, 근본이며, 나의 새로운 성경을 가슴에 안고 정독하는 자, 반석 위에 서서 하늘에 오르는 찬란한 빛을 보게 되는 영광을 얻게 됨이니라. 진정 나를 따르고 믿는 자는 감히 사탄이나 마귀도 근접하지 못하느니라.

〈하나님 말씀〉

2003년 3월

5,668 번째 하나님 말씀

2003년 3월 23일 21시 37분

1 사랑하는 나의 아들아!
2 "네, 아버님! 말씀하옵소서."
3 남의 실수를 판정하며 남을 심판하는
그와 같은 역할을 하는 종교 지도자
그들은 사탄의 자식이며 사탄의 종이
니라.
4 그곳에 가 그와 같은 것을 보고 배우
는 백성, 또 신도라는 자들, 남의 실수
를 선전하는 자들, 그리고 남을 심판
을 하는 자들, 너희가 사탄의 자식이
요, 사탄의 새끼임을 알라.
5 내가 말하지 아니하였던가? 세상의
모든 것이 존재하며 나오는 것은 나에
게 허락받고 도장을 받아 나온다 했음
이니,
6 어떤 종파에서 만들어 내든, 어떤 종
파에서 역사하든, 너희의 건강이요,
너희가 살아가는 삶에 도움이 되는 것
은 너희가 쉽게 구입하며 쉽게 사용할
수 있도록 하여 내가 세상에 다 내려
보내는 것이 아니던가?
7 그와 같은 것을 너희가 사지 말라, 쓰
지 말라 심판을 내리는 행위도 남의
실수를 심판하는 것과 똑같으며, 남의
잘못한 것을 선전하며 남이 잘못한 것
을 꾸짖는 그와 같은 자이니, 그게 무
슨 사랑이 있으며 무엇이 있던가?
8 그는 사탄의 자식이기 때문에 남이 잘
되는 것을 보지 못하며 남이 역사하는
것을 보지 못함이니라.
9 남의 실수요, 남이 잘못하는 것을 욕
하고 판정하는 것보다도,
10 남들이 만들어 내는 것, 남들이 역사
하는 것, 그리고 나의 피조물 만백성
을 위해서 그들이 만들어 내어 너희에
게 제공하는 것,
11 그것이 불교라는 곳에서 만들어서, 또
다른 종파에서 만들어서, 다른 집단에
서 만들어서 그것은 이단이요, 사탄이
라 그리 말하는 기독교요, 지금의 교
회라는 곳을 운영하는 집단들,
12 너희가 가장 사악한 자며 가장 잘못된
자며, 가장 근본이요, 기초도 되지 않
은 자들이니라.
13 너희가 그와 같이 남의 물건을 심판하
며, 나로부터 도장을 받아 나온 것을
시시비비를 하는 그와 같은 사악한 자
들이기 때문에,
14 너희가 골목 안의 작은 교회의 문 앞
에, 큰 교회라는 몇십 배 많은 인원을
가진 자들이 버스라는 기계를 대 놓고
그 동네 사람들을 빼어 가고 실어 가
는 그와 같은 사악한 짓을 하고 있다
내가 그리 말하지 아니하였던가?
15 그와 같은 양심이 없는 자는 남의 것
을 평하며 심판하며, 이단이요, 사탄
의 것이라 하여 그를 거둬들이며 그를
사용하지 못하게 쓰지 말라 하는 그와
같은 판단을 내릴 자격이 없음이니라.
16 감히 나 여호와가 도장을 찍어 내가
인정하여 세상에 다 나온다고 너희가

한 입 가지고 말하면서,
17 무엇은 사지 말라, 어떤 제품은 쓰지
말라, 어느 회사 것은 사용하지 말라,
어느 회사에서 나오는 것은 듣지도 말
라, 어떠한 사람이 전하는 것은 생각
지도 말라 그리 너희가 가르치고 있으
니,
18 얼마나 너희가 독선적이며 사악한 자
며, 세상이 무섭고 두려운 걸 모르는
것인가?
19 하늘에 나 여호와가 존재함도 모르며,
나 여호와가 내려보내는 것의 두려움
도 모르며, 나로부터 심판을 받는 것
의 두려움도 모르는 그와 같은 사악한
자들이 지금 하고 있는 행동이 그러함
이니,
20 너희가 그와 같이 말하는 자, 한 입에
혀가 두 개 붙은 그와 같은 사악한 자
들에게 현혹되어 지옥 불로 가지 말라.
21 이 세상의 모두는 내가 너희를 위해
나올 수 있도록 내가 인가해서 도장을
찍어 내려보낸 것이거늘,
22 그것을 쓰지 말라, 먹지 말라 그와 같
이 하는 자가 나보다 위에 있으려는
자이니, 그게 사탄의 자식이기 때문에
감히 그리 말하느니라.
23 나의 백성은 감히 그런 말을 못 함이
니라.
24 거역하지 못함이니라.
25 그리하여 나의 아들을 통하여 뭐라 말
하였느냐?
26 종파도 너희가 따지지 말라 하지 않았
던가?
27 너희가 세상에 육을 가지고 나온 것이
더 소중하기에 그보다 더 소중한 것이
없거늘,
28 너희의 육을 위하여 만들어 낸 그 모
두는 내가 인가하여 만든 것이니, 너
희가 그를 가지고 먹지 말라, 마시지
말라 시시비비하는 것, 남의 것을 평
가하고 심판하는 그 사악한 짓을 하지
말라.
29 그것이 바로 너희가 나보다 높고자 하
는 자라는 걸 잊지 말라.

5,669 번째 하나님 말씀

2003년 3월 23일 22시 02분

1 사랑하는 나의 아들아!
2 "네, 아버님! 말씀하옵소서."
3 너희가 잘못 살아가는 것, 잘못하는
것, 그 모두가 다 하늘을 오염시키는
것이며,
4 너희가 나의 성령이요, 나의 진리를
찾아가지 아니하며, 지금 나와는 관계
없는 죽음의 길을 달려간다 하였음이
니라.
5 그러니 자연의 환경이요, 이 세상을
오염시키는 것은 너희가 실수하는 삶
이요, 사랑을 베풀지 못하고 사는 것,
나누지 못하고 사는 것,
6 그와 같은 너희가 나의 뜻을 거역하고
사는 모든 것이 다 내가 만든 아름다
운 이 지상을 오염시키는 것이니라.
7 그러나 그중에서도 가장 이 세상을 오
염시키는 범죄가 무엇인 줄 알겠는가?
8 지금의 종교 집단이요, 지도자들이 잘
못 가르치는 그 설교요, 그들의 강론
인 것이니라.
9 그들이 나의 뜻을 모르며 가르치는 그

들의 강론이요, 깨우친다 하여 설교하
는 그들이 떠드는 것,
10 그것이 바로 이 세상을 가장 무섭게
오염시키는 것이며, 이 지구를 썩게
만드는 것의 가장 원흉이라는 것을 너
희는 알아야 할 것이니라.
11 말로써는 모두를 다 베풀며 말로써는
다 역사하나 행동이 그러하지 못한 그
들,
12 그리고 참진리가 무엇인지도 모르면
서 오로지 저를 신격화하며 저희를 믿
고 따르며 저희에게 재물을 바치라 그
리 가르치는 자들,
13 그와 같은 자들의 그 가르침이 이 세
상을 가장 오염시키며 이 지구를 썩게
만드는 가장 무서운 존재라는 것을 너
희는 알아야 할 것이니라.
14 그리하여 그들은 오로지 재물을 거둬
들이는 것, 그리고 저희가 큰 성전을
짓기 위하여 나의 피조물 만백성으로
부터 고혈을 빼는 것, 그와 같은 사악
한 방법을 하면서도,
15 그들은 저의 손에 들어온 재물에 대해
서는 인색하기 끝이 없으며,
16 그리고 남의 행사에, 남의 경사에 가
서 기도한다 하여 재물을 거둬들이는
그와 같은 사악한 자들, 그러면서 남
의 경사를 같이 기뻐하며 즐거워할 줄
도 모르며, 오로지 계산으로써 제가
오늘의 기도를 함으로 어떠한 것을 얻
게 되며 어떠한 물질을 갖게 되며 제
손에 들어오는 것이 무엇인가 그와 같
은 것이나 계산을 두는 자들,
17 그와 같은 것들이 무슨 믿음을 깨우치
는 자며, 그들이 지도자라 말할 수 있
는가?
18 그들이 지껄여 대는 것이 하늘을 오염
시키는 것이며, 이 지구를 썩게 만드
는 가장 추한 짓이라는 것을 너희는
알아야 할 것이니라.
19 잘못된 종교 지도자의 그 세 치 혓바
닥으로써 두 개의 혀를 가진 그들이
지껄이는 그와 같은 기도요, 그와 같
은 축도요, 경배라 하여 저희 임의대
로 갖다 붙여 대는 것,
20 그것보다도 더 무섭게 썩은 것이 없으
며 그것보다도 더 무섭게 이 세상을
오염시키는 것이 없다는 것을 너희는
알아야 할 것이니라.
21 그러니 그들에게 현혹되어 나의 사랑
하는 피조물 만백성 너희가 죽음의 길
로 오는 그와 같은 그 열차에서 이제
너희가 뛰어내릴 수 있는 용기를 가져
야 함을 알아야 할 것이니라.
22 이 세상에 어떠한 짓을 하는 것보다
도, 너희가 말하는 살인을 한 자보다
도 더 사악하고 추하고 더러운 자며
악랄한 자가 누구인 줄 아는가?
23 나의 진리를 가르친다면서 진리를 가
르치지 못하며, 말로써 너희가 그와
같이 지금의 나로부터 거부하는 짓,
거역하는 짓, 그와 같은 행위를 하는
종교 지도자들이요, 그 종교 집단이
살인하는 자보다도 더 사악한 자며,
24 세상을 악하게 만들며 세상을 오염시
키는 자라는 것을 알아야 할 것이니라.
25 이제 너희가 그와 같은 자를 심판하는
자, 그와 같은 자를 단죄하는 자, 그가
나의 아들이요, 나의 딸이요, 나의 백
성으로 선택된 자니,

26 너희가 전사가 된다는 것을 알라.

27 그들을 단죄하고 벌하는 자, 그들에게 깨우칠 수 있도록 일깨워 주는 자, 그와 같은 너희가 바로 그들을 일깨우는 나로부터 선택된 전사라는 것을 잊지 말라.

5,670 번째 하나님 말씀

2003년 3월 23일 23시 07분

1 사랑하는 나의 아들아

2 "네, 아버님! 말씀하옵소서."

3 인간 세속에 너희가 세상 속에 살아가면서도 상하의 구분이 있으며,

4 부모가 자식을 다스려 가르치며, 또 선생이 너희를 가르치며, 또 직장 생활에 상사가 너희를 다스리며, 또 상사의 명령에 너희가 더불어 살아가는, 그와 같은 세상에 너희가 자리가 잡히는 그 틀이 그리하여 이루어지는 것이니라.

5 그러니 인간 세상에 사람이 사는 그 세상에서 너희가 상사요, 부모가 너희에게 어떠한 것을 원하며, 너희가 바로 가며 직분을 다하게 하고자 너희에게 명을 내렸을 때,

6 너희가 그 인간 세상의 상사의 명을 따르지 아니하며, 자기 자신의 자리를 지키지 아니하며, 자기에 부여된 그 직분을 충실히 수행하지 아니한다면, 그 상사나 부모는 어찌하는가?

7 부모도 자식에게 대업을 내려 주고자 하나 그 자식이 받고자 아니 할 때,

8 받고자 아니 하는 자식에게 대업을 물려 줄 수 없는 것이며, 그 가업을 또한 계승하게 할 수 없는 것이 인간관계의 세상이 아니던가?

9 상사가 밑에 있는 직원에게 명을 내렸으나, 그 직원이 그를 시행하지 아니하며 그 직분에 충실하지 못할 때,

10 그 상사는 그 직원에게 그 명을 수행하게 하지도 아니하는 것이니라.

11 그리하여 다른 사람에게 그 명을 수행하도록 그는 다시 명할 것이며, 그로 하여금 그 책임의 직분을 하게 될 것이니라.

12 그러니라. 지금의 모든 종교 집단과 지도자, 너희가 바로 나의 율법이요, 나의 계명에 따라 살지 아니하며, 너희가 해야 할 그 직분을 모르며 너희가 가야 할 그와 같은 것을 알지 못하고 있음이니라.

13 그리하여 너희가 만백성을 인솔하여 하늘에 오르는 길이라 하는 것이 나와는 먼 길이요, 나와는 반대의 길을 감이니, 너희가 나의 명령을 따르지 아니하며 나에게 순종하지 아니함이니라.

14 그러니 내가 너희에게 어떤 명을 내릴 수 있으며, 어떤 대업을 내릴 수 있으며, 어찌 나의 유업을 계승할 수 있는 자라 하여 너희 중에서 선택할 수 있겠는가?

15 너희 종교 집단은 어떠한 집단도 나로부터 내 유업을 이어받는 그 명을 받을 수 있는 자가 하나도 없음이니라.

16 너희가 나의 계명대로 살고자 하며 나의 율법대로 살고자 그리 살아왔더라면, 내가 너희를 통하여 모든 내 유업을 계승토록 했을 것이며,

17 내가 지금 나의 아들을 통하여 이 대
역사를 이루고자 하며 새 시대를 여는
그 대업을 지금 이리 어렵고 힘들게
가고자 하는 길을 선택하지 아니하였
을 것이니라.
18 너희가 나의 뜻에 의하여 참진리의 길
이요, 하늘에 오르는 길을 오는 것이
아니요,
19 너희는 나의 뜻을 거역하며 순종치 아
니하기 때문에 내가 나의 아들을 이리
세상에 내려보냈음을 너희는 알아야
할 것이니라.
20 그러니 너희가 받지 못했으며 너희가
나로부터 선택되지 못했다는 것은 그
모두가 다 너희가 잘못된 것 때문이요,
21 너희가 충분한 자격이 있으며 자격이
갖춰진 자가 아니기에 나 여호와가 너
희에게 내리지 아니함을 알아야 할 것
이니라.
22 내가 나의 아들을 통하여 이 내 유업
을 이루어 가는 이와 같은 오늘의 힘
든 길을 가는 것은 너희 자신이 직분
을 다하지 못하였기 때문이니라.
23 지금 나의 피조물 만백성을 너희가 하
늘에 오르는 길이라 하여 인도하며 그
들을 깨우치는 것이 너희가 진리를 가
르치는 것이 아니요, 나의 뜻을 가르
치는 것이 아니라,
24 너희는 인간 세상에 너희가 만든 그
계명을 가지고 나의 피조물 만백성을
우롱하며, 너희가 그들을 핍박하며,
그들에게서 모두를 갈취하며,
25 제왕으로서 나의 백성을 핍박하며 종
과 같이 부리는 그와 같은 너희의 속
내요, 그 자세를 가지고 나의 피조물
만백성을 지금 대하고 있지 않은가?
26 바로 너희가 그 속내의 마음과 같이
지금 너희가 하늘에 오르는 길이 아니
요, 너희 속의 마음의 그 뜻이 하늘로
오는 길이 아니요,
27 지옥으로 가는 길이요, 사탄의 자식이
하는 그와 같은 행위라는 것을 너희는
알아야 할 것이니라.
28 너희가 속과 겉이 같은 자로서 지도
자로 섰다면 더 말할 것도 없을 것이
니라.
29 그러나 너희는 속과 겉이 다름이니라.
30 나의 진리를 가르치며 나를 경배하며
나의 아들 예수의 이름을 부르며 너희
가 구원을 받는다 그리 말하나,
31 그것은 너희가 더 큰 성전을 지으며
너희 육의 삶을 편안함을 위하여 재
산을 거둬들이는 데 혈안이 되어 있는
자들이니라.
32 그리하여 진실한 믿음이 아니니라.
33 진실한 믿음을 가지고 너희가 간다 하
면, 오늘과 같은 길을 갈 수는 없음이
니라.
34 지금 내가 너희에게 말하기를, 모든
백성은 남에게 베푸는 것이요, 정녕
내가 성경에 기록하여 너희에게 가르
쳤기를, '오른손이 하는 일을 왼손이
모르도록 하라'는 것을 일반 백성이
요, 너희가 이방인이요, 사탄이라는
그 백성은 행하고 실천함이니라.
35 지금 너희같이 종교 지도자들처럼 무
엇 하나를 놓고 생색을 내는 자가 없
음이니라.
36 사과라는 과일 하나를 들고 온 동네
아이들에게 이걸 먹을거냐고 물어보

며, 너희가 주겠다, 주겠다, 그와 같이
남에게 보이기를 좋아하며 생색내기
를 좋아하며, 너희가 얼굴 내밀기를
좋아하는 것이 지금 종교 지도자 집단
너희들이니라.
37 작은 하나의 아름다운 일을 하는 것을
가지고 열배 백배 효과를 거두려 하며,
38 '우리들은 이와 같은 일을 하니, 너희
가 많이 바치고 많이 나에게 가져오
라, 그리하여 네가 많은 백성을 구원
하는 데 역사할 수 있도록 그리하라.
39 오로지 나만이 만백성을 구할 수 있으
며 나만이 하늘로 나의 백성을 구원하
여 하늘에 오르는 길을 오르는 능력을
가진 자니,
40 너희는 나에게 모두를 바쳐 네가 편안
히 갈 수 있도록 그리 역사하라.
41 그것이 너희의 가정이요, 너희까지 구
원받는 길이라.'
42 너희가 그리 나의 피조물 만백성을 현
혹하고 있으니,
43 아무것도 모르는 나의 착하고 순진한
백성이 그 말을 믿고 지금 너희의 행
하는 것에 따라가고 있음이니, 이는
지금 너희가 어떤 행위를 하는가?
44 그 모두가 다 나에게 순종치 않음이
요, 너희가 순종치 않음으로 그 믿음
의 형태는 진정한 믿음이 아니라 형식
적인 그와 같은 믿음 속에서 지금 가
고 있음이니라.
45 너희는 나를 경배하며 나에 대한 기도
를 하는 것이 아니요,
46 나에게 너희가 순종하는 것이 얼마나
위대한 것인가를 가르치며, 너희가 스
스로 몸으로 때우고 너희가 모범적으
로 그와 같은 삶을 살아가는 것이 아
니라,
47 너희는 속과 겉이 다른 자들이니라.
48 그저 육의 생활을 위하여, 육의 삶을
위하여 너희가 육의 세상에서 육이 놓
고 가는 그 재물을 일반 백성보다 더
그리 생각하며,
49 너희는 그 애착이요, 그에 대한 욕심
이요, 서로 너희는 경쟁이 붙었기에
일반 백성보다도 더 재물을 모으는 데
혈안이 된 자들이니라.
50 남들보다도 더 큰 성전을 짓고 남들보
다 많은 백성을 거느려 너희가 큰 왕
이 되고자 하는 그 사악한 욕심 때문
에, 너희가 경쟁과 경쟁에서 싸우는
것이요,
51 참진리를 깨우치고자 나의 백성을 인
도하는 자가 아니라 하였음이니라.
52 그 근거가 무엇인 줄 알겠는가?
53 너희가 남의 골목 안에 작은 교회 앞
에 가서 백성을 실어 가는, 거기 있는
백성까지 이끌고 가는 그와 같은 너희
의 행위가 바로 그 증거요, 너희 삶의
모습이라는 것을 알라.

5,671 번째 하나님 말씀

2003년 3월 23일 23시 16분

1 사랑하는 나의 아들아!
2 "네, 아버님! 말씀하옵소서."
3 내가 새로운 성경이요, 나의 법전을
세상에 내려보내니, 이게 마지막 시대
에 너희를 심판하는 기본이요, 근본이
라 하였음이니라.
4 그리하여 나의 법전을 읽고 깨우치지

아니하는 자는 나에게 올라와 심판받
을 자격마저 없다 내가 그리 말하지
아니하였던가?
5 너희는 이 무서운 대목을 과연 어찌하
는가?
6 너희가 나의 법전을 접하는 그 순간에
나 여호와와 같이하는 백성이라 내가
그리 말하였느니라.
7 너희가 법전의 뚜껑을 열어 읽기 시작
하는 그 순간에 나 여호와가 너희와
같이한다 그리 말하였음이니, 나의 법
전을 읽지 않는 백성은 나와 같이하지
아니하는 백성이 아니던가?
8 그리하여 나의 법전을 읽고 정독하는
자, 가슴에 안고 감사의 뜻을 가지며
정독하는 자, 내가 너희와 같이 임함
이니,
9 나와 같이 가는 백성 너희만이 구원받
을 수 있다는 것이니라.
10 나와 같이하지 아니하며 나와 같이 가
지 않은 백성이 어찌하여 구원받을 수
있으며,
11 내 뜻을 알지 못하는 그 백성이 어찌
구원받을 수 있다 너희는 생각하는가?
12 나를 알며 나 여호와가 같이하는 자,
나와 동행하는 자만이 구원의 빛을 볼
수 있으며 구원받을 수 있으며 내 품
에 올 수 있음을 너희는 알아야 할 것
이니라.
13 나와 동행하지 않는 자가 내가 너희를
모름이니라.
14 내가 동행하는 자, 그 속에서 나에게
순종하는 자 순종하지 아니하는 자,
내가 버릴 자 버리지 아니할 자를 내
가 볼 수 있거늘,
15 너희는 그와 같이 나와 동행하지 아니
하기 때문에 너희가 구원받을 수도 없
으며 제대로 나에게 심판받을 자격이
없는 것이라 함을 알아야 할 것이니라.
16 지금 믿음의 길을 가는 백성 너희가
어찌 살아가는가?
17 너희는 나의 뜻에 순종하며 나의 계명
대로 지키고 살아가는 것이 아니요,
너희가 나의 뜻을 거역하며 너희 임의
로 살아가는 자들이니라.
18 그러니 너희가 가장 큰 죄의 대목이
무엇인 줄 알겠는가?
19 내가 직접 불로 써 내린 그 십계명대
로 너희가 살 수 없다 가르치며, 인간
이기 때문에 그리 살 수 없다 그리 말
하느니라.
20 완벽할 수 없는 것이 인간이기 때문에
너희는 그와 같이 십계명을 지키고 살
수 없다 그리 가르치는 것이 종교 집
단 너희가 지금 하고 있는 형태가 아
니던가?
21 그렇다면 너희가 인간이 완벽할 수 없
다는 그 이야기는 무엇을 말하는가?
22 너희 종교 지도자가 완벽하지 못하다
는 것을 너희 스스로 입으로 증명한
것이니라.
23 그러니 유리로 비춰 봐 한 점의 부끄
럼이 없는 자요, 하늘을 향하여 한 점
의 부끄럼이 없는 자가 종교 지도자라
내가 그리 말하였음이니,
24 인간이 완벽해질 수 없기 때문에 십계
명을 지키고 살 수 없다, 내가 직접 불
로 써 명한 것을 지키고 살 수 없다 그
리 말하는 자는 저 스스로는 완벽하지
못하며 완벽해질 수 없다, 그러니 저

는 완벽한 사람이 아니다 그리 말함이
니라.
25 그러니 너희 스스로 완벽하지 않다 입
증하며 너희가 증거하며 증명함이니,
과연 너희가 완벽하지 않은 그 수준
이 어디인가?
26 100이라는 점수에서 너희는 90이 완
벽하지 못한가?
27 그렇지 아니하면 70이요, 50이요, 30
이요, 너희가 그 완벽하지 못한 점수
를 알 수 없음이니,
28 너희가 그리 완벽해질 수 없으며 완벽
할 수 없다 그러한 것은 진정한 종교
지도자의 자격이 없다는 것을 너희 스
스로 말함이니라.
29 너희가 십계명을 지키고 살 수 없으며
인간은 완벽하지 못하다 하는 것은 개
인적으로 너희는 완벽한 사람이 아니
요, 죄를 짓고 사는 자요,
30 그리하여 너희가 스스로 사악한 짓을
하면서도 너희 스스로 위로와 격려를
하며 너희를 달래고 살아가는 것이 지
금 종교 지도자이니 그뿐이겠는가?
31 좀 더 한 발짝 나가 세상을 내려다본
너희가 지금 교회라 하는 그 성전이라
는 곳도 잘못 가르침이요, 완벽하게
가지 못한다는 말을 하는 것이 아닌가?
32 그러니 나의 피조물 만백성을 가르치
며 깨우치는 그 교회라는 곳이 완벽하
지 못한 성전이요, 거기서 가르치는
종교 지도자가 완벽하지 못함이니,
33 완벽하지 못한 사람 밑에서 완벽하지
못한 성전이요, 교회에서 너희가 완벽
하지 않은 삶을 살기 위해서 지금 노
력하며 가고 있지 않은가?
34 너희는 그를 시인하며 살아가는 것이
니라.
35 그리해서는 너희가 지옥으로 가는 자
요, 나의 자식이 아니니라.
36 나의 자식이라 함은 내가 불로 쓴 십
계명을 죽어도 지킬 수 있으며 그를
지켜야만 한다 그리 가르치며 피나는
노력으로써 그를 지키고 행하며 가야
할 것이니라.
37 그리했을 때 너희가 완벽한 지도자가
될 수 있으며, 너희의 성전이요, 교회
가 완벽한 것이나,
38 너희는 나의 십계명대로 지킬 수 없으
며 인간은 완벽하게 그리 살아갈 수
없다 말하는 것은,
39 너희의 교회가 엉터리요, 너희 지도자
개인이 엉터리라는 것을 너희 스스로
만천하에 전하고 있으며, 너희가 신도
들 앞에 그와 같은 말을 하는 것이니,
40 그러니 그 밑에 있는 신도 또한 그들
도 완벽할 수 없다는 그 위안의 말로
써 죄를 짓고 사악한 짓을 해도 죄가
되는 것을 모르고 살아감이니,
41 오늘 내가 나의 아들을 통하여 말하
니, 너희의 교회요, 너희의 지도자는
나와 관계없으며, 너희 집단은 나와
아무런 관계가 없다는 것이 여기 있음
이니라.
42 스스로 너희가 완벽하지 못한 자요,
완벽한 교회가 아니며 완벽한 성전이
아니라는 것을 입증하고 있으니, 그와
같이 완벽하지 못한 자가 너희들이니
라.
43 그러니 그 완벽하지 못한 점수가 내가
50점이라는 점수를 넘지 못하는 것이

너희가 완벽하지 못한 수준이니라.
44 완벽하지 못한 수준도 80이요, 90이
요, 너희가 그 점수가 있으나,
45 모든 종교 집단이요, 너희 신도라는
자, 완벽하지 못한 그 점수가 50을 넘
지 못하는, 완벽한 저질의 수준에서
허덕이고 있다는 것을 알라.

5,672 번째 하나님 말씀

2003년 3월 23일 23시 49분

1 사랑하는 나의 아들아!
2 "네, 아버님! 말씀하옵소서."
3 지금의 종교 지도자요, 집단 그들이
뭐라 가르치는가?
4 그들은 많은 저희의 성도요, 신도들
앞에 그들이 떠나며 또 다른 진리를
찾아가는 것을 막기 위하여 그들은 말
하느니라.
5 나무는 많이 옮겨 심으면 심을수록 그
나무는 살지 못하며 참지 못하며 견디
지 못하여 그 나무는 결국은 죽게 된
다.
6 그러니 너희의 성전이요, 교회를 옮겨
다니는 자는 결국 죽임을 당하며, 그
와 같이 죽어 가는 신세가 되니, 너희
는 절대 옮겨서는 아니 된다, 그와 같
은 방법으로써 나의 백성을 현혹하여
잡아 놓고자 하는 것이 너희의 간악한
방법이요, 상투적인 수단이 아니던가?
7 너희는 그렇지 않다 말할 것이나 너희
는 그와 같은 행위를 하고 있음이니라.
8 너희는 그리하여 옮기는 것은 너희가
곧 죽음이라 그리 말하니,
9 너희가 진리를 찾아 잘못된 것을 떠나
며 새로운 것을 찾아 발전하기 위하
여, 또 전진하기 위해 움직이는 것을
어찌하여 옮겨 놓은 나무가 죽는 것같
이 그리 말하는가?
10 나무는 누가 옮기는가?
11 나무는 나무 스스로 옮기는 것이 아니
요, 인간 뜻대로 인간의 임의로 그들
의 계획에 의해서 나무를 옮겨 심는
것이니,
12 너희는 교회요, 성전을 옮기는 것도
남이 옮기라 해서 옮기는가?
13 그것은 저희 자력이요, 저희 뜻에 의
하여 저희 판단에 의해서 움직이는 것
이니라.
14 그와 같이 엄연히 구분되며 차이가
있는 것을,
15 살아 있는 나의 백성이 너희가 가르치
는 것이 가관이요, 말도 안 되는 짓으
로써 지껄이기에, 그들은 그곳을 떠나
참진리를 찾고자 하는 것이니라.
16 영원히 살고 못 사는 그 생명을 구하
고 못 구하는 그와 같은 귀중한 것을
그들은 스스로 찾아 바른길을 찾고자
하는 것이니라.
17 그와 같은 살아서 움직이는 백성에게,
그저 움직이지 못하는 나무를 인간의
계획에 의하여 인간에 의하여 옮겨 심
는 것이, 자주 옮겨 심는 그 나무는 결
국 죽으니, 너희는 믿음을 옮겨서도
안 되며 교회라는 곳을 옮겨서도 아니
된다 그리 가르치고 있음이니,
18 잘못 가르치고 너희가 제대로 지도하
지 못하는 곳에서도 그들이 지옥에 가
는 것을 알면서 그대로 버티고 그 자
리를 지켜야 한단 말이던가?

19 너희는 나의 백성을 깨우치며 인도한
다는 자들이 그와 같은 말을 하느니라.
20 그렇다면 너희가 더 좋은 곳, 또 훌륭
한 곳, 그리고 잘 가르치는 곳, 그리고
참진리를 깨우치는 곳으로 백성을 그
리 보낼 수 있으며 신도들을 보내는
것이 너희가 진정한 아름다운 마음의
자세니라.
21 너희는 너희에게 어떤 이해관계가 없
다 하여도 바른 백성이요, 그 백성이
하늘에 오를 수 있는 참진리를 볼 수
있으며 그리고 그들의 깨우침이 너희
보다 가르치는 자가 나은 자가 있다면,
22 가서 배우려는 자에게 갈 수 있도록
너희가 장려하고 보내 주는 것이 도리
이거늘,
23 어찌하여 너희는 나무를 비유하여 너
희가 옮겨 가면 안 된다 그리 말하는
가?
24 그와 같이 사악한 생각을 하며 그와
같은 말을 하는 자이기에, 너희가 남
의 골목길 교회 앞에 가 그 신도들을
실어 나르는 그와 같은 행위를 하면
서도 부끄러운 줄도 모르며 창피한 줄
모르며,
25 너희가 얼마나 장삿속으로 젖어 있는
사악한 모습인가를 너희 자신을 돌아
다보지 않는 것이니라.
26 그러니 지금의 종교 지도자요, 모든
종교 집단이 어디에 그 의미가 있으며
너희가 모든 목표를 어디에 두고 살아
가며 무엇을 위해 기도하고 경배하는
것인지 그 자체의 주체성을 잃고 사는
것이 너희들이니라.
27 완전히 주객이 전도된 그와 같은 상태
에서 지금 가고 있는 것이 너희들이니
라.
28 하늘에 오르는 길이요, 참진리는 뒷전
이요,
29 그저 나의 피조물 만백성으로부터 재
물을 받아 더 큰 성전이요, 그리고 재
물을 내는 많은 백성을 거느리는 것,
거기에만 너희가 연연하고 있음이니,
30 그리하여 내가 너희는 나의 백성이 아
니요, 나와는 관계가 없다 그리 말함
이니라.
31 이제 너희의 말과 행동의 그 차이가
너희가 어디에서 오는 것이고 어찌 이
루어지는 것인가를 알게 될 것이니라.
32 그리고 너희가 하는 모든 행위는 나
여호와를 속일 수 없으며, 내가 모르
는 곳에서 아무것도 역사하지 않는다
는 것을 너희는 알아야 할 것이니라.
33 그러니 그와 같은 방법으로 나의 백성
을 붙잡아 두며,
34 너희가 그와 같은 반공갈이요, 반협박
인 상태에서, 참진리를 찾아 자신이
스스로 구원하겠다는 그 길마저도 막
는 그와 같은 사악한 행위를 하고 있
는 것이 지금의 종교 집단이요, 지도
자라는 것을 잊어서는 아니 될 것이니
라.
35 너희가 지금의 믿음이 잘못되었을 때,
과감히 돌아서서 새로운 길을 찾는 것
은 당연한 것이니라.
36 너희가 죽음의 길이라는 걸 알면서 헤
어나지 못하며 거기서 새로운 길을 찾
지 아니하며 계속 그 길을 가는 것은,
37 결국 너희는 지옥행으로 가는 것을 알
면서 끌려가는 것이니, 그 죄의 대가

를 너희가 치르는 것은 당연하니,
38 누가 대신 치러 주는 것도 아니요, 누
가 대신 역사하는 것도 아님이니라.
39 너희가 지금까지 가지 말라 했던 종교
지도자요, 너희에게 떠나지 말라 해
서, 가서는 안 된다 해서 너희가 떠나
지 못했다 하며, 너희가 지옥에 와서
원망하며 그와 같은 변명을 실컷 하나,
40 다만 너희가 그와 같은 변명이요, 원
망은 나로부터 심판을 받을 때 아무런
관계도 없으며, 그는 나와는 아무런
인연이 없는 자니,
41 너희가 아무리 울부짖는다 해도 그것
은 나의 심판대에 서 있는 너희에게
변명의 여지요, 아무런 이유도 되지
않는다는 것을 너희는 알아야 할 것이
니라.
42 너희가 지옥에 가 잘못 가르친 종교
지도자들에게 실컷 원망하며 그들을
저주하는 그와 같은 마음으로, 너희는
죄의 대가를 치르며 그리 살게 될 것
이니 그리 알라.
43 이는 엄연한 사실이며 너희가 벗어날
수 없는 일이라는 것을 나 여호와가
다시 한 번 너희에게 일깨워 주니,
44 그를 너희가 들어서 너희 것으로 만들
고 만들지 않는 것은 너희의 복이니
그리 알라.

5,673 번째 하나님 말씀

2003년 3월 24일 07시 57분

1 사랑하는 나의 아들아!
2 "네, 아버님! 말씀하옵소서."
3 내가 나의 아들 예수를 통하여 세상에
나의 성령을 내려보냈을 때, 그는 변
하지 않는 금과 같은 것이라 하였음이
니라.
4 금이라 하는 것은 어떠한 상황에서도
그 색이 변하지 아니함이니,
5 너희의 믿음의 길 또한 그와 같이 가
야 할 것이며, 나를 향하여 기도하고
경배하는 마음이 또한 그러하여야 할
것이니라.
6 그러나 수천 년 동안 흘러오면서 지금
의 종교 지도자들이 은으로 변했으며
또 동으로 변하고 쇳가루로 변하여,
7 온 천지를 다 그들의 성전이라 하여
지은 교회요, 그들이 회당이라 해서
지은 것이 이 세상을 오염시키고 있으
며,
8 그 쇳가루가 된 그들이 거기서 나의
피조물 만백성을 구원한다 말함이니,
9 저 자신이 어떠한 사람이며 제가 어떠
한 역사를 하며, 나에게서 선택받은
그 기적의 역사도 없는 그들이 지금
가르친다 함이니라.
10 그러면서 나의 아들 예수의 보혈로써
구원을 받으며, 나 여호와가 존재함을
믿으라 그리 말함이니,
11 지도자 자신이 믿지 못하며 저 자신이
의혹하며 저 자신도 바로 서지도 못하
는 자들이 나의 피조물 만백성에게 믿
으라, 믿으라 그리 말함이니, 거기 어
디에 진실이 있으며,
12 그리고 저 자신이 제대로 알지 못하고
가르치는 종교 지도자 그 밑에서 배우
는 신도라는 백성 그들의 마음은 과연
어찌 굳어지겠는가?
13 그 마음이 굳어질 리가 없으며, 그들

이 진실한 믿음으로 갈 수 없으며,
14 오로지 그들은 계산된 것이요, 저희가
축복을 받는다는 그 축복에 목적을 두
고 믿음의 길을 가는 것이요,
15 진정한 나 여호와의 뜻을 가르치며 내
가 저희에게 가르치고자 하는 그 뜻
을 깨우치며 내가 이루고자 하는 그
역사를 깨우쳐 그들이 동참하며,
16 그리하여 내가 원하는 만백성을 구원
하는 그와 같은 역사의 소용돌이 속에
서 중추적인 역할을 해야 하는 것이
나를 믿는 자요, 나에게 경배하고 기
도하고 또한 선택된 백성이라 하는 것
이거늘, 그들 자신이 모르고 있음이니,
17 제가 소용돌이의 그 중심축의 핵에 서
서 모든 역사를 이룰 수 있는 그와 같
은 자질이 없는 자며 그 능력도 없는
자가, 저희가 할 수 있다고 생각하며
한다고 그리 부르짖고 있음이니라.
18 그러니 나를 찾고 나를 경배한다고 가
르치는 종교 지도자 저 자신이 내가
존재하는지 존재하지 않는지 그를 모
르기에 저희 스스로 죄를 지으며 사
악한 짓을 하면서도 부끄러운 줄 모르
며 해서는 안 되는 짓을 하는 것이 종
교 지도자들이니라.
19 그와 같은 지도자들 속에서 나의 사랑
하는 백성이 과연 무엇을 깨달으며 무
엇을 깨우칠 수 있다 너희는 생각하는
가?
20 원액이 되어 금과 같이 변하지 않는
믿음이요, 불변의 마음으로써 내가 존
재함을 굳건히 믿고 가르치는 종교 지
도자 밑에서 배우는 신도라 하여도,
그들이 바로 설 수 있는 것이 아니며
어렵고 힘든 것이니라.
21 가르치는 것을 각자 천태만상의 생각
하는 대로 받아들이는 것이요, 피부로
느끼는 것이 다 다르기 때문이니,
22 그걸 하나로 만들기가 그리 쉽지 아니
한 것이거늘,
23 주관이 없으며 줏대가 없으며 확실한
소신도 없는 종교 지도자가 지도한다
는 것은 있을 수 없음이니라.
24 그러하니 불안과 공포에 저 자신도
모르고 성서 한 구절을 놓고 서로 천
갈래 만 갈래로 해석을 하며,
25 환경에 따라서, 여건에 따라서, 또 종
교 지도자에 따라서, 제가 가진 상식
에 따라서, 능력에 따라서 천태만상으
로 변화되니,
26 그래서 진리가 아니라는 것이니라.
27 내가 내리는 나의 법전은 천 사람이
보든 만 사람이 보든 똑같이 해석하
며, 그 뜻을 너희가 바로 알 수 있음이
니,
28 이것이 변질되지 않는 것이요, 천년
만년의 역사가 흘러도 똑같이 흘러간
다는 것을 알아야 할 것이니라.
29 지금 종교 지도자들이 가르치는 것은
한 시대에 같이 사는 너희가 생각하는
것이 다르며, 환경과 여건에 따라서,
주변의 어떤 조건에 따라서 가르치고
해석하고 설명하는 것이 다르니,
30 너희가 한 세대가 지나가고 다음 세대
에 오는 자들이 과연 너희와 일치한다
고 하는가?
31 다음 세대, 그다음 세대는 너희와 또
다르며 그들끼리 서로 다르니,
32 그리하여 오늘날 이와 같이 너희가

뜻을 모르며 그저 재물을 거둬들여 육
의 행복을 마치며 편안하게 사는 그것
으로 모든 믿음이 다 전락하였으며
썩었다 그리 말함이니라.
33 이제 천년만년이 흘러도, 어떤 백성의
후손이 오든, 또 그 후손이 와서 나의
법전을 가지고 읽고 깨우쳐 가르친다
해도, 그 내용은 똑같이 전해질 것이
며,
34 거기에 변질시킬 수 없으며 더 보탤
것이 없으며 뺄 것이 없음이니라.
35 어찌 행하면 어떠한 답이 온다는 것이
니,
36 그래서 이것이 바로 진리며, 내가 마
지막 시대에 너희를 심판한다는 그
뜻이며,
37 너희에게 내리는 가장 큰 축복이요,
영광의 은혜라는 것을 알아야 할 것
이니라.
38 그 진리는 변하지 아니하며 전하는 방
법이 바뀌어서는 아니 되느니라.
39 너희가 성경의 한 구절로 서로 다르게
가르친다는 것은, 거기에는 내 뜻을
말하는 자가 있으며 가르치는 자가 있
으니,
40 서로 다르다는 것은 진짜가 하나 있
으며 나머지는 가짜라는 것을 알아야
할 것이니,
41 그와 같은 형국에서 너희가 지금 하
늘에 오르는 길이라 소리 지르고 있음
이니라.
42 그 가짜와 진짜를 구분할 수 있는 참
진리의 뜻을 가르치는 자가 하나도 없
다 하면 너희는 다 가짜이니라.
43 그러니 나의 법전이요, 내가 새로운
성경이요, 나의 아들을 통하여 '하늘
에 오르는 길'이요, '하나님! 말씀하옵
소서'라는 나 여호와의 뜻을 기록하여
전하는 이 법전만이 너희가 구원을
받을 수 있는 것이며, 영원불변의 진
리요, 누가 가르쳐도 변하지 않는 진
리이니라.
44 진리이기 때문에 변하지 않음이니라.
45 너희는 수시로 변하며, 사람에 따라서
변하며, 시대에 따라서 변하며, 너희
후손에 따라서 변하고 바래는 것이 지
금의 나의 성경을 가지고 가르치는 너
희의 방법이니라.
46 이리하여 이 세상에 진리는 오로지
나의 법전밖에 없다 하느니라.
47 법전만이 진리이니라.
48 그리고 너희가 서로 변질되고 서로
다르고 다른 것은 너희가 사탄의 뜻
을 전하는 것이니 그리 알라.

5,674 번째 하나님 말씀

2003년 3월 24일 08시 08분

1 사랑하는 나의 아들아!
2 "네, 아버님! 말씀하옵소서."
3 너희가 수천 년 동안 살아오면서 너희
자신을 다스리지 못하여 오늘과 같은
험악한 세상이 되었으며,
4 너희가 나에게서 받은 원심으로 살지
못함이니라.
5 너희 자신을 다스릴 수 있는 의지와
노력을 한다면, 너희는 나에게서 받아
나간 아름다운 원심으로 살아갈 수 있
는 것이니라.
6 지금의 종교 지도자 그들 또한 저 자

신을 다스리지 못하며 가장 낮은 자
로서 서지 못함이니, 그들의 가르침이
잘못된 것이며 그들이 진리를 모른다
하였음이니라.
7 종교 지도자는 저 자신을 다스리며,
가장 낮은 자요, 만백성의 종의 자세
로써 생활하지 않는다면,
8 그는 나 여호와의 뜻에 의해 살아가
는 자가 아니며, 나 여호와의 뜻에 따
라 만백성을 깨우치는 자가 아니며,
내가 원하는 길을 가는 지도자가 아님
을 알아야 할 것이니라.
9 저 자신을 다스리지 못하고 서 있는
모든 종교 지도자들은 그들이 나의 뜻
을 거역하며, 순종치 않는 백성이니라.
10 그리하여 내가 직접 불로 써 내린 계
명도 지키지 못한다 말하며 지킬 수
없다 그리 말함이니,
11 그들이 얼마나 사악하게 나의 피조물
만백성을 잘못 이끌어 왔는가?
12 그와 같이 저희가 가르쳤기 때문이니
라.
13 그리하여 지금 내가 나의 성령이요,
나의 말씀이라 하여 나의 모두를 태워
구원의 길이요, 심판의 기준인 나의
법전을 내려보내도 너희는 읽으려 하
지 아니하며, 이대로 살 수 없다는 그
관념 때문에 이를 보지 않으려 하는
것이니라.
14 너희는 내가 불로 써 직접 내린 십계
명도, 지키고 사는 것이 구원의 양식
인 그것도 인간이기에 지킬 수 없다며
내던지고 살기에, 편안한 삶을 살며
육의 고통과 시련을 겪지 않고 사느니
라.
15 그것은 꼭 지켜야 하며, 인간은 그리
살 수 있다 종교 지도자가 가르쳤더라
면, 너희의 오늘의 삶은 잠시는 고단
하고 힘들고 어려운 생활일 것이니라.
16 그러나 그 고비를 넘는 것이 하늘에
오르는 길이니,
17 너희는 그를 지키지 아니하고 살 수
있다 하여 가장 편안하고 부담되지 않
도록, 그저 즐겁게 사는 길만을 찾아
갈 수 있도록 나의 백성을 그리 만들
어 놓았으며, 너희는 그 길을 선택하
고 있음이니라.
18 '우선 먹기는 곶감이 달다'는 동양의
작은 나라에 사는 너희의 말이 있듯
이, 편하고 단 것을 지금 선택하여 가
고 있음이니,
19 그게 너희에게 독소가 된다는 것을 알
아야 할 것이니라.
20 그러니 나의 법전이 얼마나 힘들고 어
려우며, 천 가지, 만 가지 세상사 살아
가는 지금의 삶을 다 접어 두고 반대
방향으로 살아가며,
21 반대 방향으로 세상을 봐야 너희가 이
세상의 뜻을 알 수 있으며, 그것이 하
늘에 오르는 길이라 그리 가르침이니,
22 지금까지 관습이요, 악습에 젖어 있는
나의 백성이 어렵고 힘든 길을 가지
아니함이니라.
23 십계명을 지키지 아니하고 살아도 구
원을 받는다 그리 가르치고 그리 알고
있거늘,
24 어렵고 힘든 나의 법전이요, 하늘에
오르는 길이라는 이 책을 보고 살아
가고자 하는 것은 천부당만부당한 일
이며,

25 그를 보고 너희가 맞다 해도 두려워
서, 이것이 아니어도 편안하게 살 수
있고 하늘에 오르는 길이거늘, 어렵고
힘든 길을 왜 자초해 가느냐 하며 너
희가 보지 아니하며 찢어 버리고 던져
버리느니라.
26 그리하여 이것을 너희 자신이 지키지
못하는 것이 부끄럽고 창피하니, 모든
백성이 이단이요, 사탄이요, 마지막
거짓 선지자가 세상에 와 소란케 한다
그리 말함이니라.
27 이제 내가 너희에게 다시 한 번 깨우
쳐 전하고자 함이니라.
28 나의 법전을 읽고 깨우친 백성들아,
그리고 나의 아들을 따르는 제자들이
요, 그리고 믿음이며 구원의 길이라
하여 가는 백성은 그 길이 구원의 길
이 아니요, 나에게 오는 길이 아님을
알라.
29 이제는 너희 마음속에 있는 '사랑의
안경'을 쓰고 세상을 바라보도록 그리
가르치라.
30 그리해야만 너희가 모두를 알게 될 것
이며, 사랑이 무엇인지, 그리고 세상
의 아름다움을 알게 될 것이니라.
31 너희가 마음속에 있는 사랑의 안경을
쓰고 세상을 보지 아니한다면 진정 이
세상의 아름다움을 모를 것이니라.
32 너희는 이 세상에 살기 위해서 살아간
다고 내가 그리 말하였느니라.
33 너희가 이 자연의 모두를 접하는 것이
며, 노력하는 것이며, 일하는 것이며,
가족과 더불어 사는 그와 같은 삶이
요, 먹고 자고 쓰는 것이 다 무엇이더
냐?
34 입고 쓰는 그 모두가 다 살기 위해 그
와 같은 행위를 하는 것이니라.
35 그러나 너희는 진정한 삶을 모르고 사
는 것이니라.
36 너희가 그와 같이 육의 세상의 향락을
위하여, 육의 즐거움을 위하여 살아가
다 나로부터 받은 그 명이 다해 육의
삶이 종말을 거둘 때가 됨이니,
37 그 종말을 거둘 때 너희 백성의 마음
이 어떠한 줄 알겠는가?
38 너희는 죽음에 직면했을 때 그때만이
이 세상의 아름다움을 깨닫고 나 여호
와의 위대함을 아는 것이니, 너희가
얼마나 잘못된 삶을 사는가?
39 너희가 무심히 밟아 죽이는 벌레도,
너희가 무심히 잡아서 그저 건강을 위
해 취했던 것도, 그리고 스쳐 가는 바
람도, 흔들리는 낙엽도, 한 송이 아름
다운 꽃도, 이 세상에서 공기 속에 숨
을 쉬며 네가 이웃을 만나고 사는 것
도, 네 자식을 보고 사는 것도, 아내를
보고 사는 것도, 친구와 더불어 말을
하며 사는 것도, 친구와 더불어 여행
을 하는 것, 그 모든 것이 얼마나 위대
하고 사랑스러운 것이며 소중한 것인
지 너희는 전혀 모르느니라.
40 그리하여 죽을 때, 그 죽음 앞에서 너
희가 나에게 마지막 심판을 받으러 올
때 그 소중함을 아는 것이니,
41 그때는 아무리 발버둥치고 몸부림쳐
도 너희가 그를 행할 수 없으니 어찌
하겠는가?
42 그것이 너희의 운명이요, 너희의 마음
이니라.
43 너희와 평생을 같이 살아가는 그 아내

의 소중함이요, 그 사랑함을 모르며,
너희와 더불어 사는 자식의 그 소중함
을 모르며, 부모와 자식이 살아가는
그 소중함을 모르며 형제간의 우애를
모르니,
44 너희는 죽어 갈 때 그때야 모두를 알
게 됨이니라.
45 그와 같은 이치요, 하늘의 뜻을 내가
너희에게 기록하여 전함이니 이 뜻을
보고 깨우치도록 그리하라.
46 지저귀는 새도, 사나운 맹수도, 자연
속의 그 나무도 모든 과일의 열매를
열어서 너희를 즐겁게 해 주며 너희의
양식을 주는 것도, 그리고 부는 바람
에 흔들리는 모든 산천초목이 얼마나
아름답고 소중한 것인지를 모르고 사
니,
47 죽을 때만이 너희가 그를 알게 되느
니라.
48 그러니 죽음 앞에서 너희가 그를 알
때는 시간이 없으며 그를 느끼고 살
수 없으며 감사한 그 보답을 할 수 없
이 사는 것이니, 그것이 너희 어리석
은 백성의 삶이니라.
49 네 앞에 있는 하나의 화초요, 화분에
있는 그 꽃 한 송이요, 그 나무 하나가
웃는 모습을 보지 못하며 그 아름다움
을 보지 못하며 그가 너희를 위하여
풍기는 그 아름다운 향기를 모르며 사
는 것이니,
50 세상 모든 것의 소중함과 감사함을 모
르고 사는 것이 어리석은 인간 너희이
거늘,
51 너희가 명을 다하여 죽을 때만이 그
모든 것의 소중하고 귀한 것을 앎이니,
52 그때 그를 붙잡고 몸부림치며 너와 더
불어 조금만 더 있어 주기를 바라며
네가 그들에게 감사할 수 있는 기도
요, 감사할 수 있는 마음을 전해 주고
자 하는 그 시간만 달라 그리 몸부림
쳐도,
53 그리고 아름다운 한 송이의 꽃을 몰랐
던 것을, 소중하고 아름다움을 알며
귀중함을 알아 그 꽃을 위하여 손에
잡고 어루만져도, 이미 육은 쇠퇴하였
으며 마음은 혼미해지니, 그 역사는
하지도 못하고 몸부림치며,
54 자연의 아름다움이요, 이 세상의 소중
함을 모르고 살았다는 것을 그 순간만
이 후회하니,
55 그와 같이 후회하지 않는 인생을 살도
록 하라, 사랑하는 나의 아들딸들아!
56 내가 나의 법전을 기록하여 너희에게
전함이니, 너희의 삶이 바로 그러하니
라.
57 흐르는 물의 감사함을 모르며 너희가
밟고 사는 땅에 대한 감사함을 모르느
니라.
58 너희가 죽는 그 순간에 그것이 얼마나
소중한 것이며, 아름다운 것이며, 너
희에게 귀한 것인지를 그때 알게 됨이
니,
59 지금부터 그를 깨닫고 알고 살아가는
백성이 되도록 그리하라.
60 그것이 나의 아들을 따르는 제자들이
가야 할 길이며,
61 나의 법전을 읽고 깨우친 백성 너희는
그것부터 먼저 느끼라.
62 말로만 이 세상 모든 것은 창조주가
내려 준 그 은혜요, 소중하다 그리 생

각하지 말고,
63 네가 오늘 죽는 자로서 세상을 바라보는 마음으로써 모두를 보라.
64 벌레까지도 소중할 것이며, 징그러운 애벌레까지도 얼마나 소중하고 아름다운지, 그가 지닌 내면의 소중함까지 알게 될 것이니,
65 그 위대한 것을 발견하지 못하며 알지 못하고 살아감이니, 결국 죽을 때만이 너희가 그를 알며 그들과 이별할 때만이 그를 알게 됨이니,
66 그와 같은 어리석은 백성의 삶을 살지 않도록 그리 전하라.

5,675 번째 하나님 말씀

2003년 3월 24일 08시 20분

1 사랑하는 나의 아들아!
2 "네, 아버님! 말씀하옵소서."
3 마음속에 사랑의 안경을 쓰고 세상을 보면 모두 다 행복해짐을 알 수 있을 것이니라.
4 그리고 모든 종교 지도자들은 그들이 해야 할 대업이요, 그 임무가 무엇인 줄 알겠는가?
5 이제 그들이 이것 하나만 지켜도 저희가 나에게서 선택된 지도자라는 것을 알아야 할 것이니라.
6 모든 백성이 편안한 마음으로써 나를 믿으며 나를 경배하며 나를 따라오도록 그리 저희가 인도해야 한다는 것을 깨우쳐 주도록 그리하라.
7 제가 우선이며, 제가 편안하며, 제가 대우받고자, 제가 높고자 하는 것이 아니요,
8 제가 아픈 눈물을 흘린다 해도 상대방이 웃을 수 있도록 남을 배려하며,
9 모든 종교 지도자들이 너희를 따라 배우고자 하며 그리고 설교를 듣는 모든 신도에게 가장 편안한 마음으로 믿음의 길을 갈 수 있으며 나를 찾고 나에게 기도할 수 있도록 그리 가르치고 인도하는 자가 되어야 할 것이니라.
10 만분의 일이라도 그들에게 고통이 있으며, 그들이 괴로움 속에서 믿음의 길을 가며 오늘의 너희의 가르침을 따라간다 하면,
11 너희가 지옥으로 나의 백성을 이끌어 가는 사탄의 우두머리라는 것을 잊어서는 아니 될 것이니라.
12 어떠한 부담도, 어떠한 마음의 고통도 주어서는 아니 되는 것이 지도자가 가야 할 길이라는 것을 너희는 알아야 할 것이니라.
13 그러니 그것이 바로 너희가 사랑하는 마음의 안경을 쓰고 세상을 바라보는 그와 같이 변하는 역사를 해야 할 것이니,
14 너희는 사랑하는 마음의 안경이라는 것이 무엇인가를 그 자체도 깨닫지 못할 것이니,
15 지금 너희가 하는 행위를 반대로 세상을 보면 알게 됨이니라.
16 너희가 지금 살아가는 형태요, 사랑하는 나의 백성 앞에 군림하고자 하며 재물을 거둬들이고자 하는 그와 같은 것을 반대로 살아가며 나눠 주는 것으로써, 그리고 받지 않는 것으로써 감사의 뜻이 무엇인지 아는가?
17 나에게서 작은 것을 얻은 자에게 큰

것을 얻은 자가 감사의 사랑을 나 대
신 내리듯이 그와 같이 삶을 사는 것
이 너희도 구원을 받을 수 있는 자라
는 것을 이제 알아야 할 것이니, 아무
리 내가 너희에게 그리 깨우쳐도 모
르느니라.
18 너희는 세상사 부모가 뭐라 말하느냐?
19 네가 나이가 들어 자식을 낳아 보면
네 부모요, 네 어미의 마음을 알 것이
라 그리 말하나, 그는 자식을 낳아도
그를 깨닫지 못함이니라.
20 '내가 죽어 이 세상에 없을 때 네가 나
를 알 것이라.' 그리 말하느니라.
21 막상 너희를 사랑하고 길러 준 그 부
모가 죽었을 때, 너희는 그 부모에 대
한 죄를 느끼며 불효한 것을 느끼며
통곡하고 울고불고 몸부림을 치나,
22 그 뜻을 따라 너희가 행할 길이 없으
며 그를 들어주는 부모가 없으며 그걸
받아 주는 부모가 없음이니 너희가
얼마나 후회하고 몸부림을 치는가?
23 또한, 나의 피조물 만백성 너희는 알
아야 할 것이니라.
24 너희 행동이 발라야 하며 자식을 사랑
하며 그 자식 앞에서 한 점의 부끄럼
없이 살아가는 부모로서 살아가야 할
것이거늘,
25 너희는 육의 삶을 위하여 그 육의 생
활 속에서 인간의 향락을 위해서 자식
의 소중함을 모르고 그리 살다 너희가
막상 죽어 갈 때 그 자식의 소중함을
그때야 알며,
26 이 세상의 자연의 아름답고 소중함을
너희가 죽어 갈 때 그때 깨달으니 후
회해도 때는 늦다 그리 말하였음이니
라.
27 그리하여 나 여호와가 너희에게 깨우
치는 것이 무엇이던가?
28 네 부모를 공경하고 사랑하라는 것이
나의 십계명에 들어 있으며 네 부모를
사랑하고 존경하는 그 마음이 바로 너
희가 나를 사랑하며 나에게 경배하는
마음의 근본이라 하지 아니하였던가?
29 이것은 무엇이던가?
30 낳아 주고 길러 준 부모가 죽어 갈 때
너희가 후회하지 않는 삶을 살라는 그
이치요, 간단한 뜻이니라.
31 그때 후회하지 않는 자식이 되라는 것
이요, 그리고 영원히 갚을 수 없는 이
별의 그 장소에서 울고불고 해 봐야
다 필요 없는 일이니, 살아 있을 때 모
두를 다하라는 뜻이니라.
32 또한, 내가 가르치는 것은 이 세상에
존재할 때 이 세상의 아름다움을 들여
다보라는 것이니라.
33 자연이 오묘하게 돌아가는 것이요, 너
희를 위하여 존재하는 그 모두를 너희
가 보고 싶을 때 보지 않고 눈을 감고
죽어 가는 그와 같은 순간에 그것이
얼마나 그립고 그 모든 것이 얼마나
보고 싶으며, 무더운 여름날 시끄럽다
소리 지르던 매미 소리까지도 그것이
얼마나 아름답고 소중한 소리인지를
너희는 죽어 갈 때 그를 알게 됨이니
라.
34 그러니 너희가 그때 가서 후회하지 않
는 삶을 살라는 것이 나 여호와의 가
르침이요, 나 여호와의 진리요, 나의
참뜻이라는 것을 알라.
35 이것이 바로 너희에게 소중한 것이라

는 것을 내가 가르쳐 주며 그때 가서 영원히 돌이킬 수 없을 때 후회하지 않는 인생을 살라는 것이 나의 뜻이니라.
36 그러니 그 모두를 바라다볼 수 있는, 네 마음속에 사랑의 안경을 쓰고 세상을 돌아다보도록 하라.
37 그것이 바로 사랑하는 마음이요, 이 세상을 살아가는 근본이요, 너희가 나에게 오르는 길에 눈을 뜨는 것이며 진리를 보게 되는 것이니라.
38 이제 내가 다시 한 번 마지막으로 너희 종교 지도자들에게 오늘의 기도에서 전하고자 함이니, 잘 듣도록 그리하라.
39 모든 백성을 가장 편안한 방법으로 인도하라.
40 너희가 모든 것을 얻고자, 취하고자 하는 것이 아니요,
41 너희가 베풀고자, 그리고 그들에게 나눠 주고자 하는 마음으로써 그리 나의 백성을 하늘에 오르는 길로 인도하는 종교 지도자가 있다면,
42 그는 나에게서 선택된 지도자요, 나의 전사로서 나의 아들과 더불어 새로운 역사를 이루는 데 주역으로 내가 너를 쓸 것이니 그리 알라.
43 고통을 주는 믿음이요, 괴로움을 주는 믿음이요, 근심하는 믿음을 주는 그와 같은 지도자는 사탄의 자식이라는 것을 잊지 말라.

5,676 번째 하나님 말씀

2003년 3월 24일 08시 25분

1 사랑하는 나의 아들아!
2 "네, 아버님! 말씀하옵소서."
3 내 뜻이 무엇이라 말하였느냐?
4 사랑이라 그리하였음이니라.
5 이웃을 네 몸같이 사랑하는 그 아름다운 마음으로 살아가는 것이 나의 뜻대로 사는 것이며, 나의 뜻대로 세상에 실천하며 살아가는 것이니라.
6 그러나 수천 년이 흐르는 동안 종교 집단이 '사랑, 사랑' 그 소리를 수없이 부르짖으며 사랑을 실천한다 하나, 그들이 과연 사랑을 실천하는 것이던가?
7 사랑이란 무엇이냐?
8 모두를 다 덮어 줄 수 있는 것이 사랑이니라.
9 잘못 가는 것, 잘못되는 것, 그 모두를 덮어 주는 것이며 그를 용서하며 베푸는 것이 다 그게 사랑의 원천에서 이루어지는 것임을 알라.
10 사랑하는 백성은 남의 아픔이요, 남의 슬픔이요, 남의 실수를 모두 덮어 주며 사는 것이 사랑이라 하였음이니라.
11 그러나 지금 나의 피조물 만백성 너희는 과연 얼마나 남의 허물이요, 잘못된 것을 덮어 주며 사는가?
12 나누기 전에, 재물이 들어가는 것도 아니요, 너희에게 피해를 주지도 않는 말로써 조심하며 말로써 삼가면 살 수 있는 그와 같은 것도 행하지 못하며 사는 것이 너희가 아니던가?
13 남의 허물을 말하기를 즐겨 하며 그를 흉보기를 즐겨 하는 것이 너희가 지금

믿음의 길을 가는 백성이 살아가는
형국이라면,
14 과연 너희가 천년만년 사랑을 아무리
부르짖으며 하루에 천 번, 만 번 사랑
을 부르짖은들 무엇하겠는가?
15 사랑이란 그런 것이니라.
16 남의 허물과 남의 실수를 너희가 다
덮어 줄 수 있으며 그를 용서할 수 있
는 것이 사랑이라는 것이니라.
17 그러나 너희가 잘못한 것, 너희의 허
물은 실수로 간주하며,
18 남의 허물이요, 남이 실수한 것은 사
랑으로 감싸지 아니하며 그를 죄악시
하며 그를 남에게 알리기를 좋아하며
자랑하기를 좋아하며 흉보기를 좋아
하는 것이 너희들이니,
19 과연 나의 백성이요, 나의 뜻을 실천
하고 사는 백성이라 생각하는가?
20 남이 잘했을 때 칭찬하는 것까지도 인
색한 것이니라.
21 그것이 바로 사랑이 없기 때문이니라.
22 너희가 사랑이 있으면 남의 작은 일도
칭찬할 수 있으며 격려할 수 있는 것
이니라.
23 그러나 너희는 사랑이 없기에 남의
작은 일을 칭찬하는 것은 고사하고 남
이 칭찬하는 것을 막으며 그를 들으려
하지 아니하며 귀를 막으려 하는 것이
너희가 아니던가?
24 너희가 칭찬하는 것도 그리 인색한 백
성이니, 너희가 과연 나에게서 선택된
백성이 살아가는 자세라 그리 말할 수
있는가?
25 이제 나에게서 선택된 나의 아들을 따
르는 제자요, 나의 법전을 읽고 깨우
쳤다는 만백성, 너희는 이를 지키고
살라.
26 그것이 나의 전사요, 나의 백성으로서
만백성을 가르치는 지도자요, 인도자
가 될 수 있음이니라.
27 모든 허물이요, 과실이요, 욕됨을 다
덮어 줄 수 있는 것이 사랑이며,
28 작은 자리에 있을 때 칭찬을 아끼지
아니하며 남의 칭찬하는 일을 귀담아
들으며 그와 같이 더불어 이야기할 수
있는 것이 너희가 선한 일을 하는 것
이라 내가 그리 말하였거늘,
29 어찌하여 너희는 말로써 선한 일을
할 그 기회까지도, 마음으로써 선한
일을 할 그 기회까지 놓친단 말이던가?
30 내가 간음한 여자를 흉보는 여자는 간
음한 자와 같다 하였으니 그 귀를 막
으라 하였음이니라.
31 내가 너희에게 일찍이 그와 같은 이치
를 깨우쳐 주었으니, 남을 칭찬하는
말을 듣기를 좋아하며 같이 동조하며
같이 대화하며 그 칭찬을 귀담아듣는
다면, 네가 그 칭찬을 들은 만큼 그와
같은 일을 하는 것이며 역사한다는 그
반대급부의 깨달음을 얻으라.
32 그것 하나도 얻지 못하는 것이 어리석
은 백성이니,
33 너희가 남과 더불어 칭찬함으로 네가
그만큼 칭찬하는 일을 한다는 것을 너
희는 잊지 말라.
34 그저 그 위대한 역사에 하나의 덕을
쌓는 그 기회마저도 너희는 그를 듣기
싫어하며, 그를 막으려 하며, 그를 생
각하지 아니하려 하며 그 칭찬의 소리
를 듣기 싫어하여 죄를 짓는 자가 됨

이니,
35 같은 장소에 같이 앉아 대화하는 자도
죄를 짓는 자, 또 아름다운 일을 하는
자의 그 차이점이 있는 것이 너희가
세상에 사는 것이니,
36 이 모두는 마음에 사랑의 안경을 너희
가 바로 쓰고 닦고 세상을 보면 알 수
있을 것이니라.

5,677 번째 하나님 말씀

2003년 3월 24일 10시 14분

1 사랑하는 나의 아들아!
2 "네, 아버님! 말씀하옵소서."
3 이 세상의 모든 종교 지도자요, 집단
이 가는 그 행위가 어떠한 행위를 하
고 있는가?
4 나 여호와가 직접 명한 자, 나에게서
명을 받은 자가 행하는 그와 같은 일
을 명을 받지 아니한 자들이 그리 행
하며 적용하여 나의 피조물 만백성을
이끌어 가고 있음이니 이를 어찌해야
하겠는가?
5 너희는 나무를 거꾸로 심으라면 그 나
무를 거꾸로 심는 것이 신도들이 가는
길이요, 그리고 백성이 가는 길이라
그리 가르침이니라.
6 그러나 그것은 나 여호와가 너희에게
나무를 거꾸로 심으라 명했을 때, 너
희가 그를 순종하고 거꾸로 심으면 그
곳에 기적의 역사가 이루어지는 것이
니라.
7 그러니 나의 진리요, 나에게서 선택된
백성의 지도자만이 그와 같은 말을 할
수 있으며 나에게서 명받은 자만이 이
룰 수 없는 그 역사를 이룰 수 있기에
그리 말할 수 있음이니라.
8 그러니 그와 같은 이야기는 바로 무엇
이던가?
9 나무를 거꾸로 심으라 하는 것은 나
여호와가 그리 명했을 때 너희가 그를
따르고 순종하라는 것이니라.
10 그러나 나와 관계된 모든 위대한 업적
이요, 역사의 그 기적의 변화를 너희
는 인간에게 대비하여 그리 말함이니
라.
11 나와는 관계도 없는 백성이 인간 육의
삶을 위하여, 향락을 위하여 거기에
재물을 거둬들이고자 연연하는 종교
지도자들이 그 말을 인용하여 나의 피
조물 만백성을 쇠사슬로 묶어 놓고 숨
도 못 쉬게 끌고 가는 사악한 짓을 하
고 있음이니,
12 너희가 순종하는 것이요, 배추요, 무
요, 나무를 거꾸로 심으라 했으면 심
는 것이 신도들이 가는 길이요, 믿음
의 길을 가는 백성이라 그리함이니,
13 저희가 지킬 수 없는 사악한 짓을 명
해 놓고도 그것은 나 여호와가 명한
것처럼 그리 행하라고 지금 가르치고
있음이니, 그 이치의 한계를 너희가
깨우쳐야 할 것이며, 나의 사랑하는
백성 너희는 그를 들여다봐야 할 것
이니라.
14 내가 직접 명하는 것은 나무를 거꾸로
심든, 너희가 바다를 걸어가든 그와
같은 것은 너희가 다 이룰 수 있으며
내가 기적을 이루어 너희에게 행할
수 있으나,
15 내가 명하지 아니하는 것은 어떠한 형

국에도 그건 있을 수 없음이니라.
16 내가 직접 관여하지 아니하고 내가 참
관하지 아니하며 내가 관장하지 않는
그와 같은 곳에서도 나무를 거꾸로 심
었을 때 그 나무가 살 수 있겠는가?
17 배추요, 무를 거꾸로 심어 놓았을 때
그들이 과연 살 수 있느냐?
18 시간을 다투어 그들은 죽어 가는 것
이니, 오로지 나 여호와만이 역사할
수 있는 것이니라.
19 그러나 내가 명하는 것이요, 내가 역
사할 때 그와 같이 너희가 순종하고
경배하고 따르라는 것을,
20 인간 지도자요, 종교 집단, 그 사악한
자들이 나를 대신하는 것이며 나와 같
은 역사를 하는 양 저희에게 무조건
복종하고 순종하고 따르라 그리 가르
치고 있음이니,
21 이 세상에 사악한 것이 사악한 뿌리를
낳으며 세상이 사악한 뿌리로써 덮였
음이니라.
22 이 이치를 너희는 깨달아야 할 것이
니라.
23 이제 나 여호와가 직접 너희에게 명
했을 때, 나의 음성을 직접 들은 자가
내가 나무를 거꾸로 심으라 하면 너
희는 그리 심으면 되느니라.
24 그러나 인간이요, 사악한 자들이 너희
에게 거꾸로 심으라 하여 그 나무를
심는다 하여 그 나무가 살겠는가?
25 그걸 구분하는 그와 같은 현명함을 얻
어야 할 것이며, 너희가 어찌 행해야
할 것인가를 이제 알아야 할 것이니
라.
26 잘못 가르치는 종교 지도자요, 사악한
뿌리인 그 사악한 종들이 말하는 것을
무조건 순종하고 따르다 보면, 너희는
지옥으로 가는 죄만이 무거울 것이며,
27 너희가 벗을 수 없는 길이요, 넘을 수
없는 그 무서운 죄만 짊어지게 됨을
알아야 할 것이니라.

5,678 번째 하나님 말씀

2003년 3월 24일 10시 25분

1 사랑하는 나의 아들아!
2 "네, 아버님! 말씀하옵소서."
3 지금 수천 년 동안 믿음의 길을 오는
백성이요, 쇳가루가 녹아서 폐물이 되
듯이 썩어 가는 지금의 종교 집단에서
구원의 길이라 하여 그 죄의 온상에서
가르치는 종교 지도자에게 네가 가서
물어보라.
4 '당신들은 권사요, 집사요, 또는 장로
요, 하는 그와 같은 명칭을 줄 때 과연
무엇을 위주로 하여 뽑는가?
5 당신들은 열심히 돈을 내는 자, 헌금
을 많이 하는 자를 위주로 해서 그와
같은 직함을 팔고 내주지 않느냐?' 그
리 물으면 그들은 너보고 정신이상자
라 말할 것이니라.
6 그들은 절대로 그리하지 아니한다 할
것이니라.
7 믿음으로써 측정하며 그들이 믿음의
길을 가는 것을 보며 그가 어찌 믿음
의 길을 가느냐에 따라서 그의 직분을
주며 장로요, 권사요, 집사요, 하는 그
와 같은 직급을 준다 너희는 그리 말
할 것이며,
8 절대로 재물로써 그들을 평가하지 아

니하며 반드시 그 믿음으로써 결정한
다 그리 너희는 말함이니, 너 보고 네
가 이단이요, 사탄이요, 사악한 자이
기 때문에 그와 같은 생각을 하며 저
희 집단을 그리 바라본다고 말할 것
이니라.
9 '당신이 정녕 하나님의 아들로서 선지
자라면 우리가 하는 행위를 정확하게
알 것이며, 우리는 절대 재물로써 그
들에게 먼저 주고 늦게 주는 것이 아
니라 순서에 따라서 주며 자격이 갖추
어졌을 때 준다.' 그리 말할 것이니라.
10 '감사 헌금이요, 십일조요, 재물을 잘
바치는 사람을 우선으로 하여 그와 같
은 명칭을 절대로 주지 않는다. 그러
니 당신이 사탄이요, 이단이라' 그리
말할 것이니라.
11 그러나 너는 너의 제자가 하는 말을
들었을 것이니라.
12 그는 흘러가는 말로써 그리 말하였으
나 그 가슴이 얼마나 아팠겠는가?
13 그는 제가 인도한 사람과 같이 한 교
회를 같이 다녔음이니, 제가 인도한
사람은 십일조를 잘 내며 생활의 여
유가 있어서 감사 헌금을 잘 내니, 먼
저 인도한 저보다 늦게 온 자를 집사
라는 그 명칭을 줬다 하지 않던가?
14 그리하여 그 불쌍하고 가련한 백성이
뭐라 말하였느냐?
15 '목사님이여, 당신은 내가 먼저 왔는
데 나에게는 집사의 직분을 주지 않고
늦게 온 그 동생에게만, 내 친척에게
집사의 명칭을 주었으니, 그는 십일조
를 잘 내며 헌금을 잘 내며 당신에게
순종하기 때문에 당신이 그리하지 아
니하였습니까?' 그리 말했다 하지 않
던가?
16 그 제자가 그 말을 하고 거기서 등 돌
리고 떠났을 때 그 제자는 흘러가는
듯 웃으면서 그를 말했으나,
17 그것이 오늘날 종교 집단이 하는 행위
며 너희가 지금 가는 역사인 것을 어
찌 말하겠는가?
18 그래도 너희는 아니라 부정할 수 있겠
는가?
19 그러면서 너희가 십일조요, 헌금에 의
해서 직분을 주지 않고, 그 직분을 줄
때 믿음의 기준에서 그에게 명하며 그
수고로운 명예 직분에 대한 대가를 거
둬들이지는 않는다 하는가?
20 너희는 정녕 돈을 주고 그를 팔지 않
는가?
21 그리고 재물로써 거둬들이며 그를 주
지 않는가?
22 그리하여 그 직분을 줄 때 너희는 어
떠한 재물이요, 어떠한 헌금을 하나도
받아들이지 아니하고 그리 직분을 주
는가?
23 그러나 너희는 그와 같이 아니 함을
나는 알고 있느니라.
24 나의 아들을 따르는 내가 선택한 한
여인이 그 아픈 마음을 전했듯이 너희
는 바로 그와 같은 것이 현실이니라.
25 그러면서도 너희는 말하지 않느냐?
26 '절대로 그런 일은 없으며, 그는 있을
수도 없으며, 하나님이 두려워 감히
그와 같은 행위를 하며,
27 우리 목회자요, 종교 지도자들이 그와
같은 행위를 한다는 그것은 이방인인
당신이기 때문에 그런 생각을 할 수

있으며 감히 생각할 수도 없다.' 그리
말하나,
28 그러나 너희는 지금까지 모든 직분을
팔면서 다 돈을 받아들였으며, 그 돈
을 잘 내고 헌금을 잘 내는 자를 위주
로 하여 너희가 직분을 주는 것을 내
가 알고 있음이니라.
29 그러니 엄연히 너희가 행하는 것도
아니라 버티고 그리 대답함이니,
30 모든 종교 지도자요, 목사에게 내가
물었을 때, 너희가 정녕 그와 같은 행
위를 아니 한 자 있느냐 물으면, 너희
는 정녕 한 사람도 그리한 자 없다 말
할 것이니,
31 천 명이면 천 명이요, 그 수억의 목사
요, 종교 지도자 너희는 재물로써 흔
들렸으며 재물로써 팔아먹은 자들이
니, 그러면서도 아니라 말하는 것이
너희의 오늘의 길이니,
32 거기에 너희가 양심이 어디 있으며,
깨달음이 어디 있으며, 남을 가르칠
자격이 어디 있으며 선생으로서 설 자
격이 어디 있다 말하는가?
33 거짓말하며 사기 치며 네가 직접 행한
것도 안 했다 함이니,
34 너희가 오죽하면 너희 인간 세상에
살아가는 말이 있지 있느냐?
35 너희가 마음을 아주 잘 표현한 것이며
너희를 그대로 표현한 말이 있느니라.
36 너희는 '닭을 잡아먹고서, 남의 것을
훔쳐서 갖다 먹고서, 잡아먹었다고 뭐
라 하니까 오리발을 내민다'는 그와
같은 형국의 말이 있음이니,
37 그게 바로 종교 집단이요, 지도자 너
희가 지금 하는 짓이니라.
38 너희가 재물을 잘 내는 자에게 집사
요, 권사요, 장로라는 직함을 주고 그
직함을 줄 때 너희는 영수증도 없는
돈을 또 거둬들이고 그와 같은 행위를
하며,
39 나의 아들이 너희에게 그리 행하지 않
느냐 그리 물을 때 너희는 절대로 그
렇지 아니하며 믿음으로 준다 하니,
40 남의 닭 훔쳐 먹고 너희가 그 죄의 대
가를 치르게 생겼으니 오리발을 갖다
내미는 것이 너희들이니,
41 이것이 바로 지금의 종교 지도자요,
그 밑에 가서 구원을 받겠다고 울고불
고 눈물 짜는 신도 너희가 가는 짓이
니 그 짓이 얼마나 가련하고 불쌍한가?
42 그리하여 내가 너희를 구원하고자 누
구나 읽고 깨우칠 수 있는 이 법전의
역사를 내리는 것임을 알라.
43 그래도 너희가 거짓이라 말하겠는가?
44 나의 법전에 기록되어 이 내용이 세상
에 나갈 때, 이를 읽는 백성이 혀를 차
는 사람들이 있을 것이니,
45 너희가 아니라 거부하는 그 말을 듣는
백성이 혀를 찰 것이니,
46 혀를 차는 백성은 바로 너희가 명해
준 장로요, 권사요, 집사라는 자들이
혀를 찰 것이며, 그를 보고 온 신도라
는 자들이 혀를 찰 것이니라.
47 너희가 이방인이라 하는 자들은 설마
그러려니 하며 그나마 그와 같은 의심
을 할 것이며, 그러한 추한 짓을 아니
하기를 바라는 것이 너희가 말하는
믿지 않는 이방인의 마음일 것이니,
48 이러고도 너희가 어찌 나에게 와서
나의 피조물 만백성을 구원하는 지도

자라 말하는가?
49 너희는 사탄의 종으로서 나의 뜻을 거
역하는 데만 연연하는 자들임을 알라.

5,679 번째 하나님 말씀

2003년 3월 24일 10시 31분

1 사랑하는 나의 아들아!
2 "네, 아버님! 말씀하옵소서."
3 나의 성전에 와 나의 아들의 강론을
들으며 나의 법전을 공부하는 모든 백
성에게 네가 말하기를, '선생'이라 부
르느니라.
4 내가 또한 너희를 선생이라 그리 부
르라 명하였음이니, 선생이라 부르는
그 뜻을 너희는 알겠는가?
5 그 큰 뜻이 거기에 숨어 있음을 너희
는 알아야 할 것이니라.
6 모든 것을 다 한 가지씩은 너희가 장
점을 가지고 있으며, 네가 행하지 못
하며 네가 알지 못하는 위대한 점을
상대방이 가지고 있기에 선생이라 부
르는 것도 가장 중요하나,
7 네가 나의 법전으로 세상을 덮어 이
세상을 지배하는 새로운 역사를 이루
는 그 미래를 준비하기 위해 내가 너
희를 똑같이 선생이라 불러 주라 하는
뜻이 거기 있으며 선생의 칭호를 쓰라
함이 거기에 있는 것이니라.
8 너희가 지금 모든 종교 집단에서 바로
그것이 무엇이던가?
9 그들은 선생이라는 칭호를 쓰지 아니
하며 각자 이름을 붙여서 부르느니라.
10 장로요, 집사요, 권사요, 이와 같이 너
희가 이름을 붙이고 있으니,
11 그 이름을 붙일 때 그것을 하나 얻을
때마다 돈거래가 있으며 그것을 팔아
먹을 때 또 많은 재물을 바치며 봉사
하는 자를 골라서 너희가 그리함이니,
12 그리하여 그 직분의 이름이 있어서는
아니 된다는 것이 나 여호와의 뜻이
요, 너희에게 그리하지 말라 함이니라.
13 너희도 인간이요, 또한 너에게 배운
제자들이 나가서 직급이 있으면 그 직
급을 내릴 때 그들도 똑같이 재물을
받아들일 것이며, 지금의 종교 집단
못지않게 흘러갈 수도 있을 것이니라.
14 더욱이 너희는 나 여호와의 뜻이요,
나의 명을 직접 받아 행하는 지도자이
기 때문에 너희에게 직분을 받고자
바치려는 그 욕심이 더 클 것이며, 더
큰 것을 바쳐서라도 너희에게 직분을
받으려 할 것이니,
15 네가 그리하여 똑같이 선생이라 부름
이니, 그 선생 소리를 들으려고 너희
가 더 바칠 것도 없으며, 더 아부할 것
도 없으며, 네가 누구라도 선생이라
부르며, 너의 제자들이 또한 모든 제
자들을 선생이라 부름이니, 너희가 그
를 선별할 필요가 없으며, 그를 계산
해 둘 것이 없으며, 그의 능력을 평가
할 필요가 없으며, 그가 너희에게 봉
사하는 것을 계산 둘 필요가 없음이니
라.
16 그러하니 그 제자들 또한 그리 생각할
것이며 너희 또한 그리 생각할 것이니
라.
17 그리하여 내가 모든 직급을 두지 말라
하였음이니라.
18 그러나 모든 종교 집단이 그 직분을

두는 것은 그걸 팔아먹는 것이요, 장
사하는 것이요, 너희가 그와 같은 행
위를 하고자 그게 존재함이니, 그리하
여 내가 모두 다 선생이라 부르라 함
이니라.
19 오늘 온 자도 선생이요, 어제 온 자도
선생이요, 1년 전에 온 자도 똑같이
선생이라는 그 칭호를 하나 씀이니,
20 나의 성전에 오는 자는 누구나 다 선
생이라는 그 칭호를 무상으로 받음이
니,
21 내가 무상으로 내렸기 때문에 너희가
무상으로 주는 것이 당연하며, 그리하
여 무상으로 주느니라.
22 그리하여 선생이라는 그 칭호를 부르
도록 한 것이 나 여호와의 뜻이니라.
23 모든 명칭을 붙여서 장사하지 못하도
록 하였으며,
24 너희가 그들에게 재물을 거둬들이지
못하며, 그리하여 너희가 그 직분을
주려고 사람을 선별하며,
25 그리하여 그 사람의 생활을 너희가 조
사하며 그 사생활을 파악하며 그의 재
물을 위해서는 이와 같이 야비하고
추하고 더러운 짓을 계속하게 되어 있
음이니라.
26 앞으로 과연 그 직급을 내렸을 때 얼
마나 거둬들일 수 있으며 그 가치는
있을까, 너희는 그걸 하나 내리면서
거기에 수만 가지 생각을 하고 내려
주는 그 사악한 자니, 거기에 믿음이
어디 있으며 사랑이 어디 있고 진실이
어디 있는가?
27 그리하여 선생이라는 한 명칭으로써
다 부르도록 그리 정한 뜻을 이제 너
의 제자들에게 깨우쳐 전해 주도록 그
리하라, 사랑하는 나의 아들딸들아!
28 너희는 알 것이니라.
29 내가 그리 붙인 명칭을, 선생이라 부
르는 것을, 그 이상의 모든 명칭을 붙
이는 건 그 명칭에 따라 거래하며 장
사하며 재물을 팔아먹는 그와 같은 너
희가 되기 때문이니라.

5,680 번째 하나님 말씀

2003년 3월 24일 10시 37분

1 사랑하는 나의 아들아!
2 "네, 아버님! 말씀하옵소서."
3 내가 나에게서 선택된 백성 너희에게
뭐라 말하였느냐?
4 무엇보다도 이 세상에 존재하는 너희
자신의 그 소중함을 알라, 너희 자신
이 남에게 부끄럽지 않은 삶을 살아
가는 자세로써 너 자신부터 다스리며,
너 자신의 귀함을 알라 그리 말하였음
이니라.
5 그렇다 하여 너희가 남보다 높고자,
남에게 대우받고자 하는 것이 아니요,
너 자신이 존재하는 그 자체를 네가
소중히 생각하라 함이니라.
6 그리고 값지게 생각하라 함이니라.
7 너희 자신에게서 우러나는 그 마음속
에서 이 세상의 모든 것이 이루어지며
형성되기 때문이니라.
8 그리하여 너희 개인이 소중히 바로 섰
을 때 또한 가정을 이루며, 그 가정의
소중함 속에서 더불어 살아가는 세상
이 됨이니라.
9 그리고 그 가정이 형성되어 또 사회가

이루어지며,
10 사회의 구조 속에서 너희는 그 현실을 인정하며 그 현실 속에서 만백성이 더불어 질서를 지키며 살아가는 것이 너희가 이 세상에 살아가는 구조며,
11 나 여호와가 만든 지상에서 그리 살도록 만들어 준 것이 바로 너희의 삶이니라.
12 그러나 이러한 순리를 정면으로 거역하며 이를 인정치 아니하는 그 집단의 뿌리가 세상에 뿌리를 내려 혼돈케 하며 나의 백성의 그와 같은 질서를 파괴하는 것이 지금의 종교 집단 너희라는 것을 알고 있는가?
13 지금의 종교 집단이요, 지도자들이 이 순리를 파괴하는 것이니라.
14 개인과 가정과 사회가 더불어 형성되는 이 지상의 아름다운 그 삶의 질서를 그들이 파괴했음이니라.
15 그리하여 오늘과 같은 험악한 세상이 되었으며 도둑이 들끓으며 말세와 같은 이 세상이 이루어졌으며,
16 그 원흉은 종교 집단 너희라는 것을 알아야 할 것이니라.
17 너희는 나의 피조물 만백성의 그와 같은 것을 인정치 않으려 하는 것이니라.
18 개인을 인정치 아니하며 가정을 인정치 아니하며 사회의 집단에 더불어 살아가는 것을 인정치 아니하려고 하는 것이 종교 집단 너희가 아니던가?
19 저희 교회에서만, 저희 성전에서만, 저희 공회에서만 그 안에 사는 백성은 차별화된 백성이라 하여 너희가 그 안에서 육성되며 그 안에 살며 그 안의 사람들만이 더불어 살아가며 저희만이 소중한 것이라 그리 가르치니,
20 저희가 대자연의 아름다움 속에서 살아가면서, 거기서 떠난 자, 거기서 존재하지 않는 자처럼 그리 말하며 그를 차별화하는 것이니라.
21 그러니 그들이 얼마나 사악한 자며 어리석은 자이던가?
22 대자연에 더불어 사는 삶까지도 너희가 바라보지 못하며 그것까지 거역하며 그를 저버리는 것이니라.
23 내가 창조한 이 세상이요, 이 모든 것을 내가 주관하는 이 우주 속에서 살면서 어찌하여 그와 같이 더불어 사는 그 세상을 무시하며 믿음의 집단 그 속에 사는 너희만이 위대한 것이며,
24 밖에 있는 백성이요, 더불어 사는 백성이요, 질서를 지키고 사는 백성은 너희와 차별화되며 관계없다며 그것을 소외시키고 사는 것인가?
25 너희는 내가 만든 이 지상에서 나의 은혜로 너희가 대자연의 품속에 살면서도 그 품속을 거역하며 그 자연을 거부하며 그가 실존해 존재치 않는 것처럼 너희가 인정하지 아니하며 그를 무시하며 살아가는 것이 아니던가?
26 그러니 너희가 대자연 속에서 살아가는 평범한 백성이요,
27 자신을 소중히 알며 또한 가정이 더불어 살며 또 사회가 더불어 사는 그와 같은 이 대자연의 품속에서 내가 살아가게 한 그것을 거부하며 그것을 인정하지 아니하려 하며,
28 너희 집단만이 하늘에 오르는 길이요, 너희는 진정한 백성이요, 그리고 밖에

있는 자들은 모두 사악한 자라며 내가
만든 이 자연 속에 살아가는 그 질서
요, 법도까지 파괴하는 너희는 내가
만든 지구에서 살 자격이 없으니,
29 너희는 내가 만든 이 지상이요, 너희
가 말하는 아름다운 대자연의 지구를
떠나라.
30 이 지구를 떠날 자요, 이 지상을 떠날
자는 지금의 종교 집단 너희들이니라.
31 그와 같은 너희 소행을 내가 용서치
아니함을 알라.
32 너희는 내가 만든 이 모든 세상이요,
나의 주관하에 사는 이 속에서 그들과
더불어 살지 않고 격리하며 그 질서를
파괴하는 흉악범이니, 너희는 지구를
떠나도록 그리하라.
33 내가 너희에게 명함이니, 머지않아 너
희가 지구를 떠나는 그 순간에 얼마나
큰 고통이 기다리는가를 알게 될 것
이니라.

5,681 번째 하나님 말씀

2003년 3월 24일 10시 46분

1 사랑하는 나의 아들아!
2 "네, 아버님! 말씀하옵소서."
3 지금의 모든 종교 집단이요, 교회라
속해 있는 그 집단들이 가는 형태가
과연 어찌 가고 있는지 알겠는가?
4 내가 내려 준 이 세상 대자연의 아름
다운 그 속에서 살면서 그들만은 그
속에서 관계없는 그와 같은 백성이라
는 착각 속에 살아가고 있음이니,
5 그들이 얼마나 허황되며 불쌍한 백성
이며 공중에 떠 있는 백성이던가?
6 내가 보는 그들은 뿌리가 없으며 안식
처가 없으며 공중에 떠 있는 그와 같
은 먼지와 같은 백성의 행위를 하는
것이 지금의 종교 집단 그들이 살아가
는 행위이니라.
7 그들은 대자연 속에 살면서 대자연의
아름다움이요, 그 질서 속에서 사는
것이 아니라,
8 죄의 온상인 손으로 지은 교회요, 교
회 안에서만 저희가 살아야 한다 하
며,
9 그리 살아가는 것이 구원을 받는 백성
이라 그리 가르침이니라.
10 사회는 인간들이 사는 것이요, 다른
사람이 사는 것이니,
11 너희가 사회의 그 인간들 세속에 들어
가면 너희가 사악한 물이 들며 죄를
짓는 것에 물이 들며 거기에 말려드니,
12 너희는 절대로 사회를 보지 말며 사회
의 백성과 상종하지 말며 교제하지
말며 교분을 하지 말라, 그리고 교회
안에서만 사는 백성이 되라, 그들과만
같이 살라,
13 너희는 선택된 자니 밖의 백성과 교
제해서는 아니 되며, 너희가 오늘의
교회요, 그 성전 안에서만 살아가는
그와 같은 삶을 살라 그리 가르침이니,
14 그게 대자연의 아름다운 속에서 다
같이 살아가는 백성이요, 나의 아들딸
이라는 것을 너희가 망각하고 삶이니,
15 어찌하여 이 세상에 살면서 똑같이 살
아갈 수 있는 자격을 준 그 백성을 너
희는 그리 차별화하는가?
16 그리함으로써 너희는 형제를 모르며
자식을 모르며 부모를 모르는 그와 같

이 사악한 자요, 메마른 자가 되었으
며, 사랑을 모르는 백성으로 지금 만
들어 놓았음을 너희는 알아야 할 것
이니라.
17 대자연의 은혜와 혜택을 받고 살면서
도 그것을 인정하지 아니하려 하며
그것을 믿으려 하지 않으려 하는 것이
너희들이니,
18 그 어리석은 삶을 사는 자들이 지금의
종교 집단의 백성이 하는 짓이니라.
19 세속의 관심을 끊으라 그리 말하며,
나 여호와가 세상을 창조했으며 내가
세상의 모든 것을 다 사랑하는 것을
너희는 모르느니라.
20 내가 이 세상을 만들었으며 이 세상
모두를 다 내가 사랑하며 너희를 위
하여 내가 존재하는 것이거늘,
21 내 앞에 살며 내 품에 살면서 나를 생
각하지 말며 내 것을 생각하지 말며
내 것이 잘못된 것이라 너희가 그리
말하느니라.
22 내가 만든 이 아름다운 세상에서 사는
나의 백성 그들은 다 잘못되었으며
죄를 짓고 사는 자며 사악한 자라 그
리 말함이니,
23 내가 만든 이 아름다운 세속에서 사는
그 백성이 어찌하여 죄지은 자며 사
악한 자라 그리 몰아붙이는가?
24 그러면 이 지상을 만든 나 여호와가
잘못되었으며 그 백성을 살게 한 내
가 잘못되었다는 말이던가?
25 내가 죄인을 육성하는 이 지상을 만들
고, 너희는 공중에 떠 있어 구름 위에
사는 백성이라 생각하는가?
26 그 착각에서 벗어나라.
27 가장 큰 죄악의 뿌리요, 근본의 원흉
이 너희라는 것을 잊지 말라.
28 이제 모든 백성 너희는 들으라.
29 교회 안에서 살며 교회 안에서만 교제
하며 너희끼리만 거래하며 교분을 맺
으며 살라 가르치는,
30 그리고 세상의 모든 집단이요, 단체의
인간은 잘못된 것이며, 거기서 너희가
죄를 지으며 때가 묻어 지옥으로 간다
고 가르치는 그와 같은 자들의 말에
현혹되지 말라.
31 믿음의 길을 가는 것은 그것이 아니니
라.
32 내가 모두를 다 사랑하며 똑같이 너희
를 사랑하니, 내가 만든 대자연 속에
너희가 발을 붙이고 살면서 거기서
모두 다 접하고 살면서,
33 너희가 물건을 팔고 사는 것도, 너희
가 먹고사는 것도, 너희가 사회 속에
서 그들이 써 주지 아니하며 그들이
대화하지 아니하며 그들이 사용하지
아니하면, 과연 너희 인구로만 먹고살
수 있으며 너희 것으로만 존재하며 먹
고살 수 있단 말이던가?
34 사회 속에 살며 사회 속에 더불어 그
속에서 은혜를 받으며 많은 백성에게
너희가 은혜를 받고 사는 자들이, 너
희가 그렇다면 음식점을 만들었으며
과일을 파는 가게에 써 붙여야 할 것
이니라.
35 너희가 말하는 '교인이 아니면 오지
말라.
36 때가 묻으며 나는 죄를 지음이니 나는
교인하고만 상대하며 우리 과일은 교
인이 아니면 절대로 사먹지도 말며 나

는 팔지도 않는다.
37 우리 식당에는 오지 말라.
38 진정한 교인이 아니면 나는 팔지 않는다.
39 그리고 우리와 똑같이 믿음의 길을 가는 자만이 와서 먹어라.' 그리 써 붙어야 하는 것이 아닌가?
40 너희가 재물을 받으며 장사를 하는 곳에는 그를 구분하지 아니하며, 너희가 재물을 바치고 사는 것만 그 교회 안에서 살아야 하며 구분된다 그리 말하니,
41 이 강도 같은 자들이요, 썩은 교리를 가지고 가르치니, 과연 그걸 보고 하늘에 오르는 길이며 그들을 너희가 하늘에 인도하는 길이라 말하는 것이냐?
42 너희는 인간 세상에 물 들면 안 되며 그들의 생활에 젖으면 너희가 구원을 못 받으며 지옥으로 간다 하였으니, 이제 종교 집단 너희가 하는 모든 가게는 써 붙이라.
43 '교회를 다니지 않는 자는 내 식당에 오지 말며, 내 가게에 와 옷을 사 입지 말며, 내 물건을 살 수 없으며, 너희가 옴으로 내가 오염되고 때가 묻으니, 나는 너희와 거래하고 싶지 않으며,
44 너희가 내놓은 금화와 은화요, 지전도 받기 싫으니 절대로 오지 말라.' 그리 써 놓고 장사하라.
45 그리하여 너희는 그 교회 안에서만 살며, 남과 교제하지 말며, 내가 만들어 준 세상사 모든 백성과 더불어 사는 아름다운 그 삶을 거부하며 그를 인정하지 않는 너희는 그리 살라.
46 그리 살지 않는 자, 너희의 그 죄 또한 두 혓바닥을 가진 그 사악한 무리의 앞잡이며 그와 같은 형국이 너희라는 것을 알라.

5,682 번째 하나님 말씀

2003년 3월 24일 10시 54분

1 사랑하는 나의 아들아!
2 "네, 아버님! 말씀하옵소서."
3 적게는 너희 제자들이요, 나의 법전을 읽고 깨우친 백성이요, 나아가서는 지금의 종교 지도자요, 그 집단에 속해 있는 백성, 그리고 나 여호와를 생각지 아니하고 사는 모든 백성에게 너희는 전하도록 그리하라.
4 교회 안에서 살고자 하며 교회에서 살아야 한다는 그 백성이 얼마나 뜬구름 위에 떠 있는 것이며 착각 속에 사는 것인가를 모든 백성에게 그들의 허황된 허실을 보여 주도록 그리하라.
5 이 세상의 모든 것은 나 여호와가 창조하지 아니한 것이 없으며, 내가 이 세상에 지어내지 아니한 것이 없음을 너희는 알아야 할 것이니라.
6 너희는 조상 대대로 이 지상에 살았으며 내가 만든 이 아름다운 자연 속에서 살지 아니하였던가?
7 아담과 이브 또한 내가 에덴동산에서 그들을 세상에 내려보냈음이니라.
8 그리하며 또 노아의 방주는 이 지상에서 이루어진 것이 아니며 하늘나라에서 이루어졌던 것이요, 너희가 착각 속에 헤매는 구름 위에서 이루어졌던가?
9 뿌리도 없이 떠돌다 너희가 그 속에

서 그 역사가 이루어졌다 말하는가?
10 노아의 방주도 너희가 이 지구요, 내
가 만든 이 지상에서 인간 세속에서
너희가 살아가면서 그와 같은 기적의
역사를 이루며 그리 갔음이니라.
11 너희는 아브라함이 백 살에 얻은 그
아들 이삭을 제물로 바치라 하는 것도
그가 지상을 떠나서 하늘나라에서 제
물을 바치고자 했으며 그 아들을 구름
위에 데리고 와서 나에게 바치라 했던
가?
12 그도 지상에서 이루어졌으며 이 대자
연, 내가 만든 이 땅 위에서 그와 같은
아름다운 역사의 기적을 이루고자 했
던 것을 너희는 모르는가?
13 모든 너희 조상도 또한 여기서 그리
살았음이니라.
14 구약 시대에 나의 백성을 애굽에서
탈출시키는 그 역사가 이루어진 것은
땅을 밟고 이루어지지 아니하며 하늘
에서 이루어진 것이던가?
15 공중에서 이루어졌던가?
16 이 지상에서 모든 그 역사가 다 하나
하나 진행되며 이루어졌음이니라.
17 모든 기적도 지상에서 이루어졌으며
그들이 40년 동안 헤맨 그 광야의 들
판도 다 지상이며 내가 만든 이 지상
이 낙원이니라.
18 그렇다 하면 나의 아들 예수는 과연
어찌하였으며, 모세의 시대에 이루어
진 것은 무엇이며, 나의 아들 예수가
이룬 것은 이 세상이 아니요, 구름 위
에서 그가 너희처럼 뜬구름에서 가르
쳤던가?
19 모든 기적을 이룬 것, 또한 예수는 하
늘나라에서 이루었던가, 공중에서 이
루었던가, 구름 위에서 이루었던가?
20 너희 조상 대대로 살아온 이 지상에서
모든 그 역사가 이루어졌음이니, 그
모든 역사가 행해지고 이루어진 것은
내가 만든 이 지상의 대자연의 아름다
운 그 속에서 이루어졌느니라.
21 그것을 너희가 다 거부하는 것이니라.
22 그것을 인정하지 않으려 하는 것이 지
금의 종교 집단의 지도자들이니라.
23 그러니 세속에서 사는 것은 잘못된 것
이며 그들과 거래하지 말며 그들은 다
죄악 속에 사는 자라 말하니, 그러면
나의 명을 따라 노아의 방주를 만들었
던 그도 나의 뜻을 거역한 것이며 너
희와 차별화됐던 백성이란 말이던가?
24 모세도 그러했던가?
25 예수의 시대에 또한 예수도 너희만
못한 백성이며 사악한 자인가?
26 그는 이 지상에서 모든 역사를 했으며
이 지상에 사는 백성과 그들을 구원
하기 위해 그들에게 강론했으며 그들
을 가르쳤으며 그들을 인도하였음이
니라.
27 그리하여 그는 저린 발을 이끌고 만백
성을 구하려 그들과 상대했으며 그 속
에서 살았으며 그들을 깨우치고자 하
였음이니라.
28 지금 내가 제3의 시대에 나의 법전을
세상에 내려보내 나의 아들을 통하여
이루는 것이, 그를 따르는 제자들만을
구원하기 위해 만드는가?
29 160권의 법전을 내가 만든 그 뜻이 어
디 있으며 나의 아들을 밤잠을 재우지
아니하며 그를 고통 속에 내가 몰고

가며 이 법전을 만들어 세상에 전하는
것이 나의 아들을 따르는 그 제자들만
을 구원하기 위하여 내가 160권을 만
드는가?
30 이 세상에 사는 모든 나의 백성을 구
원하기 위하여 그 역사가 이루어짐이
니,
31 그 세상 속에 있는 백성과 상대하지
아니하며 거래하지 아니하며 차별화
하며 너희와 관계없는 것이며 교회
안에서만 살라 말하는 그와 같은 이치
로써 지금 내가 만백성을 구원하고자
하는 것이던가?
32 나는 세상의 어떠한 백성 누구든지 다
구원하고자 그 역사를 이룸이니,
33 세상 속에 더불어서 그 조직의 편제
속에서 살아가면서 그를 인정하며 그
속에서 나의 피조물 만백성을 구원하
기 위하여 160권을 세상에 내보냄이
니,
34 내가 만백성을 상대하여 구원하고자
하는 것이 내가 잘못되었단 말이던가?
35 너희는 그 교회요, 너희가 만든 그곳
에서 너희끼리만 구원을 받는 자며
너희끼리만 거래하고 상대하며 살아
가라.
36 그리하여 나의 뜻을 모르며 내 자연의
뜻을 거부하며 모두 인정치 않는 자는
그리 살아가라.
37 그리하여 내가 너희에게 한 말이 무엇
이던가?
38 너희는 내가 만든 이 자연의 아름다운
세상의 지구를 떠나라 하는 것이 나의
명령이니라.
39 너희는 지구를 떠나라.
40 어리석게 격리하는 자, 어리석은 자는
바로 너희들이니라.
41 너희의 모든 조상 대대로 모세의 시대
요, 예수의 시대요, 노아의 방주 시대
요, 아담과 이브의 시대요, 그리고 지
금 내가 제3의 시대를 열어 가는 법전
을 만들어 세상에 전하는 이와 같은
이 아름다운 시대가 이 지상에서 이루
어지지 아니한 것이 없거늘, 어찌하여
지상에 존재하는 그 모두를 거부하며
그를 사탄이요, 사악한 자라 밀어붙이
며, 그들과 거래하지 아니하며 너희만
구원받는다 하니, 한번 구원받은 너희
만이 하늘에 오르는 길이요, 구원받을
것이며, 나머지는 그저 지옥으로 가도
관계없다는 말이던가?
42 그 어리석고 사악한 너희의 욕심에서
이 세상이 이리 황폐하게 된 그 원흉
이요, 죄악이요, 사탄의 뿌리라는 것
을 이리 내가 가르쳐도 못 알아듣겠는
가?
43 이제 그 사악한 자 앞에 가 구원받겠
다 부르짖는 나의 신도요, 나의 백성
너희는 이제 구원의 길을 바로 보도록
그리하라.

5,683 번째 하나님 말씀

2003년 3월 24일 11시 05분

1 사랑하는 나의 아들아!
2 "네, 아버님! 말씀하옵소서."
3 정녕 사랑하는 나의 백성을 구원하는
자, 그리고 하늘로 인도하는 자는 어
떠한 길을 가야 하는지 아는가?
4 너희는 맨발로 가시밭길을 가는 고통

을 마다하지 아니하며 그 길을 스스로
선택하는 자가 되어야 하는 것을 알
라.
5 저 자신의 십자가를 짊어지고 가는 그
와 같은 삶을 사는 것이 만백성을 구
원하는 지도자요, 나의 백성을 구원하
는 그와 같은 역사를 이루는 것이니라.
6 그러나 지금의 그 많은 종교 집단의
지도자요, 그 수많은 백성이 과연 어
찌 가고 있는가?
7 그들은 나의 백성을 구원한다는 그
종교 집단이요, 봉사를 일삼으며 사랑
하는 것이며 복음을 전파하여 구원한
다는 그들이 그 말 뒤에는 어떠한 형
국이 이루어지는가?
8 그들의 뒤에서 이루어지는 그 사악한
행동은 나 여호와가 눈을 뜨고 볼 수
없으며 내가 내려다볼 수 없음을 너
희는 아는가?
9 그리하여 수많은 나의 백성이 그들의
사악한 혀에 현혹되어 지옥으로 가는
그 모습을 나 여호와가 눈물로써 내
려다본다면 너희는 알고 있는가?
10 적은 비가 내릴 때는 내가 작은 손수
건으로 눈물을 지우는 것이며, 소낙비
가 쏟아질 때는 내 눈물이 지상을 덮
어 더 이상 인내할 수 없어 통곡하고
운다 너희는 그리 생각해야 할 것이
니라.
11 만백성을 구한다는 종교 지도자들의
구원하는 그 말 뒤에는 그들의 사악함
이 도사리고 있다면 너희는 어찌 생
각하겠는가?
12 너희가 남을 돕는다는 것은 과연 무엇
이던가?
13 그가 일어설 수 있도록 바라는 것이
없이 도와주는 것이 구원하는 길이요,
어려운 자를 돕는 길이요, 내 사랑을
너희가 이루는 것이 아니던가?
14 그러나 지금 꺾을 수 없고 무너뜨릴
수 없는 모든 종교 집단이요, 지도자
들은 나의 피조물 만백성을 구원하며
자선을 베풀며 봉사하며 사랑의 길을
인도한다면서 그들이 그 대가를 받아
들이니,
15 이게 봉사며 사랑이란 말이더냐?
16 나의 백성을 구하는 길로 인도한다면
그들은 재물을 거둬들여서는 절대로
아니 됨이니라.
17 많이 가진 자가 그저 먹고살기 어려
운 자에게 빚이라는 걸 주는 악덕 고
리대금 업자가 있지 않은가?
18 그들은 말로써 남을 도와준다며 불쌍
한 자를 돕는다며 사랑을 베푼다 말함
이니라.
19 그리하여 그들은 말로 주고서 가마니
로 받아들이는 그와 같은 짓을 하는
것이 사채업자요, 고리대금업자가 하
는 짓이 아니던가?
20 고리대금업자가 더 많은 것을 거둬들
이려고 재물을 주고 베풀고 사랑을 베
푼다 하면 그것이 사랑이던가?
21 비싼 이자를 놓아서 그를 거둬들이는
그 악덕 고리대금업자가 지금 바로 너
희가 하는 짓과 무엇이 다르던가?
22 너희가 정녕 불쌍한 자를 돕는다며 불
쌍한 자의 약점을 이용하여, 어려운
점을 이용하여 적은 것을 주고 더 거
둬들이니, 그는 더 빚에 시달리며 그
는 더 벗어날 수 없으니,

23 그리하여 그는 결국 무엇이던가?
24 인생의 삶을 모르며 때로는 그 목숨을
바쳐야 하는 그와 같은 것이 악덕 고
리대금업자가 하는 짓이 아니던가?
25 너희는 그것을 사랑이라 말하느냐?
26 내일 더 거둬들이려고 오늘의 생명
줄을 조금 주는 그와 같은 장사요, 이
루 말할 수 없는 장사를 저지르는 것,
그것이 너희가 나의 피조물 만백성을
하늘로 인도하며 구원의 길로 인도하
며 복음을 전하며 봉사한다 그리하며
그 대가를 뒤로 거둬들이는 것은 악덕
업자요, 고리대금업자보다도 더한 것
이니라.
27 말로 주고서 가마니로 거둬들이는 것
보다도 더 사악한 자들이요, 더 흉악
무도한 자들이 이 세상을 지배하고 있
으며, 아름다운 나의 법전이요, 나의
세상에 나의 성령이 내려가는 것까지
도 너희가 사탄이요, 사악한 것이라
밀어붙이니, 그것이 사랑함이요, 그것
이 구원의 길이요, 그것이 복음을 전
하는 길이라 말하느냐?
28 나 여호와가 지치고 힘들어 더 이상
말을 할 수 없으며 나의 성령을 내려
보낼 수도 없으니, 그와 같은 자들에
게 내려보낸들 무엇하며, 그를 듣고
깨우치는 자가 없음이니, 모든 종교
지도자들이 정녕 봉사하며 나의 피조
물 만백성을 구원의 길로 인도한다면,
재물을 거둬들이지 말라, 받지 말라.
29 그를 배로 주는 것이 너희가 해야 할
일이니라.
30 악덕한 고리대금업자요, 악덕 사업자
보다도, 강자가 약자를 잡아먹는 가장
악랄한 방법보다도 너희가 더 사악한
자니, 고리대금업자의 근본이요, 강자
가 약자를 잡아먹는 모든 근본이요,
기초요, 그 수법이 너희에게서 나왔다
는 것을 알아야 할 것이니,
31 너희가 이 세상을 썩게 하였으며 이
리 혼탁하게 만들었음이니라.
32 너희가 재물을 거둬들이며 노력을 착
취하는 그것으로써는 봉사가 아니며,
구원의 길을 인도하는 자가 아니며 희
생이 아닌 것을 그리도 모르겠는가?
33 이제 사랑하는 나의 피조물 만백성 너
희는 알아야 할 것이니라.
34 너희는 구원이라는 그 단어도 쓰지
말라.
35 만백성의 혈세를 빨아먹는 흡혈귀와
같은 너희가 어찌 감히 그와 같은 말
을 할 수 있단 말이던가?
36 구원하며 천국에 인도하며 나에게 인
도한다 하여 너희가 그 대가를 거둬
들이는 것은 적은 것을 주고 열배 백
배로 거둬들인 그와 같은 사악한 자들
이니라.
37 그러니 혀가 두 개 달린 동물이요, 동
물의 앞잡이요, 사탄의 앞잡이가 너희
들이니라.
38 그러니 동물의 앞잡이가 구원이란 말
을 하지 말라.
39 너희가 정녕 나에게 오고자 한다면 재
물을 어떻게 뺏을 것이며 어떻게 거둬
들일 것인가 그와 같은 연구에서, 이
제는 어찌하면 그 재물을 거둬들이지
아니하며 아름다운 나 여호와의 진리
를 무료로 가르치며 무료로 전할 수
있는가 그것을 먼저 생각하라.

40 너희가 과연 재물을 거둬들이는 사악
한 사채업자요, 악덕업자가 아니라면,
너희가 오늘의 그와 같은 성전이요,
교회라는 것을 짓지도 않았을 것이며
이 세상에 존재하지도 아니하였을 것
이니라.
41 그리하여 예수는 그와 같은 사악한 짓
을 하지 아니하였기 때문에 성전이 없
었으며 회당이 없었으며 교회가 필요
없었음이니라.
42 사랑하는 나의 아들딸들아, 이를 어찌
바로잡아야 한단 말이던가?
43 나의 아들을 통하여 내리는 이 성령이
요, 나의 법전이 그 몇 명 안 되는 제
자들로서 오늘에 역사하기에는 너무
나도 어렵고 힘드니라.
44 그러나 너희는 승자가 될 것이니 주
저하지 말라.
45 그리고 오늘의 사탄이요, 이단이요,
마지막 거짓 선지자라 말하나, 그 앞
에 너희가 무릎 꿇을 날이 머지않았
으니 이제 너희가 고리대금업자요, 사
악한 그와 같은 행위를 중단하라.
46 강자가 약자를 잡아먹는 것이 봉사며
도움이 아니니라.
47 사랑이 아니니라.
48 강자가 약자를 강하게 만드는 것이 사
랑을 베푸는 것이니, 너희가 지금 흡
혈귀가 되어 나의 백성의 모든 것을
빨아 먹는 그와 같은 악덕업자가 되었
음을 잊지 말라.

5,684 번째 하나님 말씀

2003년 3월 24일 11시 12분

1 사랑하는 나의 아들아!
2 "네, 아버님! 말씀하옵소서."
3 너희가 소중하게 살아가며 남으로부
터 대우받는 그 법칙의 원칙을 내가
일찍이 법전에 기록하여 너희에게 전
하여 주었음이니라.
4 한 아이가 한 가정에서 부모에게서 받
는 그 사랑은 극진하다 하였음이니라.
5 그러나 그가 밖에 나갔을 때 마을 사
람들이 그를 사랑하는 것은 부모가 사
랑하는 마음을 따라가지 못하며, 너희
가 교육기관에 들어가서 교육을 시작
하면 그 모든 학생을 똑같이 사랑하는
선생 속에서 너희가 얼마나 미미한
존재로 비치는지 너희는 안다 내가
하였음이니라.
6 그리하여 너희가 모든 것을 마치고
사회에 나와서 살아갈 때, 그 경쟁 속
에 살아가는 너희를 사람들은 사랑하
지 아니하며, 너희를 인정하지 아니하
며 너희 자체까지도 그들은 인식하지
아니하고 살아감이니, 너희 존재는 서
서히 약해지며 나약해지며 희미한 존
재가 되느니라.
7 부모에게 받던 그 사랑을 사회에 나와
서 받을 수 없는 것이 너희라 그리 말
하였느니라.
8 그리하여 내가 너희에게 개인이 얼마
나 소중하고 위대한 것인가를 강조한
뜻을 너희는 여기서 알아야 할 것이
니라.
9 너희가 한 가정의 자식으로서 부모에

게 사랑을 받고 사는 그 풍족한 사랑
이 있듯이, 너희가 개인이 얼마나 중
요한 것인지 알겠는가?
10 너희가 중요한 개인이 근본이요, 본보
기가 되느니라.
11 너희가 개인으로서 깨끗하게 다스려
지고 굳게 섰을 때, 그리고 나의 법전
을 읽고 깨우쳐 바로 섰을 때 너희가
사회요, 이웃에게 빛이 됨이니 사회는
험악하지 아니할 것이니라.
12 개인은 그래도 양심이 있을 것이나,
너희가 열이 모이면 또 거기에서 도덕
이 무너지며 또 사랑이 무너지며, 백
명이 모였을 때, 천 명이 모였을 때 너
희가 법질서를 지키며 도덕을 지키는
것은 서서히 식초에 물을 자꾸 부으면
희석되듯이 그리 무너지는 것이 너희
들이니라.
13 그리하여 너희가 소집단에 모였을 때
그 원료요, 식초에 물 한 바가지 부은
것을 열 바가지를 붓듯이 그 원료는
약해짐이니,
14 그리고 사회에 나왔을 때 사회라는 물
을 거기다 부었을 때 그 식초의 맛은
존재하지 아니하며 미미해지는 것이
아니더냐?
15 그와 같이 반대로 너희가 세상에 나
와 살면서 죄를 짓게 되며, 그 죄의식
이 무뎌지며 사랑과 베푸는 것이 그와
같이 쪼개지고 갈라지니, 너희가 사랑
이요, 믿음이라는 것이 미미한 존재가
됨이니라.
16 그러나 너희가 집단 속에서 살아가면
서도 바로 설 수 있는 것이며, 믿음의
길을 갈 수 있으며, 나 여호와의 뜻에
따라가며 진리를 지키는 것은 너희 개
개인이 바로 서고 단단히 다져졌을 때
어떠한 집단도 그를 무너트리지 못하
며,
17 너희가 식초에다 물을 부으면 부을수
록 약해지듯이 그 원료의 맛을 잃어
가는 그와 같은 형국은 되지 아니하는
것이니라.
18 그리하여 너희 자신이 바로 서는 것이
그리 소중하며 깨우치는 것이 소중하
다 하였으며, 그리하여 한 사람, 한 사
람 너희가 나에게 귀한 아들딸이며 소
중하다 내가 그리 말하였느니라.
19 그 뜻을 너희는 과연 알겠는가?
20 그와 같은 이치가 여기에 있음이니 너
희는 그리 알라.
21 너희가 믿음을 바로 서며 나의 법전을
가슴에 안고 정독하여 바로 서고자 했
을 때, 열 명이 오든, 백 명이 오든 그
는 묵묵히 지킬 수 있음이니라.
22 이 험악해진, 그리고 진리에서 멀어지
고 사랑에서 멀어지는 느슨한 이 세상
에서 그 모두를 바로 세울 수 있는 것
이 너희들이니라.
23 그리하여 너희는 완벽하게 가라 함이
니라.
24 지금 서서히 무너지고 엷어지고 약해
지는 도덕이요, 이 사회를 지키고 사
는 그 모습을 바로잡고자 하는 것이
내가 지금 역사하고자 하는 것이요,
25 그리하여 너희부터 바로 서게 하려고
내가 법전 열여섯 권을 기초로 먼저
내려보내 너희 마음을 다스렸으며,
26 그 후에 만백성, 그 마음이 약해진 자
들이요, 또 식초에 물을 많이 붓고 부

으니 그 맛이 없어진 상태인 그들을
내가 구원하기 위하여 160권의 대장
서의 법전을 내려 그들에게 뿌려 주고
자 함이니라.
27 열여섯 권의 그 기초의 법전은, 나에
게서 선택된 제자들이요, 전사들은 그
를 암송하며 깨우쳐야 할 것이며 그것
이 근본이니라.
28 그걸 너희가 완전히 소화시키라 함이
여기에 있음이니라.
29 그것이 바로 너희 개인이 굳어지는 것
이니라.
30 가정에서 부모에게 한 아이가 그 사랑
을 듬뿍 받듯이, 너희가 나의 뜻을 알
며 나의 진리를 아는 것이 열여섯 권
이기에,
31 너희가 열여섯 권을 정독하고 또 읽고
깨우쳐 완벽한 사람의 기틀로 서라.
32 그리하여 너희가 160권을 가지고 세
상에 전할 때 나약해지고 약해진 그
백성이 바로 설 수 있으며, 구원의 길
을 알 수 있으며 하늘에 오르는 그 영
광을 볼 수 있는 것이 거기에 있음이
니, 나의 이치를 알겠는가?
33 그리하여 모든 전사가 읽고 암송할
것이 열여섯 권이니라.
34 너희를 바로 세우는 것이 열여섯 권이
요, 만백성을 구하는 것이 160권이니
그 이치를 알겠는가?
35 이제 나의 뜻을 아는 제자들이요, 나
의 아들을 따르는 제자, 나에게서 선
택된 백성 너희는 열여섯 권을 정독
하고 또 정독하여 너희 자신을 완벽
히 다스리라.
36 그리하면 어떠한 형태로 밀어닥치든
너희를 무너트리려는 사탄이 와도 그
를 무너뜨릴 수 없음이니라.
37 바로 식초가 굳게 굳어져 돌보다도 더
단단해짐이니, 아무리 물을 붓고 부어
도 그 물속에서 식초가 응고된 덩어리
는 그대로 지탱하고 견디는 그와 같은
원리요, 이치임을 알라.
38 그리하여 열여섯 권이 너희 것임을 잊
지 말라, 사랑하는 나의 아들딸들아!

5,685 번째 하나님 말씀

2003년 3월 24일 11시 23분

1 사랑하는 나의 아들아!
2 "네, 아버님! 말씀하옵소서."
3 너희가 지어 놓은 그 교회라는 것이
웅장하게 지으면 지을수록, 더 화려하
면 할수록, 더 크면 클수록 모든 죄의
온상이라는 그 뜻을 알겠는가?
4 그것이 모든 죄의 온상이라는 뜻을 사
랑하는 나의 아들 너는 너의 제자들과
만백성에게 전해 주도록 그리하라.
5 교회라는 곳에 기증하는 재산이요, 기
증하는 자는 세금을 내지 아니하며 받
는 자 또한 세금을 내지 아니하니,
6 그와 같이 서로 주고받으며 거래하며,
그리고 그것을 피하고자 기증한 것까
지도 너희는 믿음을 위하여 나 여호
와에게 바쳤다 말하는 자들이 수없이
있음이니,
7 너희가 불법으로써 모든 재산을 모았
으며 불법으로써 금화와 은화를 갈취
하여 교회라는 것을 지었다면 그 교회
는 바로 무엇이던가?
8 죄의 온상이 아니던가?

9 너희가 잘못된 방법으로써 지은 그 교
회는 바로 무엇이던가?
10 죄의 덩어리니라.
11 너희가 그렇기 때문에 너희 손으로
지은 그곳이 죄의 온상이며 나와 관계
없는 곳이라 내가 너희에게 그리 말
하였느니라.
12 너희는 무엇인가를 서로 거래하여 바
치고 받으면서도 축복을 받는 것이며
축복을 받을 짓을 했다 그리 말하느
니라.
13 그러나 너희는 나의 피조물 만백성에
게 재물을 걷지 말라 하였으며 거둬들
이는 것은 안 된다 하였으나,
14 그리 거역하며 수없이 재물을 거둬들
여 지금의 교회라는 것을 짓고 성전이
라는 것을 지었음이니, 너희가 지은
것이 바로 무엇이던가?
15 죄의 온상의 덩어리며 죄의 덩어리로
엮은 것이 아니란 말이던가?
16 너희 종교 지도자들이 타고 다니는 차
량이요, 호화로운 생활을 하는 것이
요, 그 모두는 너희가 불법으로써 이
룬 것이며, 내가 허용하지 아니한 것
을 행함으로써 이루어졌다면, 그 모두
가 죄의 덩어리가 아니던가?
17 너희는 죄의 덩어리로써 뭉쳐져 있는
자들이니라.
18 그리고 죄 속에서 살아가며 죄를 지은
것으로써 활용하며 그 속에서 젖어 가
지 아니하는가?
19 그런 것이 지금의 교회라는 곳이요,
목자요, 지도자가 서 있는 자리며 너
희가 살아가는 것이니,
20 이 이치 하나도 너희가 모르고 있음이
니 그러면서 어찌하여 너희가 죄의 온
상에서 살며 죄의 온상 속에서 구원을
받으며 하늘에 온다 울고불고하는가?
21 모두 죄 속에서 이루어진 것이니라.
22 너희가 교회라는 것을 부정한 방법으
로 지었을 때, 그리고 너희가 성전이
라는 것을 부정한 방법으로 지었을
때, 너희가 회당이라는 것을 부정한
방법으로 지었을 때,
23 너희는 그 땅을 밟는 순간부터 죄인이
되며 죄인의 동조자가 되는 것을 잊어
서는 아니 될 것이니라.
24 그렇지 아니하던가?
25 너희가 죄를 짓는 방법으로써 사악한
방법으로 거둬들인 그곳에 지은 성전
이요, 도둑질하여 산 땅에 거기에 가
서 밟고 축복을 받았다면, 그 안에 들
어서는 순간에 너희는 죄의 덩어리
속에 빠져들어 가는 것이며, 너희가
동조자가 되며 범죄자가 된다는 것을
잊지 말라.
26 너희가 공범자라는 것을 잊지 말라.
27 내가 나의 아들을 통하여 나의 법전에
이 내용을 전함이니, 너희가 가슴에
손을 얹고 생각해 보라.
28 너희는 내가 걷지 말라는 재물을 걷었
으며, 갖은 방법으로 십일조를 걷었으
며, 너희는 기도해 주며 증여세가 없
는 것을 받아들였으며, 서로 야합하고
타협해서 받아들여 산 땅은 바로 무엇
이더냐?
29 바로 죄의 덩어리며 죄의 온상이며 죄
의 근본이니라.
30 죄로 만든 그 속에서 거기를 밟으며
거기서 즐겨 부르며 구원을 받는다며

울고불고하고 있음이니,
31 죄 속에 들어가서 죄를 지금 가슴에
안고 받아 내리면서 어찌하여 너희가
선한 백성이요, 나의 뜻에 따라 사는
자며 하늘에 오르는 길이라 말하는가?
32 죄의 온상의 열차라는 것이 무슨 소리
인 줄 너희는 알겠는가?
33 너희가 지은 그 성전에 가서 기도하고
경배하는 것이 지옥 가는 열차니라.
34 지옥은 사탄이 만든 것이기 때문에
너희가 더러운 방법으로 만든 것이며
나를 속인 방법으로 만들었으며 나를
기만하여 만든 것이니라.
35 이제 나의 아들 너와 너를 따르는 제
자 너희는 부정한 방법이요, 추한 방
법으로써 어떤 것을 만들어 즐기며 그
리 보는 것은 너희가 지옥의 열차를
타는 것이나 마찬가지며, 너희가 공범
자요, 범죄자가 된다는 것을 확실히
너의 제자들에게 깨우쳐 주라.
36 내가 이미 다른 종교 집단이요, 잘못
가는 자들을 꾸짖으려고 말함이 아니
요, 그들을 거울삼아서 너희를 바로
세우고자 하여 내가 그들의 잘못된 것
을 들춰내 주며 하늘에서 보는 내가
그를 기록하여 너희에게 전하니,
37 범죄자끼리 범죄자가 만들어 놓은 그
교회요, 성전이요, 또 법당이요, 또 너
희가 만든 공회당이요, 그와 같은 곳
이요, 그와 같은 땅이요, 그와 같은 물
건을 만지는 그 순간에 너희도 오염
되고 범죄자이니 그를 알라, 사랑하는
나의 아들딸들아!

5,686 번째 하나님 말씀

2003년 3월 24일 16시 23분

1 사랑하는 나의 아들아!
2 "네, 아버님! 말씀하옵소서."
3 인간인 너희가 살아가면서 어떠한 유
혹이요, 어떠한 처지에서 죄를 범하든
너희가 죄를 짓는 그 이유는 정당화될
수 없으며 그것은 이유로서 내세울 수
없다는 것을 알아야 할 것이니라.
4 너희가 세상사에 살아가기가 너무 힘
들기에, 그리고 가정을 이끌어 가고
살아가는 것이 너무 힘들고 어렵기에,
남에게 죄를 지으며 남에게 해서는 안
될 짓을 하고 산다는 그러한 생각을
해서는 아니 될 것이니라.
5 저 자신의 본심은 이리 사악하지 않으
나, 가정을 이끌고 살아가려고 네가
어쩔 수 없이 이와 같이 남에게 부끄
러운 짓이요, 용서받지 못할 짓을 한
다는 그와 같은 생각을 해서는 아니
될 것이니라.
6 그것은 바로 무엇이던가?
7 집단을 위해서, 너희 단체를 위해서,
단체의 이익을 위해서 너 자신이 그
책임자로서 어쩔 수 없이 죄짓는 짓이
요, 사악한 짓을 한다면,
8 남에게 피해를 주는 그와 같은 행동은
오로지 너 자신은 하고 싶지 아니하
나, 집단의 이익을 위해서 너희가 그
리할 수밖에 없다 그리 생각해도,
9 그와 같은 이유요, 변명은 해서는 아
니 되며 그와 같이 통하는 것이 아님
을 알라.
10 나라와 나라를 경영하는 그와 같은 자

들이 국민의 안위를 위하여, 국민의
부강을 위하여, 국민의 편안한 삶을
위하여 약소국가를 침범하며, 그리고
약소국가에 피해를 주며 약소국가의
민족의 생명을 죽음으로 몰아가는 그
와 같은 행위는 어떠한 정당한 이유로
도 타당하지 못하며, 그것은 댈 수 있
는 이유가 아님을 알라.
11 자국의 이익을 위해서, 너희는 그와
같이 사악한 짓을 하고 싶지 아니하
나, 네가 결정권자로서 약소국가요,
약소민족에 대해 핍박을 한다 하면 너
는 그것이 이유라 댈 수 있으며 거기
에 변명이라 할 수 있으나,
12 네 사악한 본심이요, 악한 마음은 네
가 그 대가를 반드시 받는다는 것을
알아야 할 것이니라.
13 개인이든 집단이든 이유를 불문하고
너희가 죄를 짓는 행위요, 남에게 피
해를 주는 행위요, 남에게 해서는 안
될 짓을 하는 것은 너희 자신이 사악
한 마음이요, 욕심의 뿌리를 갖고 있
기 때문이니,
14 그리하여 개인의 욕심이요, 개인의 생
각 때문에 너희가 집단의 이름을 빌리
며 나라요, 국가의 경영하는 그 이름
을 빌려 약소국가를 공격하고 핍박하
며 많은 백성의 생명을 앗아 가는 그
와 같은 행위를 하는 것은,
15 내가 똑같은 피로 내려 준 너희는, 검
은 사람에게 흐르는 피가 똑같으며 흰
색인 사람에게도 흐르는 피가 똑같음
이니, 그 인간의 소중함을 너희가 모
르고 하는 행위이니,
16 그 악한 자가 악한 행위로 너희 자신
이 드러내는 것이요,
17 너희가 집단의 이익이요, 국가의 이익
을 위하여, 단체의 이익을 위해서 나
쁜 짓을 한다는 것은 네 이유요, 변명
이니라.
18 네가 원래 선량하고 착한 사람으로서
지도자가 되었다 하면, 그 지도자가
선량한 백성이라면 그와 같이 사악한
짓은 그 스스로 막는 역할을 할 것이
며, 그와 같이 불화를 이루는 짓은 하
지 아니할 것이니, 그 본심이 악한 자
임을 너희는 알라.
19 인간 세상에 살아가는 것도 마찬가지
니라.
20 너희가 교회를 위해서, 집단을 위해서
나쁜 짓이요, 그리고 속이는 짓이요,
거짓을 하며 그리하여 어쩔 수 없이
그와 같은 행위를 한다는 이유요, 변
명을 대서는 종교 지도자요, 그 집단
은 자질이 없으며 그 신도 또한 자질
이 없음이니라.
21 교회를 위하여, 나 여호와를 위하여
거짓 하며 음모하며, 거짓 하는 자와
타협하며 불의와 타협하는 그와 같은
행위를,
22 너희는 나에게 눈감아 주기를 바랄 것
이며, 나에게 그게 죄가 아니라는 생
각을 하고 행하는 그것은 용서할 수
없으며 그 죄는 너희가 용서받지 못함
을 알라.
23 어떠한 이유든 교회라는 곳을 위하여
나쁜 짓을 하든, 나 여호와를 위해서
나쁜 짓을 한다 하든, 교회 집단의 내
일을 위해서 사악한 짓을 한다 하든,
24 그는 용서할 수 없으며, 그는 합리화

될 수 없으며, 너희는 용서받지 못한
다는 것을 알라.
25 그와 같은 행위를 하는 것은 어떤 이
유를 불문하고 네가 사악한 자요, 네
가 인간 이하의 사탄이기 때문에 그와
같은 행위를 할 수 있는 자라는 것을
알라.

5,687 번째 하나님 말씀

2003년 3월 24일 16시 31분

1 사랑하는 나의 아들아!
2 "네, 아버님! 말씀하옵소서."
3 인간 세속에서 너희가 살아가면서 무
엇인가를 결정하고 의논할 때, 많은
사람의 의사를 수렴하며 그 의사를 들
어 너희가 결정을 지을 때는 다수결이
라는, 많은 사람이 찬성하는 쪽으로
모든 것을 결정지으며 그 뜻에 따라
모든 것을 행하는 것이 인간 세상에
너희가 살아가는 것이며,
4 또한 그와 같은 삶의 질서를 지키는
것이며, 상대방의 인격을 존중하며 다
수 뜻에 따라 순종하며 살아가는 삶을
살아가는 것이 인생의 원칙이며 살아
가는 법도이니라.
5 그러나 너희는 여기서 알아야 할 것
이니라.
6 나 여호와의 뜻을 공부하며 나 여호와
의 진리를 찾으며 하늘에 오르는 길을
역사하는 그와 같은 것은 너희가 다수
결에 의해서 할 수 없는 것이니라.
7 나 여호와가 가지고 있는 내가 이끌
며 내가 원하는 그 진리는 너희 머리
로써 너희 생각으로써 알 수 없기 때
문에,
8 나 여호와의 진리의 길을 찾아가며 나
를 경배하고 따르는 종교 지도자 너희
는 일반 백성이 적용하는 다수결에 따
라 다수로 모든 것을 결정하는 그와
같은 행위는 종교 집단 자체가 잘못되
었다는 것을 너희는 알아야 할 것이
니라.
9 나 여호와의 뜻에 따라 행하는 자요,
나 여호와의 뜻을 역사하는 너희는
함부로 다수결의 의사로 결정할 수 없
음이니라.
10 그는 나의 뜻을 알지 못하며 내가 행
하고자 하는 것을 너희가 알 수 없기
에,
11 너희가 아무리 다수결로 의사를 결정
한다 해도 그는 내 뜻을 알지 못함이
니,
12 믿음이라는 길을 가며 믿음에 역사하
는 것이며 나 여호와의 뜻을 알고자
할 때, 인간의 다수결의 형태로써 결
정짓는 것은 아니 됨이니라.
13 그러나 지금의 모든 종교 집단이요,
종교 지도자 너희는 어찌 가는가?
14 너희가 책임을 회피하려고, 어떠한 책
임을 지지 않으려고 모든 것은 인간
세상에서 너희가 다수결의 원칙으로
정하듯이 다수결의 원칙으로 결정하
는 것이 아니던가?
15 인간인 너희가 모두를 다 결정하느니
라.
16 너희는 여론을 형성하며 너희가 이루
고자 하는 것을 미리 다 짜 놓고 각본
을 짜 놓으며, 그리하여 너희가 다수
결의 원칙으로 결정해 놓고 나 여호와

의 뜻이라 밀어붙이는 것이 지금의 종
교 지도자들이 아니던가?
17 너희는 인간적으로 미리 다 계획해 놓
으며 미리 각본을 다 짜 놓으며 '네
편, 내 편'을 다 갈라놓고, '내 편'이 많
다 할 때 너희는 거기에 다수결의 원
칙으로 경합하느니라.
18 그리고 그들이 불순종하는 것을 예방
하기 위해 너희는 뭐라 하느냐?
19 나 여호와에게서 뜻을 받았으며 나 여
호와에게서 기도로써 답을 받았으며
이 모두는 나 여호와의 뜻이라 하며,
20 무조건 복종하고 순종하도록 너희가
그리 이끌어 가는 것이 오늘날 교회
내부에서 일어나는 그와 같은 상황의
움직임의 결과가 아니던가?
21 믿음의 길을 가는 자들이 인간의 생각
이요, 인간의 표를 갈라,
22 지도자가 제가 이길 수 있는 그와 같
은 형국일 때는 다수결의 원칙을 정하
며 그 위에 또 하나 뒤집어씌움이니,
23 그 모든 것은 나 여호와의 이름을 팔
며 나 여호와의 뜻이며 내가 명하는
것이라 그리하며 나에게서 명을 받아
서 행하는 것이라 그리 말하느니라.
24 그리하여 무조건 나의 백성을 순종하
게 하며 나의 백성이 거기에 거부하
는 자, 너희가 그는 나에게서 재앙을
받으며 반드시 해를 당할 것이라 그리
말하며,
25 반대하는 입을 열지 못하게 하며 반대
의 기를 들지 못하게 하는 것이 진정
종교 지도자 너희의 결정이 아니던가?
26 그리하여 너희는 인간의 생각으로써
결정해 놓고 인간의 생각으로써 방법
을 동원하여 그를 집행하고 관철하는
것이 지금의 종교 집단이요, 지도자들
이 행하는 방법이니,
27 이는 나의 뜻에 거역하며 나의 뜻과
관계없는 것임을 너희는 알아야 할
것이니라.
28 너희는 불법을 한 것도 어찌 말하는
가?
29 너희는 다수결의 원칙에 따라 너희 종
교 지도자를 따르는 자들과 표를 갈라
많이 만들어 놓은 다음에, 그를 다수
결의 원칙에 따라 결정을 하며,
30 그리하여 조금 죄라 생각하는 것도 덮
어 나가며 잘못된 것이라도 덮어 나가
며,
31 그리고 너희가 해서는 안 되는 더 큰
것도 그리 덮어 가는 습관이 지금 너
희 머릿속에 팽배하여 있느니라.
32 처음에는 작은 것을 하면서도 미안하
게 생각하며 나 여호와에게 부끄럽게
생각하던 너희가, 그와 같은 다수결의
원칙에 의해 습관이 되고 길들다 보니,
33 너희가 이제는 나를 의식하지 아니하
며, 내가 존재하는 것까지 생각하지
아니하며,
34 그저 너희는 다수결의 원칙에 따라
종교 지도자가 명하는 대로 순종하고,
거부하지 않는 것만이 너희가 하늘에
오르는 길이라 그리 가르치고 매도함
이니,
35 그리하여 너희가 해서는 안 될 짓을
해서 교회라는 것을 지으며 너희가
성전을 짓고 하는 그것이 바로 무엇이
더냐?
36 나의 뜻을 거역하여 너희가 이루는

것은 그 죄의 온상이며 죄 덩어리며 죄의 근본이라 내가 그리 말하였음이니,

37 그 땅을 밟으며 그 건물에 들어가 눈물 짜며 기도하는 그와 같은 것은 너희가 죄의 움막이요, 죄의 온상에 와서, 죄의 덩어리 속에 가서 그 죄를 너희가 나누어지겠다 말하며,

38 그 죄에 따라서 너희도 같이 받겠다 나에게 매달리는 그와 같은 형국임을 알아야 할 것이니라.

39 그것이 지금 너희가 믿음의 길을 가는 길이요, 하늘에 오르는 길이라 달려가는 자들이니라.

40 잘못해 놓으며 인간의 계산으로 결정해 놓고 순종하여 따르라, 그리고 거부한 자는 재앙을 받는다 그리 말하는 자,

41 그리하여 너희가 불법으로써 하여 성전을 지었으며 교회를 지었으며 그리 해 놓았으니,

42 그것이 바로 죄의 온상의 산물이며, 그 산물 속에 들어가 너희가 구원을 받는다며 울고불고하는 웃지 못할 형국이 이루어짐이니라.

43 사탄의 자식이 되어 사탄 속에서 너희가 나를 찾으며 하늘에 오른다 하니, 그 사탄의 벽을 너희가 넘을 수 있는가?

44 너희는 넘을 수 없음이니라.

45 너희는 볼 수 없기에 넘지 못하며, 힘이 없기에 넘지 못하며, 그들이 협박하여 쇠사슬에 묶은 그 줄을 끊지 못하여 너희는 넘지 못하느니라.

46 그러나 거기서 너희가 헤어나는 그 순간은 오로지 내가 내리는 새로운 성경이요, 내가 내리는 법전을 정독하고 깨우쳤을 때, 그 쇠사슬을 끊을 수 있으며,

47 그들이 사악한 두 혓바닥을 가진 그 짐승의 앞잡이요, 사탄이요, 마귀의 자식이라는 것을 너희는 알게 될 것이니 그리 알라.

5,688 번째 하나님 말씀

2003년 3월 24일 16시 38분

1 사랑하는 나의 아들아!

2 "네, 아버님! 말씀하옵소서."

3 나의 피조물 만백성 인간의 삶 자체를 과연 어찌 평가하며, 내가 생명을 내려 준 나의 백성의 그 삶의 존엄성을 지금 종교 지도자요, 그 집단들이 과연 얼마나 의식하고 사는가?

4 그들은 그 모두를 묵살하였으며, 인간의 존엄성이요, 인간의 가치까지도 다 송두리째 말살한 것이 종교 지도자 너희의 지금의 믿음이니라.

5 그저 너희가 믿는 것으로써만 모든 것이 다 역사한다 그리 가르치느니라.

6 얼마나 너희가 나의 피조물 만백성의 인간의 존엄성을 무시하고 사는 자인가?

7 너희의 그 무서운 형국을 나 여호와는 하늘에서 내려다보며, 너희가 하는 행위를 보다 못하여 오늘의 내가 나의 법전을 세상에 내려보내 너희를 단죄하는 것이 나의 뜻이며, 내가 이루고자 하는 것이라는 것을 너희는 알아야 할 것이니라.

8 너희는 재물을 바치는 그날, 믿음이란
그 시간을 지키지 않는 것은 사탄의
자식이라며 그들을 잘못된 자라 그리
말하느니라.
9 너희가 밤이라는 시간에 성전에 와 기
도하며 재물을 바치며 또한 낮에와 그
기도하는 시간에 꼭 참석하지 않는 자
를 말하며,
10 그리고 주일이라는 그날에 와서 십일
조요, 각종 헌금을 바치지 못하는 그
와 같은 백성을 너희는 뭐라 평가하며
말하는가?
11 너희는 밤과 낮과 주일을 구분하여 그
를 죽기 아니하면 살기로 참석하고,
모든 생업을 중단하며 덮어 두면서까
지 그 시간을 지키도록 하며,
12 지키지 않는 백성을 너희는 잘못된
백성이요, 사탄에게 넘어간 백성이요,
그리고 구원받지 못하는 백성이라 그
리 말하고 있지 않은가?
13 이것이 지금 너희가 그 사악한 것이
니,
14 너희 신도라는 백성이 어렵고 힘들고
고통스러운 그 순간의 마음을 위로하
고 너희가 같이 가고자 하는 것이 아
니라,
15 무조건 너희에게 와서 그 시간에 재
물을 바치지 않는 자는 잘못된 자며
그들은 구원받을 수 없는 자라 그리
몰아붙이며 그들을 분류하여 평가하
는 것이 지금 종교 지도자니,
16 그날에 오지 못하는 신도의 아픈 마음
이요, 그 어려운 생활이요, 고달픈 삶
을 살아가는 그를 위로하고 달래는 것
이 사랑이지 않겠는가?
17 그러나 그들을 달래고 위로하며 그들
의 고통을 들여다보는 것이 아니라,
무조건 너희는 그저 오라 하느니라.
18 오지 않는 자는 믿음이 약한 자며 사
탄에게 넘어간 자라 그리 말하느니라.
19 너희를 낳아 주고 평생 길러 준 부모
가 죽어 가는 그 순간에도 부모가 죽
어 가는 마지막 그 자리를 지켜보는
것보다도, 너희 교회요, 너희가 지은
성전이요, 그곳에 와서 기도하고 경배
하는 것이 더 위대한 것이며 구원을
받는 것이라 그리 말하며,
20 그와 같은 믿음이야말로 위대한 믿음
이요, 나에게서 축복받는 믿음이라 너
희가 그리 가르치고 말하지 않는가?
21 그러면서 그 자리에 참석하지 아니하
여도 너희가 와서 재물을 많이 바치고
기도하면 그 죄를 다 용서받는다 그리
가르치는 것이 지금의 종교 집단이 아
니던가?
22 그리고 나의 사랑하는 백성을 너희는
분류해서 또 그들을 평가하느니라.
23 너희가 얼마나 사악한 자인지 알겠는
가?
24 너희는 낮에 밤에 오지 못하는 그와
같은 나의 백성, 저희가 먹고살기 위
해 밤에 일하며 낮에 쉬는 자가 낮에
그 시간을 내며 밤에 오지 못하는 자,
25 그와 같은 백성을 너희가 다음과 같
이 분류하고 그리 비웃고 부르느니라.
26 낮에 밤에 못 오는 백성을 너희는 해
바라기 믿음이라 그리하느니라.
27 태양을 따라서 움직이는 해바라기처
럼 해바라기 같은 믿음의 길을 가는
자들이 낮에만 오는 신도라 종교 지도

자들이 그리 말하느니라.
28 낮에만 오는 백성, 그 신도를 해바라
기 신도라 그리 말하여 그들을 무시하
며 너희는 경원시하느니라.
29 그러면서 낮에 일하며 고달프게 밤에
만 오는 백성, 고달픈 몸을 이끌고 밤
에 오는 그 백성을 너희는 또 무어라
말하느냐?
30 그들은 올빼미와 같은 백성이라 말하
며 올빼미 신도라 너희가 그리 말함
이니라.
31 밤에 모두를 잡아먹고 밤에 활동하는
올빼미에 비유하여 그와 같이 말하는
것이 지금의 종교 지도자요, 집단이니
라.
32 나의 사랑하는 백성이 밤과 낮을 가
리지 않고 너희에게 와 강론을 듣고
연설을 듣고 말도 안 되는 설교를 듣
고자 해도,
33 그들은 그 생활이 어려우며 삶이 어려
워 그리 오지 못하는 자, 낮에만 오고
밤에 오지 못하는 그들의 어려운 생활
을 너희가 돌아다보며 그를 도우려는
생각을 하는 것이 아니요, 해바라기
신도라 그리 가르치며,
34 밤에만 오고 낮에 오지 못하는 그를
돌이켜 생각하고 위로하고 그 길을 열
어 주고자 하는 것이 아니요,
35 올빼미라는 밤에만 활동하는 그 새와
같이 나의 피조물 만백성을 그리 견주
어 너희가 그와 같이 비교해 말함이
니, 너희야말로 짐승만도 못한 자가
아니던가?
36 주일이 되면 매주 꼬박꼬박 참석하여
십일조요, 헌금이요, 감사 헌금을 들
입다 바치지 않는 백성을 뭐라 말하는
가?
37 그들을 너희는 절름발이 믿음이요, 다
리 한 쪽 없는 자의 믿음이라 그리 말
하며, 반신불수의 믿음의 길을 가는
자라 그리 제쳐 놓고 비평하느니라.
38 그것이 오늘의 종교 지도자들이 하는
행위니, 그보다 더 사악한 집단이 어
디 있으며 그보다 사악한 자가 어디
있단 말이던가?
39 그가 격주로 오는 것, 그리고 또 가끔
올 수밖에 없는 것, 그와 같은 자의 어
렵고 힘든, 그나마 찾아오는 그를 반
갑게 맞아 주는 것이 아니요,
40 해바라기 신도요, 또는 올빼미 신도
요, 또 절름발이 신도요, 또 반신불수
의 신도요, 이와 같은 것으로써 나의
백성을 평가하며 나의 사랑하는 아들
딸들을 너희가 그리 면박하고 그리 분
류해 놓은 것이 지금의 종교 지도자들
이니, 그러니 너희가 얼마나 사악한
자들인가?
41 너희는 각종 명칭을 만들어 놓고 돈을
받고 그 명칭을 팔며,
42 그 돈에 의해서 직급을 주며, 자격이
야 있든 없든 너희는 그런 것을 따지
지 않고 그리 명하는 것이며,
43 이용하고 활용하는 것이 지금의 종교
집단이요, 지도자 너희가 하는 짓이니,
44 그 더럽고 추한 짓을 이제는 더 이상
하지 못하도록 내가 다스릴 것이니 그
리 알라.

5,689 번째 하나님 말씀

2003년 3월 24일 16시 47분

1 사랑하는 나의 아들아!
2 "네, 아버님! 말씀하옵소서."
3 너희는 말하느니라.
4 너희가 그 교회요, 성전이요, 회당을
지은 것은 나 여호와의 것이며, 내가
존재하며, 나를 위하여 짓는다 그리
말하여, 나의 피조물 만백성에게 고혈
을 빨아들이며, 각종 사악한 짓으로써
재산을 모아 더 크게 더 호화롭게 짓
는 것이니,
5 너희는 그와 같은 말을 하지 말라.
6 너희가 나를 위하여 그 성전이요, 교
회를 짓는다는 말은 나를 능멸하는 것
이며 나를 속이는 것이니라.
7 너희가 정녕 나 여호와를 위하여 교회
를 짓는다면, 그와 같이 호화로운 교
회요, 웅장한 교회요, 비싼 땅 위에 내
가 임하는 곳이라 하여 그와 같은 형
태로 짓지 말아야 할 것이니라.
8 그와 같이 짓는 그 자체가 나의 것이
아니며 나와는 관계없음이니라.
9 나는 비를 막을 수 있는 곳이면 되며,
이 세상에서 가장 초라한 모습이요,
가장 겸손한 모습이요, 가장 겸허한
자세로써 비바람을 막을 수 있고 너희
가 모일 수 있는 장소면 그것으로써
나에게 가장 기쁨이요, 나에게 영광이
니라.
10 그와 같은 것을 벗어난 곳, 비싼 땅 위
에 웅장한 성전이요, 궁궐같이 지어
놓으며, 그 속을 아름답게 꾸며 놓으
며, 그리고 방대한 그 모습에서 나에
게서 대단한 은혜 받은 백성이요, 영
광된 백성이요, 축복받은 백성이라는
그와 같은 우쭐한 마음에서 오늘도 내
일도 그곳에 가 기도하며 찬송 부르
고 울고불고하는 것이 너희가 나에게
서 구원받는 길이요, 사랑받는 길이
요, 내 품에 있는 것이라는 착각 속에
서 깨어나야 할 것이니라.
11 너희가 정녕 교회라는 곳이, 성당이라
는 곳이, 성전이라는 곳이, 그리고 회
당이라는 곳이 나를 위하는 곳이요,
내가 존재하는 곳이라 하면,
12 너희가 지금의 형국을 다 정리하여 나
의 백성에게 나눠 주며 너희 신도들에
게 나눠 주고,
13 너희는 넓은 터 위에 비바람만 막을
수 있는 거적을 깔아 놓고 강론한들
어떠한가?
14 그와 같은 장소를 만드는 것이 나의
집이요, 내가 임하며 내가 거하는 곳
이라 그리 알라.
15 그와 같이 호화로운 곳, 그리고 성대
한 곳에는 내가 임하지 아니하며, 그
건 내가 아니라 너희가 사악한 방법
으로 지었음이니,
16 그게 너희가 도둑질하고 사기 치고
갈취해서 지은 그 도둑질의 온상이며
죄의 온상이거늘,
17 어찌하여 그와 같이 죄의 온상을 지어
놓고 거기에서 내가 임한다 하며, 너
희가 도둑질하고 사악한 짓 해서 죄를
지으며 범죄자가 된 곳에 내가 있다
하는가?
18 나는 너희가 정말로 노력하여 종교
지도자 네 노력으로 비바람을 막을 수

있는 거적을 둘러 놓은 곳이라도 그
곳은 내가 편안히 가며 내가 거기에
임하는 곳이라는 것을 너희는 알아야
할 것이니라.
19 그러하니 지금 그 웅장하고 그 웅대한
조직을 이끌어 가는 것은 나와 관계가
없음이니라.
20 종교 지도자는 지도자대로 제 것이라
그리 착각하고 살고 있으며, 장로라는
자, 집사라는 자, 권사라는 자, 모든
명칭을 가진 자는 다 너희 개인 것이
며 너희 집단 것이라는 그 착각 속에
서 살아가며, 너희 소유물이라는 그와
같은 생각 속에서 너희가 미친 자처
럼 그리 날뛰며,
21 지은 것을 때려 부수고 또 짓고 더 방
대하게 짓고 더 위대하게 지어 내가
내린 그 물자를 그리 함부로 씀이니,
22 그 물자의 낭비에 들어가는 모든 경비
요, 그 금화와 은화는 누가 낸 것인가?
23 아무것도 모르는 불쌍한 나의 백성이
너희의 사기극에 넘어가 구원받는다
하여 갈취당한 그들의 그 고통스러운
역사로써 이루어진 것이나,
24 너희는 제가 주인이란 착각 속에서
그와 같은 역사를 해 나가고 있음을
알아야 할 것이니라.
25 주인 행세를 하고자 하며 주인 행세를
하고자 그 건물을 지으며 너희는 그
주인으로서 위대한 백성이요, 남에게
권위를 세우는 백성이요, 남의 위에
있는 자요, 나에게서 사랑받고 축복받
는 백성이라는 그 외형적으로 보여 주
기 위한 거기에 도취되어 주인 의식
을 가지고 하고 있음이니라.
26 인간의 주인 의식 속에서 너희가 착각
하고 있음이니라.
27 나 여호와의 백성으로서 주인 의식이
아니요, 나를 대신하여 주인 의식이
아니라, 인간인 너희의 소유물인 것처
럼 그리 생각하고 그리 다루는 것이며
그 착각 속에서 벗어나지 못하는 것이
너희들이니라.
28 이제 너희는 그 모든 것이 다 너희 것
으로써 주인 행세를 하고 있다는 것
을, 너희 소유물이라는 것을 잊지 못
하며 손을 놓지 못하고 살아가는 것이
니,
29 이제 너희가 나의 이름을 더 이상 팔
지 말며 나를 더 이상 우롱하며 능멸
하지 말라.
30 너희는 내가 항상 임하는 성전이요,
교회라 말하거든, 너희가 다 그를 분
산시켜 남에게, 너희 신도들에게 돌려
줘,
31 그들이 육의 세상의 삶을 편안하게 살
아가도록, 가난하고 불쌍한 자에게 힘
이 되도록 그리할 것이며,
32 너희는 비바람을 막을 수 있는 그저
움막 속에서 기도할 때 나 여호와의
은혜의 역사가 있을 것이니 그리 알라.
33 너희가 여기서 천년만년 울고불고하
여도 기적 하나 이룰 수 없으며, 역사
하나 할 수도 없으며,
34 하늘에 오르는 백성이 하나도 없으며,
오로지 지옥으로 가는 열차가 되며,
너희가 만들 때부터 죄의 온상이요,
너희가 만들어 놓은 죄의 온상이요,
그리고 죄의 온상 속에 너희가 들어
앉아 주인이라 행세함이니, 너희가 사

탄이요, 마귀라는 것을 잊지 말라.

5,690 번째 하나님 말씀

2003년 3월 24일 17시 03분

1 사랑하는 나의 아들아!
2 "네, 아버님! 말씀하옵소서."
3 내가 너희에게 말하기를, 열 발짝도
못 가서 십자가를 내건 그 교회라는
곳, 나의 피조물 만백성을 하늘에 오
르는 길이며 나의 아들 예수를 구세주
라 부르며 그 피로 구원을 받았다 그
리 말하는 자, 저희가 그 교회라는 곳
이요, 성전에 모인 그 백성을 뭐라 말
하느냐?
4 내가 쓰고자 저희를 불러 모았으며 내
가 저희를 구원하고자 하여 저희를 불
러 모았다 그리 말함이니라.
5 그리하여 그곳에 오는 자, 나의 백성
이며 나에게 오를 수 있으며 구원을
받은 백성이라 그리 말하느니라.
6 너희가 정녕 나에게 인도하는 백성이
요, 나에게 오는 길을 안내하고자 하
여 나의 불쌍한 백성을 끌어모은 것
이며 나의 뜻을 강론하고 가르친다면,
7 너희는 지나가는 모든 백성이요, 네
주변에 사는 모든 백성에게 비평을
받는 행위가 거기서 나와서는 아니 되
며,
8 나의 모든 백성에게 비평의 소리요,
교회라는 곳을 저주하며 원망하는 소
리가 나오도록 너희가 행동해서는 아
니 되는 것이 너희가 나를 위하여 오
는 길이요, 나를 향하여 오는 길이며,
9 나에게 오르는 길이요, 만백성을 구원
하는 길을 인도하는 자들이 존재하는
곳이 교회일 것이니라.
10 그렇다면 그 교회에서는 모든 백성에
게 원망 듣는 소리, 비평 듣는 소리,
비아냥거리는 소리, 비방하는 소리,
그리고 너희에게 감히 대적하고자 하
는 그와 같은 일이 이루어질 수 없으
며,
11 그러한 여건을 제공하며 그와 같은 말
을 듣고 너희가 존재한다는 것은 사
탄의 집단이요, 사탄의 자식이 모여
있는 곳이요, 나 여호와의 뜻에 따라
나에게 오르고자 백성을 모은 곳이 아
니며 내가 불러 모은 것이 아니라는
것을 너희는 알아야 할 것이니라.
12 너희는 나에게 오르는 길을 인도하기
때문에 너희가 손으로 지은 성전에
오는 그 순간에 나 여호와가 불러 쓰
며 너희를 쓰고자 모았다는 그와 같은
말도 안 되는 짓으로써 나의 피조물
만백성에게 흡혈귀 같은 짓을 하지 말
라.
13 너희가 정녕 나의 뜻에 따라 나의 진
리를 가르치는 것이며 내가 선택한 것
이라 말한다면, 그리고 나에게서 선택
된 종교 지도자라면,
14 너희가 말하는 이방인이요, 믿음을 갖
지 않은 백성에게 비평을 받지 아니
하며 손가락질을 받지 아니하며,
15 그들에게 비아냥을 당하는 그와 같은
행위를 하는 자는 절대 한 명도 없을
것이니라.
16 그러나 너희가 지금 가는 그 형태를
어찌 보는가?
17 모든 이방인이라는 백성은 그곳을 지

나며 침을 뱉으며, 너희 보기를 역겨
워하며, 그 문 앞에 들어가는 것을 기
분 나쁘게 생각하며 그 앞을 지나가는
것을 불쾌하게 생각하는 것이니라.
18 너희가 믿음이라는 걸 나 여호와요,
우리 부자의 이름을 팔아 사악한 짓을
하며, 너희가 말하는 이방인이라는 그
믿지 않는 백성보다도 아름답게 살아
가지 못하는 그와 같은 형국에 있기
때문이니,
19 그것이 바로 이방인이라는 나를 믿지
않는 백성이 더럽고 추한 곳이라 하여
너희를 피하고 지나간다면, 그게 사탄
의 소굴이요, 악마의 소굴이요, 썩은
쓰레기의 소굴이지, 거기가 과연 무엇
이던가?
20 예를 들어 내가 하나 말하고자 하느니
라.
21 너희는 교회라는 곳에 모든 비품을 들
여놓을 때, 최상으로써 만들어 바쳐야
하며, 최고 위대한 것을 갖다 놓아야
하며, 가장 향내가 나며 가장 좋은 것
으로써 모든 비품을 만들어야 하며,
최상으로 갖다 바쳐야 하는 것이 신
도들이 해야 할 일이며 너희가 해야
할 길이라 그리 말함이니, 얼마나 너
희가 어리석은 백성이더냐?
22 나는 너희에게 모든 재산을 다 바치
고 세상을 다 주는 것도 싫다 하였음
이니라.
23 너희가 얼마나 아름다운 마음으로 정
성껏 나에게 기도하며 경배하는 마음
이며, 너희가 아름답게 천사와 같이
나의 계명을 지키고 살아가고자 노력
하는 그 백성의 정성이요, 그 기도요,
그 행함이 가장 중요하다 했거늘, 너
희는 노력하여 벌지 않기 때문에 너
희가 피나도록 노력하여 재물을 모으
는 것이 아니요, 너희가 고생해서 재
물을 모으는 것이 아니요, 그저 나의
사랑하는 백성이 열심히 피나도록 노
력하여 모은 재산을 세 치 혓바닥으로
쉽게 긁어모으고 갈취하기 때문에 너
희는 감히 그 무서운 말을 하느니라.
24 너희가 지은 교회의 모든 비품은 가장
최고로 들여놓으며 최상 것으로 들여
놓으라 말함이니, 너희가 뼛골 빠지게
고생해서 벌어서 한다면 최상품이라
는 소리를 하지 아니할 것이니라.
25 그저 너희가 말할 수 있는 탁자요, 전
할 수 있는 그 분위기면 될 것이라 그
리 말할 것이니, 너희가 얼마나 간악
하고 사악한 자인가?
26 그러한 생각보다 더 사악한 짓을 하는
것이 지금 너희들이니라.
27 내가 너희에게 바라는 것은 무엇인 줄
알겠는가?
28 너희의 소중한 믿음이요, 소중한 마음
의 정성, 그것이 나에게 가장 소중한
것이라 하였음이니라.
29 너희는 최상의 비품으로써 교회를 장
식하며 그를 정렬해야 한다 하여 나
의 피조물 만백성에게 흡혈귀와 같은
노릇을 하다 그것도 부족하여 너희는
뭐라 말하는가?
30 인간의 왕에게 나쁜 것을 갖다 바치면
그 왕이 좋아하지 아니하며 그 왕으로
부터 체벌을 받는다 그리 말하느니라.
31 너희가 왕이 타고 가는 말을 절름발이
말을 갖다 바치며 한쪽 눈을 보지 못

하는 말을 갖다 왕에게 바치면 그는
되레 화가 되며 왕은 벌을 내릴 것이
라 하며,
32 인간의 왕에 비유하여 나 여호와에게
최상의 것이요, 최고의 것을 갖다 바
치며 창조주 나에게 두 번 다시 없는
것을 갖다 바치는 것이 너희가 나에
게서 은혜를 받으며 내가 너희를 사
랑하는 것이라 그리 말하나, 너희는
그와 같은 말을 하지 말라.
33 너희는 어찌하여 창조주인 나 여호와
요, 세상 모두를 만든 어버이 나를 전
지전능한 아버지라면서, 인간 왕의 심
성이요, 인간 왕의 심보요, 인간 왕의
생각을 나 여호와의 생각에다 견주어
나의 피조물 만백성을 그리 우롱하는
가?
34 내가 뭐라 말하였느냐?
35 인간 세상에서 인간이 생각하는 것은
하늘의 세계를 볼 수 없으며 인간의
한계를 벗어나지 못하며,
36 너희가 인간 세속에서 생각하는 것은
육의 세상에서 그치는 생각이요, 판단
이라 내가 그리 말하였음이니,
37 인간 세상의 왕이 인간의 왕으로서 인
간 세상에 존재함으로써 생각하고 너
희가 잘못된 것, 좋지 않은 것을 갖다
바쳤을 때 너희를 벌하고, 벌레 먹은
곡식과 과일을 바칠 때 임금이 너희에
게 벌할 수 있다는 것을 어찌하여 인
간의 왕과 창조주 나 여호와를 같이
견주어 나도 그와 같은 것을 바치면
내가 벌한다 하는가?
38 내가 그 말을 탈 일이 없으며 절름발
이 말을 탈 일이 없으며, 너희가 바치
는 병든 과일을 먹을 필요가 없으며
먹지도 아니하며 나에게 필요 없으니,
39 그와 같이 물건으로써 바치는 것을 나
여호와에게 견주지 말라.
40 나는 너희에게 내려 주는 것이요, 베
푸는 것이요,
41 너희에게 그와 같은 것을 받을 필요가
없으며, 형체가 없는 창조주 나 여호
와니, 내가 말을 탈 필요도 없으며 과
일을 먹을 것도 없으니 나에게 그런
걸 바친다 하여 내가 노하고 기뻐한다
생각하지 말라.
42 나는 그 모든 것이 다 필요 없으며 오
로지 너희 정성이요, 너희 마음이니라.
43 내가 너희에게 뭐라 말하였느냐?
44 너희는 제일 먼저 지은 농산물을 갖다
바칠 때 나에게 감사 기도하며 정성을
바치고 너희가 그저 맛있게 먹고 취하
면 되며, 농사지어 거둔 자가 피땀 흘
린 대가를 거기서 얻으며 기쁨을 얻으
면 된다 말하였느니라.
45 첫 번째 수확하는 그 과일을 갖다 바
치라 하였으니, 그는 너희가 나에게
감사하다 기도하며 너희끼리 그를 먹
고 즐기며 이웃과 나눠 먹으면 되는
것이라 했음이니라.
46 너희가 그와 같은 나의 뜻을 안다면,
어찌하여 너희가 첫 달 봉급이요, 1년
에 처음 타는 봉급이요, 그저 너희가
어떠한 물질이 생겼을 때 나에게 일부
를 바치는 것부터 먼저 계산하고 제일
먼저 바쳐야 한다 그리하는가?
47 바치는 것을 너희가 하늘에 올리는가?
48 너희 백성이 나라에 그 조공을 실어가
서 바치듯이 그와 같이 너희가 하늘나

라에 실어서 바치며 하늘나라에 올려 바치는가?
49 인간 너희가 중간에서 착복하며 가로채는 것이며, 너희의 호의호식을 위해서 그와 같은 사악한 짓으로써 거둬들임이니,
50 이와 같은 사악한 자들 앞에 너희의 구원의 목숨을 맡기지 말며, 더 이상 그들에게 현혹되어 가지 말라.
51 나쁜 것을 바치든 좋은 것을 바치든 나 여호와는 바치는 것과 관계없음이니라.
52 너희의 믿음이요, 너희의 마음이니라.
53 그리고 나에게 향하고자, 오르고자, 천사와 같은 아름다운 마음으로 오늘보다 내일이 더 아름답게 변하는 삶이며,
54 이 시간보다 다음 시간이 하나라도 더 깨달음이요, 아름답게 살아가며 아름다움을 행하고 살아가고자 하는 너희의 마음의 자세요,
55 그것이 최고의 상이라는 것을 잊지 말라, 사랑하는 나의 아들딸들아!
56 그리하니 모든 종교 집단들이 재물로 계산하며 저희가 먼저 거둬들이며 먼저 챙기니,
57 그 믿지 않는 백성이요, 이방인이라는 그 백성이 너희에게 욕하며 너희에게 침을 뱉게 되며, 너희와 같이하기를 그들이 두려워하느니라.
58 너희는 행사장이요, 잔칫집에 가도 상석에 앉으며, 꽃방석이 하나가 있다면 그것을 너희가 먼저 앉아야 하며,
59 그 주인이 앉는 것이 아니요, 그날의 주인공이 앉는 것이 아니요, 나이 많은 사람이 앉는 게 아니라,
60 새파란 종교 지도자가 먼저 꽃방석에 앉아야 하며, 좋은 상을 먼저 받아야 하며, 좋은 음식을 먼저 먹어야 하는 그와 같은 방법으로써,
61 타락해도 더 이상 타락할 수 없으며 더 이상 썩으려야 썩을 수 없는 그와 같은 종교 집단들이 나의 피조물 만백성을 하늘로 인도하며 구원한다는 말을 하지 말라.
62 그리고 불쌍한 나의 백성 신도 너희는 그들에게 현혹되어 너희의 가장 소중한 생명을 버리지 말도록 그리하라.

5,691 번째 하나님 말씀

2003년 3월 24일 17시 22분

1 사랑하는 나의 아들아!
2 "네, 아버님! 말씀하옵소서."
3 나의 백성 너희와 다 형제라 그리 말하였으며, 높고자 하지 아니하며, 대우받으려 하지 아니하며 예우받으려 하지 아니한 것이 나의 아들 예수니라.
4 그러나 지금의 종교 집단, 지도자 너희가 얼마나 타락했으며 얼마나 잘못 흘러가고 있는지 알겠는가?
5 너희는 극에 달하였으며, 갈 데까지 간 그 증거가 너희가 하는 그 추태요,
6 너희 종교 지도자들을 우상화하며, 스스로 우상이요, 작은 신이 되고자 하는 것이 오늘의 형태임을 알아야 할 것이니라.
7 너희는 종교 지도자를 우상화하고 백성에게 받들라 하고 대우를 받고자 하며,

8 나의 교리를 가르치며 설교를 하며 강
론을 하는 그 단상에는 아무 백성이나
함부로 설 수 없다 그리 말하며, 그곳
에서 말할 자격이 없다 하며,
9 그곳에 감히 서서 무엇인가를 전하는
행동을 해서도 아니 된다고 말하니,
10 나의 아들 예수가 단상을 만들어 놓았
으며, 나의 아들 예수가 앉는 자리에
백성이 앉지도 못하게 했으며, 나의
아들 예수가 앉았던 그 쉼터에는 아무
도 쉬지 못하도록, 앉지 못하도록 그
리 명했던가?
11 그리고 예수가 그와 같이 그의 제자들
과 백성을 차별을 두었던가?
12 만백성을 구하고자 나에게서 대명을
받아 나간 나의 아들도 감히 그와 같
은 행위를 아니 하였거늘,
13 지금의 종교 집단이요, 지도자 너희는
그 지도자가 서서 연설하며 강론하며
설교하는 그 단상에는 아무나 설 수
없으며 사람이 설 수 없다 그리 못을
박아 놓고 그리 가르치며, 그와 같이
위협적인 행동을 하고 있음이니,
14 얼마나 너희가 우상이 되고자 하며
우상의 행위를 지금 하고 있는가?
15 나의 아들 예수도 그리 말하지 아니하
였으며, 그와 같이 행동을 하지 아니
하였으며,
16 자리 자체도 예수는 없었으며, 그 앉
은 자리를 표시하는 것도 없었으며,
17 그 앉은 자리는 아무나 앉지 못하도록
그와 같은 규정도 그와 같은 오만도
없고, 그와 같은 우상화의 역사를 아
니 하였음을 너희는 알아야 할 것이
니라.
18 이 세상에 어떠한 자리도 임자가 있는
것이 아니니라.
19 그와 같이 종교 집단에서 강론하며 강
의하는 그 자리는 정해져 있는 자리가
아니며,
20 거기에 너희 지도자만 설 수 있다는
그와 같은 법은 세상에 없음이니라.
21 나의 진리를 가르치는 자요, 나의 뜻
을 전하는 자요, 내가 원하는 그 역사
를 아는 자, 진정한 진리를 깨우칠 자
격이 있으며 명받은 자, 또 나로부터
뜻을 같이하는 자, 내 뜻을 알고 깨우
치는 자,
22 그와 같은 자는 다 같은 형제요, 같은
백성이니, 누구든지 신도라 하여도 그
단상에 설 수 있으며 단상에 올라가
말할 수 있으며 전할 수 있거늘,
23 어찌하여 너희는 우상화해 놓고 떠받
들며 대우를 받고자 그와 같은 사악한
행위와 행동을 지금 하고 있는가?
24 이것이 얼마나 어리석은 짓이며 사악
한 짓인지를 너희는 모르니,
25 너희는 모두 먼저 받들어야 하며, 먼
저 바쳐야 하며, 좋은 것 갖다 바쳐야
하며, 좋은 것 갖다 내밀어야 하며,
26 항상 선물을 갖다 바쳐 즐겁게 해야
한다 하며 그와 같은 짓을 하다 하다
못해 너희가 앉은 자리는 남이 앉지
도 못하며, 그저 너희는 상석에 앉아
야 하며, 꽃방석에 먼저 앉아야 하며,
27 이와 같이 너희가 나 여호와요, 나의
아들 예수보다도 열배 백배 대우를 받
으며 위에 있고자 하는 것이 지금의
사악한 종교 집단이요, 지도자들이요,
28 깡통들이 그와 같은 짓을 하고 있음이

니라.
29 진정한 진리를 가르치는 자는 나 여호
와가 있음을 알며 나의 아들 예수가
역사한 그 길을 아니, 그가 감히 두렵
고 무서워 상석에 앉으려 하지 아니하
며, 꽃방석에 앉으려 하지 아니하며,
30 낮은 자요, 그저 낮은 음식을 찾는 것
이 나로부터 선택된 백성이요, 참진리
를 깨우치며 나로부터 명받아 살아가
는 백성임을 알라.
31 하늘이 있음을 알며 나 여호와가 존재
함을 아는 백성은 인간 세상에서 상석
에 앉고자 아니하며 상좌로서 대우를
받고자 하는 것이 아니니라.
32 너희는 오만하고 사악한 자들이니라.
33 곡식은 익으면 익을수록 고개를 숙인
다 하였음이니, 익지 못한 곡식이 고
개를 빳빳이 들고 있듯이,
34 아무것도 모르는 사탄이요, 사악한 자
들이 상석에 앉고자 하며, 좋은 음식
먼저 대접받고자 하며, 항상 선물을
받아 기쁨을 얻고자 하며, 항상 감사
헌금을 거둬들여 기쁨을 얻고자 하며
그와 같이 살아가는 것이 너희들이니,
35 이 세상에 어떤 왕도 그와 같은 대우
는 받지 못하며, 나 여호와요, 나의 아
들 예수가 세상에 내려간다 해도 그와
같은 대우는 받지 못할 것이며, 그와
같은 대우 또한 원치도 않는 것이니,
36 나의 백성이요, 나의 뜻에 따라가는
나로부터 선택된 목자요, 나로부터 선
택된 나의 지도자요, 그들을 인도하는
자는 그와 같은 행위를 하지 아니할
것이니라.
37 지금의 너희가 얼마나 사악한 자인가
를 알아야 할 것이니라.
38 진정한 깨우침을 알지 못하기 때문에
너희가 너희의 추하고 더러운 모습이
노출되어 남들이 그를 알까 봐 필요
이상으로 형식이요, 외형에 젖어 있으
며, 그것으로써 모든 것을 다 덮으려
하는 자들이니라.
39 진정한 아름다움의 참진리를 가지고
실력을 갖춘 자는 옷을 걸치는 것을
신경 쓰지 아니하며 외형에 신경 쓰지
아니하는 것이니라.
40 아무것도 없는 자요, 갖추지 못한 자
가 외형에 신경 쓰며 겉모양에 치중하
는 것이니라.
41 더욱이 너희는 뭐라 말하느냐?
42 하물며 여성은 같은 인간이기 전에 연
설대에 설 수도 없으며 생각도 하지
말라 그리 못 박아 두고 지금 자신의
우월주의에 젖어 있는 것이 너희들이
니라.
43 그러나 지금 그와 같이 여성이 단상에
서 설교할 수 없다면, 너희는 여성 신
도를 받아들이지 말아야 할 것이니라.
44 어찌하여 재물을 바치는 여성 신도는
보물단지처럼 여기며 여성 신도를 끌
어모으기에 정신이 없으면서, 여성 신
도가 단상에서 너희에게 조언과 진리
를 가르치는 것은 있을 수 없으며 해
서는 안 된다 그리 말하는가?
45 너희가 그러한 형식으로 너희 자신을
숨기고자 하며, 너희 자신이 우상의
대우를 받고자 하며, 나 여호와를 넘
고자 하며, 나 위에 존재하고자 하며
나보다 귀한 자가 되고자 하는 것이니
라.

46 그러니 그와 같은 형국에서는 진정한 깨달음을 알 수도 없으며, 진리를 가르칠 수도 없으며 자신이 지옥으로 가기도 바쁜 너희가 어찌하여 만백성을 구원한다는 그와 같은 허황된 짓을 하고 있는가?
47 이제 세 치 혓바닥으로써 혀를 두 개 가진 그 사악한 사탄의 자식으로서 더 이상 나의 피조물 만백성을 지옥으로 인도하는 그 길을 중단하라.
48 그리해야만 너희가 그 무거운 죄의 대가를 그나마 조금이라도 면할 기회가 있음을 알라.

5,692 번째 하나님 말씀

2003년 3월 24일 17시 30분

1 사랑하는 나의 아들아!
2 "네, 아버님! 말씀하옵소서."
3 나의 아들 예수가 세상에 나가 나의 진리를 전하며 사랑을 전파하며 잘못된 질서를 바로잡고자 그 역사를 하며 그가 살아 있을 때는 나의 성령이 금빛을 발하였음이니라.
4 영원히 변하지 않는 금과 같은 그 귀중한 나의 성령이었으나, 나의 아들 예수가 죽고 백성이 그를 가지고 전하고 전하는 과정에서 은으로 변하며, 또 변하고 변하여 지금은 쇳가루가 되어 그 썩은 쇳가루가 세상에 뿌려 있으니,
5 그것이 바로 십자가를 걸쳐 놓고 나의 피조물 만백성에게 흡혈귀 노릇을 하는 지금의 너희 집단의 형국이라 내가 말하지 아니하였는가?
6 그러나 너희는 절대 그러한 것이 아니요, 만백성을 구하는 전사요, 나 여호와의 집이 십자가가 존재하는 교회며 성전이라 그리 말할 것이니라.
7 그러나 여기서 너희 스스로 한번 깨우쳐 보라.
8 나의 아들 예수도 그리 대우받지 아니하였으며, 나도 그와 같은 대우를 받지 못하는 왕과 같은 대우를 받으며, 왕과 같이 존경하며, 절대복종하며, 너희에게 모든 것을 먼저 바치며, 모든 역사는 다 너희로부터 시작하도록 모든 것을 이끌어 나가는 것이 아니던가?
9 그와 같이 너희가 지금 우상화되었으며 신이 되어 있는 그와 같은 형국이 되어 있음이니, 내가 너희에게 말하는 것이니라.
10 잘못된 종교 지도자요, 사악한 지도자들이 절대복종하기를 바라며, 절대 이의를 제기하지 못하며,
11 그리하여 저희 말 한마디에 모두 움직이며 거기에 반항하는 자 없이 그리 꽉꽉 묶어 놓고 나의 피조물 만백성을 이끌어 가고 있음이니,
12 그것이 바로 너희가 어떠한 독재자보다도 무서운 그와 같은 죄의 온상이 되었다 한 것이니라.
13 그리하여 이 지구가 그와 같이 변화되었으며 이제는 아름다운 것, 그리고 사랑이라는 것을 찾아볼 수 없도록 지금의 종교 지도자 너희가 그리 사악하게 만들어 놓은 것이니라.
14 종교 지도자들에게 항상 좋은 것, 아름다운 것을 먼저 바치며 그들에게 먼

저 바치라 너희가 그리 가르치며 그와
같이 이끌어 오는 그 세월 속에 지금
과 같이 험악한 세상이 되었음을 너희
는 알아야 할 것이니라.
15 너희는 좋은 것을 바치며, 먼저 금화
와 은화를 바치며, 선물을 바치며, 그
리고 종교 지도자를 왕과 같이 받들고
바치라 그리함이니라.
16 그리고 세상에 온 것의 죄목을, 그 모
든 것을 바쳐서 너희가 대우받을 수
있게 너희를 섬기도록 그리 만들었느
니라.
17 그리하여 왕처럼 대우를 받으며 왕처
럼 존경하며 왕 앞에서 복종하듯이 그
리 복종하도록 나의 피조물 만백성을
만들어 놓고, 그것도 부족하여 사악한
종교 지도자들이 뭐라 말하는가?
18 너희가 교회요, 성전이라는 데서 믿음
을 시작하는 신도는 그 순간부터 나
여호와요, 예수의 보혈로써 구원을 받
은 것이 아니라, 그때부터 신도는 부
모가 셋이라 그리 말하며 세 부모를
섬기라 너희는 그리 말하느니라.
19 너희가 세 부모를 섬기라 신도들에게
그리 가르치며, 신도는 세 부모를 둔
자식이라 너희가 그리 가르침이니, 이
얼마나 황당무계하며 무서운 일이란
말이던가?
20 그러면 세 부모는 누구를 말하는가?
21 나 여호와가 아버지라 말하며, 너희를
낳아 주고 길러 준 부모가 또 네 아버
지며, 목사요, 종교 지도자가 너희 아
버지란 말이 아니던가?
22 그렇다면 세 사람의 아버지를 섬기는
것이 신도의 도리요, 신도가 가야 할
길이라면, 나 여호와가 너희를 낳아
준 부모와 목사와 똑같다는 말이 아니
던가?
23 나 여호와요, 성령을 준 아버지의 그
사랑과 너희를 낳아 준 부모의 정성이
요, 그 사랑은 너희가 같이 본다 하나,
24 그 목사요, 종교 지도자 너희가 감히
나와 같다는 그와 같은 망발을 하며
그와 같이 섬기고 받들라 말하는 것
이 지금 종교 지도자들이니라.
25 나 여호와요, 너희를 낳아 주고 길러
준 부모요, 그리고 목사요, 종교 지도
자 너희와 똑같다 하며 너희가 그리
대우를 받고 우상화하고 있음이니, 이
얼마나 무서운 망발이요, 이 얼마나
엄청난 죄를 짓고 있는가?
26 감히 종교 지도자가 나 여호와와 똑같
은 아버지요, 어버이라 그리 받들라
말함이니,
27 낳아 준 부모요, 길러 준 부모는 뒤로
밀쳐 놓고, 이제는 나 여호와보다도
위에 있고자 하는 것이 너희가 아니
던가?
28 육의 부모는 낳아 주고 길러 준 수고
를 했음이니라.
29 그리고 나 여호와는 성령으로써 너희
를 세상에 태어나게 그리하였음이니
라.
30 그러나 목사라는 자는 무슨 짓을 했기
에 저희가 아버지요, 어머니라는 대우
를 받을 수 있단 말이냐?
31 부모라 저희가 말할 수 있는 것인가?
32 너희는 여기서 깊이 깨우쳐야 할 것
을 알라.
33 이 세상 모든 것이 다 변하며 너희가

인간관계에 얽히고설켜 변할 수 있으
나,
34 너희는 족보가 있으니 나이 어린 형
이라는 것은 절대 있을 수 없음이니라.
35 나이 어린 형이 있는 법이 있던가?
36 또한, 나이 어린 부모가 있는 법이 어
디 있던가?
37 모두가 다 변해도 나이 어린 부모는
세상에 있을 수 없으며 나이 어린 형
이라는 것은 존재할 수 없느니라.
38 그것이 하늘의 법도요, 나의 진리요,
나의 참뜻이라는 것을 너희는 어찌
모르는가?
39 그 변하지 않는 것이 나의 진리요, 나
의 법도니라.
40 그것을 무시하는 것이 종교 지도자들
이니라.
41 너희가 어찌 감히 나이 어린 자가 부
모라 말하며 너희가 나와 같다, 동등
하다 하며 인간이 창조주 나 여호와와
동등한 부모라 그리 말하는가?
42 그와 같이 내가 입을 다물 수 없는 추
하고 더러운 행위요, 무서운 짓을 하
는 자들 앞에 가 너희가 구원을 받으
며 하늘에 오르고자 기도하며 경배하
며 콧물 흘리고 눈물 흘리며 매달리지
말라.
43 그것이 바로 너희가 지옥으로 가는
길이라는 것을 잊지 말라.
44 이제 천국에 오는 길을 보며 하늘의
문을 들어설 수 있는 내가 새로 내리
는 성경이요, 나의 법전을 읽고 깨우
쳐 하늘에 오르는 그 영광을 얻도록
그리하라, 사랑하는 나의 아들딸들아!

5,693 번째 하나님 말씀

2003년 3월 24일 21시 38분

1 사랑하는 나의 아들아!
2 "네, 아버님! 말씀하옵소서."
3 과연 너는 이 길이 힘들고 어려우며
정녕 네가 이 길을 갈 수 없다 생각하
며 좌절하는가?
4 네 마음이 과연 무엇이며 네 생각이
무엇이라 너는 생각하느냐?
5 "전지전능하신 아버님, 세상의 만물
을 창조하신 아버님!
6 저는 오늘의 길이 고달픈 길이 아니
며, 시련이요, 고통의 길이 아니며, 어
쨌든 저는 어떠한 방법과 저의 노력을
다 동원하여 아버님이 내려 주신 160
권의 법전을 세상에 내보내는 그 일에
즐겁고 행복한 마음으로 그 대명을 이
룰 것을 오늘 굳건히 마음을 다지고
있사옵나이다.
7 지금의 모든 종파요, 사랑하는 저희
형제들이요, 모든 백성이 지금 지옥
불로 끝없이 흘러가는 그 광경을 보고
있으며 그 형태를 지금 보고 있으며,
8 제가 그를 보고 놀랐으며 그를 보고
제가 잠시도 쉬어서는 안 된다는 것을
깨달았사옵나이다.
9 지금 모든 종교 집단이요, 지도자들이
아버님이 직접 써 내린 십계명을 지킬
수 없다 말하는 그와 같은 것으로써,
그리고 예수의 피로써 저희가 구원을
받았다 말하며 그저 기도하고 경배하
면 죄를 용서받는다는 그와 같은 깨달
음 속에서 지금 많은 백성, 저희 형제
들이 지옥으로 가는 것을 제가 보고

이리도 놀라고 있사옵나이다.
10 그와 같은 형국에서 그들이 잘못 다스린 것은 물론이요, 종교 지도자들이 저희를 신격화하였으며 신의 대우를 받고자 하고 있음이니,
11 인간의 신이요, 인간의 사탄이요, 인간의 우상이 된 그들 앞에서 그들의 세 치 혓바닥에 현혹되어 지금 모든 아버님의 백성이 지옥으로 가는 이 형국을 보고 제가 잠시도 쉴 수도 없으며 주저앉을 수 없다는 것을 깨달았사옵나이다.
12 저희가 재정이 없어 빚을 내서라도 종교 지도자는 편히 살며 편히 갈 수 있도록 하는 것이 신도들이 하는 길이며,
13 그리고 종교 지도자의 모든 것은 여호와 아버님께서 재정을 내려 주는 것이기에 그것은 정확하게 지켜야 한다는 그와 같은 무서운 말이 있는가 하면,
14 창조주 아버님과 인간인 낳아 준 부모와 종교 지도자 저희가 같은 부모라 그리 말함이니, 이와 같이 사악한 자들의 행동을 보고 저는 물러날 수가 없으며 주저할 수 없으며 용기를 잃을 수 없다는 것을 저는 이제 다시 한 번 굳건히 마음을 다지고 있사옵나이다.
15 어떠한 일이 있어도 160권을 빨리 세상에 내 만백성을 구하도록 역사할 것이며,
16 아버님께서 눈물을 흘리신다는 그 뜻을 이제 알았사옵나이다.
17 가랑비가 내릴 때는 아버님이 흐르는 눈물을 손수건으로 닦아 떨어지는 것이며, 소낙비가 쏟아질 때는 아버님이 두 다리 뻗고 우시는 그와 같은 아픈 마음의 눈물이라 하신 그 뜻을 이제 저는 알고 보았사옵나이다."
18 지금 수천 년 동안 흘러온 종교 집단의 그 지도자들이 얼마나 사악하며 얼마나 간악한 자며 얼마나 저희가 잘못된 백성인가?
19 저희가 나 여호와의 이름을 팔며 나 여호와의 형태요, 나의 흉내를 내며 나보다 높고자 하는 그와 같은 형태를 과연 너는 이제 보았는가?
20 그를 보았다면 너희가 내가 그를 단죄하는 역사가 무엇이며 그들을 다스리는 길이 무엇이라 네가 깨달았는가?
21 "네, 아버님! 깨달았사옵나이다.
22 아버님과 같은 아버지라 말하며 아버님께서 내리신 재물이라 하며, 저희 신도요, 백성은 빚투성이에 앉아도 저희 봉급이요, 저희가 쓸 것은 그 재물을 잠시도 늦춰서도 안 되며 날짜를 어겨서도 안 되며 그와 같이 가르치는 그들이 얼마나 사악한 자며 간악한 자인가를, 그리하여 저희가 우상이 되었으며, 사랑하는 저희 형제요, 아버님의 아들딸이요, 그 백성을 지금 우상을 섬기도록 그들이 그리 만드니,
23 그걸 모르고 우상을 섬기며 그저 울고 불고 따라가는 그와 같은 아버님의 백성을 구원해야 한다는 것, 그리고 구원하는 길은 법전이 세상에 나옴이요,
24 이 법전이 하얀 눈이 세상을 덮듯이 덮는 길밖에 없다는 그 분개함이요, 그 떨리는 마음을 다스릴 길이 없사옵나이다.
25 저희 형제요, 같은 핏줄이 지금 죽음

으로 가며 지옥으로 가니, 그들과 싸
워 이겨 구원하는 그 역사를 다할 것
이며, 제 목숨을 바쳐 다할 것이며,
26 저를 따르는 제자들 또한 그 일을 다
하도록, 충실히 수행하도록 제가 격려
할 것이며 다스리겠사옵나이다.
27 아버님, 이제 저희는 두 주먹을 쥐고
용기를 얻고 싸울 것이며, 아버님이
저희에게 명하신 그 뜻을 알며 기대하
는 뜻이 무엇인지를 알며 명하시는 그
것을 알고 있사옵나이다.
28 이제 저의 제자들과 저는 뭉쳐 두 주
먹을 쥐고 목숨을 바쳐 아버님의 뜻에
역사하며 법전을 만들어 세상에 전하
는 데 주저하지 않을 것이며, 용감하
게 나갈 것이며 모든 것을 다 바쳐 나
갈 것을 결의하옵나이다, 아버님!"

5,694 번째 하나님 말씀

2003년 3월 24일 21시 47분

1 사랑하는 나의 아들아!
2 "네, 아버님! 말씀하옵소서."
3 이 세상의 천 가지, 만 가지 모든 색채
를 다 하나로 보라 하였으며 하나로
보라는 나 여호와의 뜻을 너는 깨달았
으며 그 의미를 이제 알겠는가?
4 내가 너희가 모든 색깔을 하나로 볼
수 있는 것은 원초적인 마음이요, 내
가 세상을 창조했을 때의 내 생각과
마음을 안다면, 너희는 모두를 다 하
나로 볼 수 있으며 하나로 깨달을 수
있다 하였음이니라.
5 그러니 너희가 모든 사물을 다 하나로
보는 것처럼,
6 이 세상의 모든 백성이요, 그 형제들
을 피부색이요, 외형의 생긴 모습으로
써 구분해서는 아니 될 것이니라.
7 검은 피부색을 가진 나의 백성이요,
흰 피부색을 가진 백성이요, 그리고
검푸른 피부색을 가진 백성이요, 또
붉은 피부색을 가진 나의 백성이요,
그와 같은 모든 백성을 너희가 그 색
깔이요, 외형의 형태요, 살아가는 모
습으로써 구분하지 말며 선별하지 말
라.
8 그 검은 피부색을 가진 백성, 붉은 피
부색을 가진 백성, 흰 피부색을 가진
백성, 그 모두의 가슴속에 흐르는 피
의 색깔은 과연 어떠하던가?
9 그 피는 다 너희가 말하듯이 붉은색
일 것이며 같은 색일 것이니라.
10 그래서 너희는 하나라는 뜻을 알아야
할 것이며, 모든 백성이 외형과 피부
색을 떠나 그 피는 한 색깔로 흐르듯
이, 나에게서 성령을 받아 나간 백성
은 다 하나라는 것이요, 한 형제라는
것을 너희가 알아야 할 것이니라.
11 너희는 모두 다 그 속에 흐르는 피가
같을 것이니, 다 같은 족속이며 나의
창조물이라는 것을 잊어서는 아니 될
것이니라.
12 너희는 누구든지 외형으로 평가하지
말며 외형으로 탓하지 말라.
13 그러니 모든 종파를 가지고 너희가
네 종파만 옳은 것이요, 남의 종파가
잘됐다, 못 됐다, 사탄이다, 이단이다,
사악하다 하며 남의 믿음이요, 종파를
가지고 너희가 판단하는 것이 얼마나
부질없는 짓이며 어리석은 짓인가?

14 몸이 썩어 가는 것을 모르고 손톱 밑
에 찔린 가시를 가지고 요란을 떠는
백성이 있다 하였음이니라.

15 그와 같이 어리석은 자들이니라.

16 너희는 종파를 가지고 옳으니 그르니,
사탄이요, 이단이요, 시시비비하며 갑
론을박하는 그 자체가 다 부질없는 짓
이며 어리석은 자며 하늘의 뜻을 모르
는 자들이니라.

17 모든 종파요, 인간은 생활이요, 환경
에 따라서 다 변하게 되며, 거기에 따
라서 너희의 생활 모습도 또한 모두
변하게 되는 것이니라.

18 그와 같이 환경과 여건에 따라서 변하
는 것을 가지고 너희의 원초적인 가슴
속에 흐르는 그 붉은 피가 변한 것처
럼, 그리고 변질된 것처럼 그리 생각
하지 말라.

19 환경에 따라서 너희는 변하는 것이니
라.

20 배가 고픈 자는 작은 그릇에 담겨 있
는 그 밥도 많아 보일 것이며, 그릇이
크게 보일 것이며, 그리고 그 음식에
서 나는 그 냄새가 구수할 것이며 그
냄새를 맡게 될 것이니라.

21 그것이 배고픈 자요, 며칠 굶은 자가
보는 그 밥 그릇이니라.

22 배고픈 자는 같은 그릇이라도 크게 보
일 것이며 같은 양이라도 많게 보일
것이니라.

23 그러나 배부른 자는 아무리 봐도 그것
이 많게 보이지 않을 것이며 배부른
자에게는 그게 맛있게 보이지 않을 것
이니,

24 굶어 배고픈 자가 밥을 보는 상태와
배부른 자가 보는 상태가 다르듯이 생
활습관이나 살아가는 그 형태로써 변
할 수 있으며 변질할 수 있는 것이 너
희 마음이니라.

25 그러나 원초적인 피의 색깔은 변하지
아니함이니, 바로 그와 같이 생활에
따라서 환경에 따라서 변하는 그것으
로 지금 종교 집단이 여러 가지로 갈
라진 그와 같은 형태니라.

26 환경과 그 여건에 따라서 관습과 살아
가는 방법과 습관에 따라서 너희가
어떠한 종파를 믿고 안 믿고 그와 같
이 환경에 따라서 역사하는 것이며 지
역적인 특성을 고려하여 변하는 것이
니,

27 그걸로 너희가 갑론을박하지 말며 옳
다, 그르다 따지지 말라.

28 그 모두 다 부질없는 짓이니라.

29 그들도 결국 다 나를 위해 존재하는
것이며 내가 만든 자며 창조주 내가
있어 존재하는 것이니, 그들도 또한
선하고 아름답게 살고자 부르짖는 자
들이니라.

30 그러니 작은 것에 시시비비하지 말고,
모두는 한 형제요, 한 백성이라 그리
보고,

31 이제는 모두가 참진리를 같이 연구하
며 하늘에 오르는 진정한 길이 무엇이
며, 나 여호와가 원하는 것이 무엇이
며, 인간의 삶의 기본 양심이 무엇이
며 너희가 지키고 살아가야 할 도리가
무엇인가를,

32 피부색을 떠나서, 너희가 믿는 종파를
떠나서 이제 다 같이 연구할 때가 되
었음이니라.

33 그리하여 나의 법전을 종파 없이 내려
보내며 나의 새로운 성경이요, 법전을
종파를 명하지 아니하고 내가 세상에
내려보냄이니,
34 너희는 이제 나의 법전 안에 모두 다
모여야 할 것이며, 나의 법전 160권을
가지고 연구하고 공부해 보라.
35 그러면 모든 종파 속에 있는 것이 다
거기 들어 있으며, 종파들이 갈구하는
것이 다 거기 들어 있으며 너희가 추
구하는 그 모든 내용이 거기에 들어
있음이니라.
36 하나부터 천 가지, 만 가지 모든 것이
다 그 속에 들어 있으니,
37 내가 새로 내리는 성경은 마지막 시대
에 내가 심판하니, 창조주가 내리는
나의 성령의 뜻을 가지고 너희가 연
구하고 깨우쳐 다 같이 하나가 되어
하늘로 오르는 그와 같은 역사를 이루
라.
38 그리했을 때 너희 후손이 천 년 후에
이 지상에 존재하는 후손으로 남게 될
것이니 그리 알고 행하도록 그리하라,
사랑하는 나의 아들딸들아!
39 만백성은 그를 들어야 할 것이며, 나
의 아들을 따르는 제자들이요, 나의
법전을 읽고 깨우친 백성은 나의 이와
같은 뜻을 만백성에게 전하라.
40 그리하여 법전 속에 너희가 추구하는
진리요, 깨우치고자 하는 그 모든 것
이 들어 있지 아니하거든, 너희가 스
스로 가도 내가 말하지 아니할 것이니
라.
41 너희가 그 진리보다 위대한 진리요,
차원 높은 가르침이요, 내가 원하는
하늘의 비밀이요, 하늘의 가르침이요,
하늘의 뜻이 거기에 다 있음이니, 그
를 보고 깨우치는 것이 정녕 나에게
오르는 길이며 구원을 받는 역사라는
것을 알라.
42 선하게 살아가며 선하게 행하며 모든
믿음의 길을 가는 백성이 가장 편안
하고 즐거운 마음이요, 가장 행복한
마음으로 갈 수 있도록 이끌어 주는
것이 나에게 오르는 참진리의 길이라
는 것을 알라.
43 나의 법전을 집에서 읽고 깨우치며 편
안하고 행복하게 그리고 가족 단위로
개인적으로 깨우쳐 하늘에 오르는 영
광을 얻는 것은 나의 법전보다 편안하
고 간편한 것이 없으며, 행복한 방법
이 없으며, 너희의 믿음이 더 진지한
것이 없으며,
44 너희의 공허한 마음을 채워 주며, 너
희의 허한 마음을 채워 주며 너희의
불안한 마음을 다 깨우쳐 주는 내용이
나의 법전에 있으며 너희가 원하고
이루고자 하는 그것도 다 거기에 답이
있으니 그리 알도록 전하라.

5,695 번째 하나님 말씀

2003년 3월 24일 21시 54분

1 사랑하는 나의 아들딸들아, 그리고 나
의 아들을 따르는 제자 너희는 들어
야 할 것이니라.
2 나 여호와가 너희에게 어찌하여 고통
과 시련의 길을 가며, 너희가 도저히
넘을 수 없으며 인간으로서 역사할 수
없는 완벽한 나의 백성이요, 완벽한

사람으로 거듭나는 그와 같은 삶을 살
라 내가 너희에게 강요하며 그리 말
하는가?
3 나의 백성 너희가 다시 태어남을 내
가 원하며 너희가 바로 서기를 원하
는 나 여호와의 마음을 너희는 알겠
는가?
4 내가 어찌하여 너희에게 거듭 태어나
는 사람이 되며 완벽한 백성이 되라
그리 말하겠는가?
5 너희가 오늘의 깨달음이 있으며 오늘
의 변화하는 그 역사가 있으나,
6 너희는 이 세상의 세속에서 사람과 사
람끼리 부닥치며 얽히고설켜 살아가
는 그 속에서 이해관계가 있으며 생활
의 잃고 얻음이 있으며 육이 고달프고
힘듦이 있으니,
7 모든 변화 속에서 너희 자신도 모르
게 너희가 변할 수 있으며 육의 세상
에 너희가 휩쓸려 그와 같은 삶을 살
아갈 수 있기 때문이니라.
8 너희가 육의 세상에서 살면서 수천수
만 가지 부닥치고 얽히고설킨 그 속에
서 너희 자신도 모르게 많은 유혹에
넘어지며, 사탄이 너희를 유혹해 넘어
트리려 하며 너희를 이끌어 가고자 하
며, 모든 유혹이 너희를 넘어지게 하
고 쓰러트리고자 하기 때문이니라.
9 그 모두 너희를 무너트리며 쓰러트리
려는 사악한 사탄의 장난이요, 그들의
유혹에 너희가 넘어지지 아니할 수
있는 것은,
10 오늘 너희가 새로 태어남으로써 끝나
는 것이 아니요, 새로 태어나고 또 새
롭게 변화하며 또 새롭게 태어나는 그
와 같은 새로운 변화의 역사를 이루어
야 할 것이니,
11 너희가 그 길을 가지 아니한다면 사탄
의 유혹이요, 세상사 천 가지, 만 가지
너희를 쓰러트리려 하는 것들에게 너
희가 견딜 수 없기 때문이라는 것을
알아야 할 것이니라.
12 너희가 그와 같이 지금 다시 태어나고
또다시 거듭 태어나고 변화하고 또 변
화하는 그와 같은 삶을 살며, 오늘보
다 내일이 변화하며 깨달음이 높아지
는 그와 같은 고달프고 힘든 그 역사
의 길을 가지 않는다면,
13 너희가 지금까지 쌓아 놓았던 모든 깨
달음이요, 그 공이 하루아침에 다 무
너지며 물거품이 되어 쓰러져 가기 때
문이니,
14 내가 너희를 지탱하여 나에게 올 수
있는 길을 안내하고자 함이 그리하여
거듭나고 새로 태어나는 삶을 살라 하
며 완벽한 삶을 살라는 나 여호와의
뜻임을 알아야 할 것이니라.
15 세상 속에서 너희가 타락하게 되면
오늘까지 너희가 나의 법전을 읽고
깨우쳤으며 진리를 연구했으며 나의
아들을 통하여 그 수많은 강론을 듣고
깨우쳐 높이 와 있는 나의 사랑하는
백성 너희가 무너짐이니라.
16 그리하여 세속에서 지금 잘못된 종교
집단 속에서 죄를 짓고 살아가며 어디
로 가는지도 모르며 지옥행 열차를 타
고 즐겁고 행복하게 소리 지르고 노래
부르며 가는 그 백성과 너희가 차별화
되지 아니하며 그 백성과 똑같이 타락
하게 됨이니, 이를 볼 수 없기 때문이

니라.
17 지금의 모든 종교 집단, 지도자요, 그
들이 처음에 예수가 세상에 나와 복음
을 전했을 때 그때의 지도자들은 오늘
과 같이 그리 험악하지는 아니하였음
이니라.
18 그러나 세월이 흐르는 속에 모든 것이
다 타락하게 되었으며 나의 뜻을 거역
하며 나와는 관계없는 그와 같은 반대
의 길을 가는 것이 그들이지,
19 처음부터 그들이 타락했으며 지금처
럼 사악한 자며 종교 지도자가 신이
되고자 하며, 나 여호와보다 대우를
받으며, 나 여호와보다 더 높이 있으
며 나 여호와보다 더 군림하는 오늘
처럼 사악한 사탄으로 변하지는 아니
하였느니라.
20 그러니 그들도 처음에는 그렇지 아니
하였음을 알아야 할 것이니라.
21 세월이 흘러오는 동안 유혹에 넘어지
며 사탄의 꼬임에 넘어지며 인간의 물
질 만능 속에 인간의 쾌락 속에서 너
희 스스로 무너졌기에,
22 오늘의 사악한 종교 집단이요, 지도자
들이 이 세상을 오염하며 나의 피조물
만백성을 수없이 지옥으로 이끌어 가
는 형국이 되었음이니라.
23 지금의 종교 지도자요, 교회라는 것이
일반 백성에게 신뢰를 받지 못하는 것
을 너희는 알고 있는가?
24 그들이 나의 백성에게 신뢰를 받지 못
하는 이런 사회가 된 것은 무엇이던가?
25 너희는 얼마나 무서운 현실이 도래했
는지 알아야 할 것이니라.
26 그들이 유혹에 무너지고 또 유혹에 넘
어지며, 저희가 향락을 위하여 그들이
육의 삶을 위해 생각해 왔으며 진리를
연구하고 진리를 깨우친 그들이 아니
기에 지금 일반 사회의 평범한 사람보
다도 못한 그와 같은 평가를 받는 것
이 지금의 종교 집단이요, 지도자들이
니,
27 그들이 흘러오는 세월 속에 그리되었
음이니라.
28 거듭나고 또 거듭 태어나고 새로 변화
하고 변화하는 그와 같은 역사를 하지
아니하였기 때문이니라.
29 고달프고 힘들고 어려운 길을 선택하
지 아니하고 편안하고 안락한 길이요,
육의 행복의 길만을 추구하여 오다 보
니,
30 육의 편안한 삶이요, 육의 향락으로만
변화하고 그쪽을 따라 추구하는 그와
같은 삶을 산 것이 오늘의 종교 집단
이기에 그 지도자들이 나보다 더 위대
하게 존경을 받으며 신이 되어 있으며
모든 것을 다 저희를 위해 살아가는
사악한 자가 되어 있다는 것을 너희가
알게 될 것이니라.
31 그리하여 너희가 거듭 태어나고 변화
하고 거듭 변화하는 그와 같은 완벽한
백성으로 서지 못하면 너희도 지옥으
로 가기 때문이니,
32 너희를 구원하고자 완벽한 삶이요, 고
통이요, 시련의 길을 마다하지 말며
달려오라는 것이 나 여호와의 뜻이니
라.

5,696 번째 하나님 말씀

2003년 3월 24일 22시 09분

1 사랑하는 나의 아들아!
2 "네, 아버님! 말씀하옵소서."
3 내가 너희에게 생명을 주어 세상에 내려보내니, 내가 60점이라는 그 한계에서 너희가 세상에서 노력하는 만큼 취하고 얻고 살 수 있도록 모든 준비를 다하여 너희에게 주었음이니, 얼마나 나로부터 축복받으며 영광된 백성이던가?
4 그리고 너희가 노력하는 만큼 다 얻을 수 있도록 해 주었으며 너희가 세상에 나갈 때 한 가지의 재능을 다 주어 살아갈 수 있게 했다 하였음이니라.
5 그리하여 너희가 가진, 나에게서 받은 재능을 발휘하고 그를 깨우치고 살아간다면, 너희는 행복한 삶을 살 수 있다 내가 그리 말하였음이니라.
6 그러나 너희가 욕심이라는 것 때문에 그 길을 못 보며 네가 선택된 길을 보지 못한다 그리하였음이니라.
7 그리하여 지금은 남의 것을 크게 보며, 남이 가진 것을 시기하며, 네 것은 작게 보이며, 남보다 더 많이 가져야 하며,
8 그리고 너희가 황금만능주의로 그와 같은 물질에 대한 만족으로 삶을 사는 것이며,
9 그리고 너희가 물질로 얻어지는 그 만족의 쾌락, 그 모든 것을 얻고자 지금 살아가는 것이 너희 삶이니,
10 종교 집단이요, 믿음의 길을 가는 백성이요, 믿지 않는 백성, 그 모두가 물질만능주의로 물질의 만족에서 얻는 즐거움이요, 쾌감을 위해 살아가고 있음이니, 어찌해야 한단 말이던가?
11 그것을 모두 버리고 가야 하는 것이 종교 집단이요, 지도자가 가야 하는 길이며 신도라 하여 나에게 오르는 백성 너희가 가야 할 길이거늘,
12 지금의 모든 종교 집단이요, 지도자요, 신도라는 백성까지도 모두가 다 금전의 노예가 되었으며 물질의 쾌락에서 벗어나지 못함이니,
13 이 사회의 모든 병폐요, 이 악의 유혹에서 굳건히 버티고 이끌어 갈 종교 지도자가 한 사람도 없는 이와 같은 형국이 되어 있음이니라.
14 모든 권력의 유혹이요, 재물의 유혹이요, 그것에서 너희가 버티고 벗어날 수 있는 그와 같은 종교 지도자가 되어야 하며,
15 종교 지도자는 그와 같은 길을 가는 것이 만백성을 이끌어 가는 지도자의 근본이며 기초니라.
16 그러나 너희는 지금의 현실 속에서 인간 세속의 물질만능의 그 속에서 벗어나지 못하며, 종교 지도자로서 그 주체성을 잃고 있으며 너희가 어디에 서 있으며 어디에 존재하는 것인지도 깨닫지도 못하고 있음이니라.
17 그리하여 너희는 나의 피조물 만백성에게 제왕보다 더한 대우를 받으며 군림하는 그와 같은 모든 계명을 만들어 놓고 나의 피조물 만백성에게 순종하고 따르라 가르치고 있음이니,
18 이를 보는 나 여호와의 마음이 얼마나 저리고 아픈가를 과연 너희는 알고 있

는가?

19 지금 너희는 깊이 생각해야 할 것이니라.

20 지금 나의 법전을 만들며 나의 법전을 세상에 전하는 나로부터 선택된 아들딸이요, 나의 아들을 따르는 제자 너희는 잠잘 시간이 없으며 숨 쉴 시간이 없으며 먹을 시간도 없음을 어찌하여 모르는가?

21 너희가 형제요, 나의 피조물 만백성이 지금 살아가면서 수없이 지옥 불로 달려가며 지옥으로 죽어 가는 그들을 볼 때,

22 너희가 과연 잠을 자며 먹고 쉴 수 있는 시간이 있다 생각하는가?

23 그들은 다 너희 형제니라.

24 너희가 피부색이요, 색깔을 떠나 너희 가슴에 흐르는 그 피는 다 붉은 피며 너희는 그 붉은 피와 같이 나에게 성령을 받아 나간 사랑하는 나의 아들딸이니라.

25 너희 형제들이 지금 지옥으로 가고 있으며, 종교 지도자는 나보다 더 높은 자가 되어 있으며 나의 아들 예수보다도 더 높은 자가 되어,

26 나도 그와 같이 대우를 받을 수 없으며 나의 아들 예수도 감히 생각하지도 못했던 그와 같은 왕좌에서 저희가 누리고 있으며 왕권을 쥔 것이 지금의 종교 지도자니, 그들이 사탄이 되어 있음이니라.

27 종교 지도자가 사탄이 되었음이니, 그들에게 재물을 바치며 울고불고 기도하는 그 백성은 무엇이던가?

28 사탄을 경배하는 것이니라.

29 나의 계명 첫째에서 '너희는 다른 신을 네게 두지 말라.' 하는 것을 그들 자신이 그리 외우고 하면서 스스로 사탄이 되었으며 나의 피조물 만백성에게 사탄을 숭배하도록 그리 만들었음이니라.

30 그리하여 그들은 감히 나의 십계명을 암송치 못하게 하며 그를 가르치지 아니하며,

31 그리하여 구약 시대는 다 흘러간 것이며, 나의 아들 예수가 다시 나온 새로운 시대요, 신약의 시대요, 나의 아들 예수의 시대가 열렸음이니, 그 구약 시대는 다 접어졌다 그리 말하며,

32 저희가 사탄이 되어 사탄의 행세하는 것을 많은 백성이 모두 알고 저희를 단죄하며 저희에게 이끌려 간 그 모두를 다 용서하지 아니하는 그 무서운 형국을 피하고자 그들이 말하고 연구한 것이 무엇인 줄 알겠는가?구약 시대는 끝났으며 십계명은 인간이라 지킬 수 없으니, 그리하여 죄를 짓고 대충대충 살아가도 구원을 받는다 그리 생각하고 있음이니,

33 그 무리를 믿고 따라가는 나의 피조물 만백성이요, 아래로는 너희 형제요, 그 모두가 다 지금 지옥 불로 가고 있음이니라.

34 지옥으로 불려 가고 지옥으로 끌려가는 그들을 보며 너희가 잠잘 시간이 있으며 너희가 숨 쉴 시간이라도 있으며 먹을 수 있는 시간이 있던가?

35 너희는 나의 법전을 만들어 만백성을 구하는 데 잠시도 주저해서는 아니 될 것이니라.

36 그 많은 백성이 죽어 가는 것을 살릴
수 있는 것은 나의 법전밖에 없음이
니, 나의 법전이 세상에 나가 하얀 눈
처럼 덮는 그 역사의 길밖에 없음이니
라.
37 그러니 오늘부터 너희는 마음 자세를
다시 할 것이며 굳건한 다짐을 다시
해야 함을 잊지 말아야 할 것이니라.

5,697 번째 하나님 말씀

2003년 3월 24일 22시 16분

1 사랑하는 나의 아들아!
2 "네, 아버님! 말씀하옵소서."
3 이 세상 모든 백성이 살아가며, 또한
종교 지도자요, 그 선생이라는 자, 그
리고 믿음의 길을 가는 백성이 어찌
살아가는가?
4 이 지상의 내가 만든 낙원에 살면서
그들은 인간관계에서 담을 치며 거리
를 두고 살아가느니라.
5 그러니 나로부터 선택된 내가 사랑하
는 아들딸이요, 나의 아들을 따르는
제자들이요, 나의 법전을 읽고 깨우친
백성 너희만이라도 이 세상의 낙원에
서 사는 것을 감사하며 이 모두는 내
가 주관한 곳에서 삶이니,
6 서로 사랑하는 인간과 인간관계에서
담을 치며 거리를 두며 믿음의 길을
가는 자와 믿지 않는 자와 차별을 두
어서는 아니 된다는 것을 알고 가야
할 것이며 그리 행하고 살도록 하라.
7 나의 만백성을 정녕 지도하고 이끄는
나의 지도자라는 그와 같은 종교 지도
자며 나에게서 선택된 지도자는 대중
속에 뛰어들어 그곳에서 역사하며 그
속에서 생활하며 모두를 깨우쳐 가는
그와 같은 깨우침으로 그들을 인도하
는 것이 너희가 가야 할 길이며 차별
하면서 가는 것이 아님을 알아야 할
것이니라.
8 나의 지상의 낙원에서 살면서 이 세상
속에서 살지 않는 외계인처럼 그와 같
은 착각을 하고 있어서는 아니 됨을
알아야 할 것이니라.
9 몇천 년 동안 흘러온 그 종교 집단이
요, 지도자들이 지금 살아가는 것이
무엇인 줄 알겠는가?
10 나의 지상의 낙원에서 살면서 믿지 않
는 자나 믿는 모든 백성이 다 똑같은
자며 나의 아들딸이거늘,
11 나의 낙원에서 살면서 그 삶을 벗어난
것처럼 생각하며 믿지 않는 백성과 차
별화하며 담을 치고 사니,
12 지금의 종교 집단이요, 지도자요, 그
신도가 외계인이 된 것처럼 그 착각
속에 사는 것이니라.
13 나의 뜻을 역행하는 것이며 나의 뜻과
는 반대방향으로 그들이 달려가는 것
이며, 그러면서 저희는 구원을 받은
백성이라 그리 말하고 있지 아니하는
가?
14 너희는 알아야 할 것이니라.
15 너희가 정녕 나를 경배하며 나에게 오
르고자 하는 백성이면, 평범한 백성보
다는 좀 더 차원 높은 자리에서 너희
가 높은 깨달음 속에서 살아가야 하는
것이 아니던가?
16 나로부터 선택된 백성이라면 정녕 너
희는 한 계단 차원 높은 삶의 모습을

보이며, 모범적인 삶을 보여야 할 것
이며, 선도적인 좀 더 높은 사회적인
구조를 형성해 놓았어야 할 것이며,
17 그와 같은 것을 형성하기 위해 살아가
는 것이 나로부터 선택된 백성이 살아
가는 길이라는 것을 알아야 할 것이
니라.
18 너희는 좀 더 차원 높은 세상을 만들
어야 할 것이며, 그리고 지금같이 사
악한 세상이 아니요, 사랑이 있는 세
상이요, 그리고 웃음이 있는 그와 같
은 세상을 너희가 만들어 놓는 것이
종교 집단이요, 지도자가 가야 할 길
이거늘,
19 너희는 지금 그와 같은 사회를 이룬
것이 아니요,
20 이기적인 세상을 만들어 놓았으며 거
둬서는 안 되는 재물을 거둬들이며 도
둑질하고 강도질한 자라도 많이 바치
는 자에게 직급을 주며 그와 같이 너
희가 잘못된 재산을 모아 너희가 지
은 성전이요, 그 죄악의 온상에서 너
희가 죄악의 씨앗 노릇을 계속하는
것이 지금의 종교 집단이요, 너희가
형성되어 있는 형태니,
21 그러니 과연 너희가 거기에서 어찌
나의 백성을 하늘에 오르게 할 수 있
다 하는가?
22 너희는 한 차원 더 높은 인간의 삶의
질을 형성하는 그와 같은 역사를 이루
어 놓았다면, 너희는 정녕 나로부터
선택된 백성이며 나의 아들 예수의
보혈로써 구원을 받았으며 내 품에 올
수 있는 너희라는 것을 나는 의심치
아니할 것이니라.
23 그러나 지금의 종교 집단이요, 지도자
너희가 어찌 살아가고 있는가?
24 저만이 최고요, 저만이 우월한 자요,
이 세상의 모든 백성과 차별화하며
너희는 구름 위에 사는 외계인과 같이
착각하고 사는 것이니라.
25 내가 만든 지상에서 살아가는 너희가
그 감사함을 모르며, 지상에서 발을
떼지 않고 살 수 없다는 그것도 깨우
치지 못하며,
26 그리하여 이 지상의 모든 것은 내가
창조하여 다 '우리'라는 그 개념을 벗
어나며 '나'만이라는 것을 가지고 사
는 그 백성이 모든 죄악의 씨앗 노릇
을 하고 있다는 것을 알라.
27 이제 나의 법전에 이와 같이 무서운
내용을 기록하여 너희에게 전함이니,
이를 읽고도 깨우치지 못하는 백성 너
희가 하늘에 오고 못 오는 것, 지옥으
로 가고 벌을 받는 것은 너희 복이니
그리 알라.

5,698 번째 하나님 말씀

2003년 3월 24일 23시 03분

1 사랑하는 나의 아들아!
2 "네, 아버님! 말씀하옵소서."
3 이 세상에 나의 피조물 만백성이 살아
가면서 저 자신을 돌아다볼 수 있는
그와 같은 눈이 떠 있으며 마음이 열
린 백성이 세상에 산다 하면, 오늘과
같이 험악하고 험악한 이 세상은 되지
아니하였을 것이니라.
4 그러나 인간 너희는 가장 높은 지혜
를 가진 동물이면서도 너희 자신을

들여다보며 너희 자신을 평가해 보며
너희 자신을 점검하는 그와 같은 삶에
는 인색함이니라.
5 그리하여 너희 자신을 모르고 살아가
는 것이며, 그리하여 내가 너희에게
뭐라 말하였던가?
6 너희는 인간사 살아가면서 남들이 실
수하는 것은 그게 흠이요, 실수로써
너희 눈에 보이나, 너희 자신이 실수
하는 것은 그저 장난이요, 오락이라
그리 넘기고자 하는 것이 너희 심리
라 하였음이니,
7 그걸 반대로 봐야 한다는 것을 잊지
말라.
8 너희 자신이 실수한 것은 엄히 다스리
며 그를 용서하지 않는 마음을 가져야
할 것이며 그 책임을 지는 그와 같은
마음을 가져야 할 것이니라.
9 그리고 남이 잘못했을 때는 그를 사랑
으로 덮어 주며 사랑하는 마음으로 용
서하며 그를 덮어 주는 그와 같은 마
음의 자세로 살아가야 하는 것이 인
간인 너희가 지혜를 가진 동물이라
말할 수 있거늘,
10 너희는 반대의 현상으로써 그와 같이
살아가는 것이 너희 마음이니 이 세
상이 얼마나 험악하게 되어 있는가?
11 서로 '내 탓이요.' 그리 말하는 것이
아니요,
12 네 탓이요, 너 때문에 그리되었다 하
여 서로 의사소통이 이루어지지 아니
하며 남에게 모든 책임을 전가하려 하
는 그와 같은 심성으로 살아가니,
13 이 세상이 오늘과 같이 험악한 세상이
되었으며 사랑이라는 두 글자를 찾아
볼 수 없는 그 형편이 되어 있음이니
라.
14 이와 같이 모든 백성을 깨우치고 인도
하는 나의 아들 예수의 혈통을 받아
가르침을 가는 그 백성이 존재하며 나
의 아들 예수가 전하고자 한 그 뜻을
받아 지금까지 흘러왔다면 지상의 천
국이 지금 이루어졌을 것이니라.
15 나의 아들 예수의 혈통을 받아 가르치
고자 하는 바른 제자가 없었으며, 그
뜻을 목숨을 바쳐 지키고 행하는 자가
없었음이니,
16 그리하여 잘못된 종교 집단이요, 지도
자들이 만연되었으며, 그들이 세상을
다 지배하며 그들만이 나에게 오르는
길을 인도하는 자라 그리 착각하고 살
고 있음이니, 그들의 형태가 무엇이더
냐?
17 내가 제1계명에 명시한 '나 외에 다른
신을 두지 말라.'는 그와 같은 계명을
외우는 자들이 저희가 신이 되어 있으
며,
18 그와 같이 신이 되어 나의 피조물 만
백성에게 저희를 섬기라 하며, 저희를
우상으로 받들라 말하며,
19 또한 그것이 우상을 받드는 것인지 우
상을 따라가는 것인지도 모르며 나의
종이요, 나에게서 선택된 백성이기에
너희가 잘하며 최선을 다할 때 축복을
받는다 생각하고 있음이니라.
20 모든 종교 지도자들이 나로부터 선택
된 자요, 나로부터 명을 받은 자라면
그리해도 그를 내가 이해할 수 있으며
그는 당연히 할 수 있는 일이라 그리
생각할 수도 있을 것이니라.

21 그러나 그것 또한 아니니라.
22 나의 아들이라 하여도 특별한 대우요, 특별한 사람으로서 받들고 그리한다는 것은 신을 모시는 것과 똑같으며 다른 신을 두는 것과 마찬가지니라.
23 내가 선택한 나의 백성이요, 내가 선택한 종이요, 목자라 해도 지금의 종교 지도자처럼 그리 대우를 받으며 그와 같이 제왕적인 행동은 하지 않도록 하며 감히 그리할 수도 없으며 하지도 않을 것이니라.
24 그러나 지금 나의 피조물 만백성 너희의 지도자가 어찌 살아가는가?
25 너희야말로 완전히 우상이 되어 있으며 너희 신도들이 우상을 섬기도록 그리 가고 있음이니,
26 이를 깨우쳐 너희 눈을 뜨게 하고자 하는 것이 나 여호와의 뜻이니라.
27 지금 우상이 되어 있는 종교 지도자들 속에서는 배울 것이 없으며,
28 그와 같이 너희가 우상을 섬기면서도 우상을 섬기는 것인지도 모르고 살아가는 백성 너희 또한 구원의 길이 아닌 죽음의 길로 가고 있으니, 바로잡아 주고자 하는 것이 나 여호와의 뜻이니라.
29 나의 법전을 읽고 깨우치는 자만이 바로 볼 수 있다는 것을 내가 수천수만 번 나의 법전에 기록하여 너희에게 전함이니, 너희가 이를 깊이 깨우치고 너희 것으로 만들어 바로 서는 그와 같은 백성으로 다시 태어나야 함을 알아야 할 것이니라.
30 모든 종교 지도자요, 그 집단들이 저희가 사악한 짓을 하며 죄를 지으며 남에게 용서받지 못하는 짓을 하면서도 그들은 말하느니라.
31 저희가 나 여호와의 뜻인 성전을 짓기 위하여, 내가 존재하는 교회를 짓기 위하여, 나에게 경배를 드리기 위하여, 나에게 더 좋은 모습으로써 장식하고 싶어서, 나 여호와가 존재하기 때문에 최상의 물품으로써 모든 것을 다 준비해 놓고 갖추겠다 하여 그와 같이 나의 백성에게 고혈을 빨아들이니,
32 제 돈이요, 제가 노력해서 번 재물로 그리한다면 그들은 절대로 최상의 물품을 찾지 않을 것이며 최상의 비품을 찾지 아니할 것이라 내가 너에게 일찍이 기록하여 주었으니, 이것이 종교 지도자의 마음 자세임을 너희는 알아야 할 것이니라.

5,699 번째 하나님 말씀

2003년 3월 24일 23시 08분

1 사랑하는 나의 아들아!
2 "네, 아버님! 말씀하옵소서."
3 모름지기 나의 선택된 종교 지도자요, 만백성을 하늘로 인도하는 그와 같은 대명을 받은 종교 지도자라면, 너희는 인기 있는 지도자가 되어서는 아니 됨이니라.
4 너희가 가르치는 모든 신도요, 그 백성 앞에 인기를 위주로 하며 인기 있는 지도자로서 선다는 것은 잘못된 것임을 알아야 할 것이니라.
5 너희는 성도들에게 가장 무서운 지도자요, 가장 매서운 지도자요, 그리고

냉혹한 지도자로서 자리를 지키며 지켜 가야 함을 너희는 알아야 할 것이니라.

6 너희가 모든 백성에게 인기 위주로써 모든 성도에게 인기 있는 지도자로서 군림하며, 그들이 무엇을 요구하며 그들의 어디를 긁어 주어야 하는지 그 비위를 맞춤으로써 그 성도들에게 인기 위주요, 인기가 있는 종교 지도자는 진정한 깨우침의 길을 가는 것이 아니요,

7 인간 세속에 사는 것이요, 그것으로 너희에게 가르치는 자니, 그것은 진리가 아님을 너희는 알아야 할 것이니라.

8 진정한 종교 지도자는 신도들이 무엇을 원하며 그들의 어디를 긁어 주며 어떠한 말로써 그들을 칭송하며 칭찬함으로써 너희가 그들에게 인기 있는 지도자라는 그와 같은 계산을 두고 가는 자는 종교 지도자가 아니요, 장사꾼이라는 것을 알아야 할 것이니라.

9 그와 같은 자는 지도자가 아니라 장사꾼이니라.

10 그리하여 너희에게 냉혹하며 너희에게 진리를 위하여 한 톨의 용서도 없으며 바로 서도록 매질을 하며 가르치며 매서운 회초리를 흔드는 그와 같은 지도자가 진정 너희를 구원의 길로 인도하는 지도자라는 것을 너희는 알아야 할 것이니라.

11 진리에는 여유가 없음이니라.

12 그리고 진리에는 빈틈이 없음이니라.

13 그리고 진리에는 '설마'가 없으며 '그럴 것이라'는 것이 없음이니라.

14 그리하여 진리의 길을 가며 하늘에 오르는 백성을 가르치는 모든 종교 지도자는 장사꾼이 아니요, 매섭고 무서운 지도자로서 서야 그 백성의 생명을 구원하는 것이며,

15 그들이 영원히 사는 나의 나라에 올 수 있는 백성이라는 것을 너희는 알아야 할 것이니라.

16 그리고 종교 지도자는 자신이 구원을 받으려고, 바로 서려고 그와 같이 믿음의 길을 가는 자가 아니니라.

17 이제 나의 법전을 읽고 깨우친 백성이요, 나의 아들을 따르는 내가 사랑하는 나의 아들의 제자 너희는 알아야 할 것이니라.

18 나 여호와에게서 선택된 지도자요, 만 백성을 구하는 지도자는 어찌 살아가야 하는가를 알아야 할 것이니라.

19 너희 스스로 죄를 짓지 아니하며 세상의 죄악에 물들지 않는 것에 연연하는 그와 같은 삶을 사는 것이 지금 나에게서 선택된 나의 아들딸 너희가 가야 할 길이 아니라는 것을 알아야 할 것이니라.

20 너희는 이제 세상사에서 너 자신이 죄를 범하지 아니하며 죄를 짓지 아니하며 부끄럽지 않은 삶을 살 수 있도록 노력하며,

21 그리고 세상사의 사악한 그 무리 속에 물들지 아니하며 육의 향락에 젖어 들지 아니하며 거기서 물들지 않는 그와 같이 하고자 노력하는 백성이 되어서는 아니 될 것이니라.

22 너희는 이제 그 한계를 넘었으며 그것을 모두 초월한 나의 백성이니라.

23 그러니 너희는 지금 만백성을 깨우치
는 역사요, 너희가 모든 진리를 깨우
쳐 만백성을 구하며,
24 시장 속에 뛰어들며 대중 속에 뛰어들
어 나의 법전이요, 나의 진리를 가지
고 강론하며 만백성을 깨우치는 데 모
두를 다 바치며 너희가 최선을 다하
여 노력해야 할 것이니라.
25 지금쯤은 모두를 다 바쳐서 만백성을
구하는 데 모든 역점을 두며, 그 길을
위해서 살아가는 나의 선택된 백성이
되어 있어야 할 것이니라.
26 그러니 너희가 죄를 짓지 아니하며
세상의 사악함 속에서 무너지지 않는
그와 같은 훈련이 아니라, 이제는 만
백성을 구하는 그 훈련에 돌입해야 할
때가 되었다는 것을 잊지 말라.
27 너희 자신이 내부로는 변하고 또 변하
는 역사를 이루며, 그 큰 외부에서는
많은 백성을 구원하는 것에 모두를
다 바쳐 던지는 그와 같은 순교자의
마음으로써 살아가야 하는 것이 너희
의 도리며 가야 할 길이기에 힘들고
어려운 길이라는 것을 알아야 할 것이
니라.

5,700 번째 하나님 말씀

2003년 3월 24일 23시 17분

1 사랑하는 나의 아들아!
2 "네, 아버님! 말씀하옵소서."
3 울고불고 발버둥을 치며 물리적인 집
단의 힘이요, 구조적인 방대한 집단의
힘을 가진 그 역사 속에서 너희는 정
녕 구원받은 자라 그리 말하느니라.
4 그리고 너희처럼 그와 같이 많은 인력
이요, 모든 재물을 가지고 있으며, 모
든 구조적으로 그와 같이 누구도 능가
할 수 없는 큰 조직을 가지고 있는 종
교 지도자들 너희는 그와 같은 외형
적인 것을 보면서 진정한 믿음의 길이
요, 구원을 자신할 것이며 구원의 길
이라 생각할 것이니라.
5 그보다 더 방대한 조직이 없으며 더
위대한 조직이 없기에 너희는 구원을
받는 집단에 바로 섰다고 생각하며 지
금 믿음의 길을 가고 있을 것이니라.
6 그러나 너희는 들어야 할 것이니라.
7 어떠한 종파도 지금의 그 믿음으로써
는 너희가 구원을 받을 수 없다 함을
나 여호와가 확고히 내림이니, 이 무
서움과 두려움을 너희는 알아야 할
것이니라.
8 내가 지금의 종교 지도자요, 지금의
믿음의 형태요, 그와 같은 형국으로써
는 구원을 받지 못한다는 그 뜻이 무
엇인 줄 아는가?
9 너희는 내부적으로 다 썩어 있으며,
속이 다 썩어 있으며, 너희가 참진리
요, 진정한 길의 의미를 모르고 가기
때문이니라.
10 그리하여 그 의미도 모르고 썩어 있는
그와 같은 믿음으로써는 너희가 구원
을 받을 수 없음이니,
11 내부가 썩어 있는 것을 모두 개혁하고
혁신하는 그와 같은 방향을 잡지 아니
하며 그 역사를 이루지 않는다면, 너
희는 구원의 길로 갈 수도 없으며, 구
원의 길을 볼 수도 없으며,
12 지금의 종교 집단이요, 지도자의 가르

치는 그 방향으로써는 너희가 구원이
라는 것은 감히 생각지도 말라는 것을
나 여호와가 확고히 심어 줌을 알아야
할 것이니라.
13 구원의 길이요, 구원을 받았다고 아무
리 소리치고 외쳐 봐도 지금의 종교
집단이요, 그 믿음의 형태요, 지금의
가는 형국으로써는 너희가 구원을 받
을 수 없음이니라.
14 지도자 저희 자신이 진리의 길이 무
엇이며, 어떤 것이 진리의 길이며, 어
떤 방향으로 가는 것이며,
15 나 여호와의 뜻이 무엇이며 내가 역사
하고자 하는 그 방향이 무엇인지도 모
르는 자이기 때문에 너희가 구원을
받을 수 없음이니라.
16 내부가 잘못되어 있으며 내부가 썩어
있으며 내부가 제대로 서지 못한 그와
같은 집단이요, 종교 지도자가 그 원
천적인 방향이요, 흐름도 모르는 자는
구원할 수 없다는 것을 너희는 알아
야 할 것이니라.
17 지금 수영을 하지 못하는 사람이 깊은
물에 빠져서 허덕이면 그 백성에게 너
희는 무엇을 해야 하는가?
18 가서 건져 주든 줄을 던지든 해서 그
를 구원해야 하는 것이 너희가 그를
살리는 길이 아니던가?
19 너희는 그 대책이 안 되어 있으며 준
비가 안 되어 있는 것이 지금의 종교
집단, 지도자들이니라.
20 그리하여 깊은 물에 빠져 허덕이며 죽
어 가는 그 백성을 보고 그저 말로써
만 '나와라, 나와라!' 소리 지르는 것
이 너희들이니라.
21 그 내부는 하나도 다스려지지 아니하
였으며 준비가 되지 아니하였으며 기
초가 되지 아니하였으며,
22 참진리를 연구하는 그와 같은 모든 터
가 닦아지지 아니한 너희가 구원을
받으며 하늘에 오른다, 오를 수 있다
그리 소리 지르는 것은,
23 물에 빠진 백성에게 밧줄을 주며 가서
구원하는 것이 아니요, 말로만 '나와
라, 나와라!' 소리 지르고 있음이니,
24 그러니 아무리 나오라 한들 수영하지
못하는 그가 스스로 나올 수 없음이
니, 그는 결국 어찌 되는가?
25 그곳에서 죽어 가게 됨이니라.
26 지금의 모든 구조요, 여건이 갖춰지지
아니하였으며 참진리의 뜻이 무엇이
며 하늘에 오르는 것이 무엇인지를 모
르며 2천 년 동안 흘러오는 속에 썩을
대로 썩었으며 부패할 대로 부패해진
종교 집단이요, 지도자니,
27 거기에서 너희가 새로 태어나며 구원
을 받을 수 있는 영광은 없음이니라.
28 너희는 그와 같은 지금의 집단을 대수
술을 하며 대개혁하며 대변화를 이루
지 아니하면 아니 될 것이니라.
29 수영할 줄 모르며 깊은 물에 빠져 죽
는 자에게 밧줄을 던져 구원하는 그와
같은 변화의 역사 없이는 그를 구원할
수 없음이니라.
30 너희는 그를 구원할 수 있는 준비는
하지 아니하며, 그저 깊은 물 속에서
걸어 나오면 된다며 소리 지르며,
31 걸어 나올 수 없으면 기어 나오라, 물
속에서 기어서 나오라 하며 그저 바라
만 보고 소리를 지르는 그와 같은 형

국이니라.
32 그와 같은 형국에서 너희가 내부는 썩
어 있으며 기초도 되지 아니하였으며
하늘에 오르는 진리가 무엇인지도 모
르는 백성이 구원을 받았다, 구원에
선택되었다, 그리고 나의 아들 예수의
보혈로써 너희가 성전에 오는 그 순
간에 다 구원받았다 그리 말하며 지금
부르짖음이니,
33 물에 빠진 자에게 밧줄을 던져 구원하
는 것이 살리는 길임을 알라.
34 너희가 그와 같은 백성을 살리고자 한
다면, 너희가 대개혁이요, 대변화요,
너희 집단의 내부를 수술하며 깨우쳐
야 하느니라.
35 너희가 지금까지 가는 믿음이요, 지도
하는 방법이 잘못되었다는 것을 너희
스스로 시인하며 개혁하고 혁신하여,
36 나의 법전을 읽고 깨우쳐 이를 가지고
시시비비를 나누며 옳고 그름을 평가
하여 이제는 그 선택의 길이 남았음이
니라.
37 그리하여 그와 같은 선택의 길을 행하
지 아니하는 자는 심판대에 설 수 없
다는 나의 무서운 뜻을 깊이 새겨들어
야 할 것이니 그리 알라.

5,701 번째 하나님 말씀

2003년 3월 24일 23시 24분

1 사랑하는 나의 아들아!
2 "네, 아버님! 말씀하옵소서."
3 지금까지 말세의 시대요, 종말의 시대
요, 도둑이 들끓으며 인간이 인간을
불안해하며, 인간이 인간을 만나는 것
을 겁먹는 이와 같은 세상이 되어 있
는 이 사악한 시대를 어찌하여 만들었
는가?
4 그것은 단 한마디의 말 때문에 그리되
었느니라.
5 너희가 수없는 죄를 짓고 또 죄를 지
어도 저희가 손으로 지은 성전에 와
재물을 바치며 눈물로써 기도하고 회
개하면 용서를 받는다, 죄를 짓고 너
희가 사악한 행위를 하고도 용서를 빌
면 구원받는다는 그 한마디 말을 잘못
가르쳤기에 오늘과 같이 험악한 세상
이 되었음이니라.
6 그리하여 너희는 이 세상 인간 세속
에서 살아가는 그 사회에 악을 저질러
도, 남들에게 용서받지 못할 죄를 저
질러도 나 여호와에게 올 수 있으며
은혜와 영광이 너희에게 내려진다는
그 환상과 착각 속에서 헤매는 백성이
요, 신도들이 있는 한, 그리고 그리 가
르치는 가짜 종교 지도자들이 있는 한
너희는 나에게 구원을 받을 수 없으며
아름다운 세상은 이루어질 수 없음이
니라.
7 그리하여 그 착각 속에 사는 백성이
있기에 이 세상이 지금같이 험악해져
있음을 너희는 알아야 할 것이니라.
8 너희는 집단에 속해 있는 그 백성이
얼마나 무서운 착각을 하고 있는지 알
고 있는가?
9 아무리 너희가 빌고 빌어도 지은 죄는
용서 받을 수 없으며 너희가 선행을
베푸는 것으로써 그를 감면받을 수 있
다는 나의 참진리요, 내가 가르치는
그 뜻을 알아야 할 것이니라.

10 그러나 지금의 종교 집단 그곳에서 행
하는 짓은 어찌하는가?
11 너희가 아무리 사악한 죄를 지어도 용
서를 빌면 된다 그리 말함이니,
12 도둑질하여 너희가 재물을 바치며, 강
도질하여 재물을 바치며 살인해서라
도 너희가 재물만 많이 갖다 바치면
된다면, 또한 눈물로써 회개하면 구원
을 받는다 말함이니,
13 어떤 사악한 짓을 하더라도 재물을 갖
다 바치는 자에겐 장로라는 직함을 주
며, 집사라는 직함을 주며 권사라는
등등 너희가 만든 그 썩은 집단에서
만들어 내는 그와 같은 명칭이요, 직
함을 받는 것이 최대의 영광이라 생각
하며,
14 그리고 그와 같은 영광을 얻은 자는
그 직함을 받는 순간에 모든 지은 죄
는 나 여호와가 표백하여 하얀 눈처럼
한다 그리 생각하고 살아가는 것이
너희들이니,
15 그 썩은 자들의 썩은 생각으로써 그
이름을 팔아 재물을 챙기는 사악한 자
들이 내린 그 직함을 받는 순간 너희
는 죄만 더 가중된다는 것을 알아야
할 것이니라.
16 선택된 백성이라 생각하며 어떠한 형
태든 금전과 현물을 거두어 많이 바치
면 너희가 구원을 받는다고 그와 같
이 가르치는 종교 지도자 그들이 존재
하는 이 세상은 천국과 같은 세상이
될 수 없으며,
17 그를 믿고 따라가는 신도라는 자들이
늘어나고 또 늘어나는 한 이 세상이
아름다운 형태로 변할 수 없음이니,
18 그리하여 내가 그들을 깨우치며 그들
을 단죄하며 그들을 바로 세우고자
하며,
19 달려가던 발길을 멈춰 저희가 나의
법전을 읽고 깨우침을 얻도록 하고자
하는 것이 나 여호와의 뜻임을 너희는
알아야 할 것이니라.
20 지금 모든 종교 집단이 아무리 그 수
가 많다 하며 그 물질이요, 쌓아 놓은
재물이 많다 해도, 그리고 그 수를 헤
아릴 수 없이 완벽한 조직을 가지고
형성한다고 해도 그들은 다 나의 자식
이 아니며,
21 그 성전에는 한 사람도 있는 것이 아
니요, 텅 비어 있는 빈 깡통과 같다는
나의 그 무서운 뜻을 너희는 알아야
할 것이니라.
22 아무리 많이 있어도 지금과 같은 형태
로 가는 그 백성이며 신도는 나에게
너희는 보이지 아니한다는 것을 잊지
말라.
23 그리고 텅 비어 있는 형국이라는 것을
너희는 알아야 할 것이니라.
24 그와 같이 지금의 가는 자는 나의 자
식이 아니요, 사탄의 종자임을 너희는
알아야 할 것이니라.
25 내가 너희에게 조그마한 양심이라도
찾아 주고자 함이요, 조그마한 양심이
라도 너희가 간직할 때, 너희가 대변
화의 역사를 이룰 수 있기에,
26 내가 최초에 준 초심인 작은 양심의
싹을 너희 가슴에 틔울 수 있게 거기
다 심는 것이 나 여호와의 뜻이며,
27 그리하여 너희가 그 양심을 찾아볼
수 있도록 그를 깨우치고자 내가 밤

과 낮을 가리지 아니하고 나의 아들에
게 나의 성령을 태워 내려보내 160권
의 법전을 만들어 너희 손에 전해 주
고자 하는 것이 나의 뜻이니라.
28 가장 작은 양심의 빛을, 반딧불만도
못한 너희 양심의 빛을 찾아 주고 그
를 심어 주어, 거기서 활활 타오르는
너희의 대변화요, 기적의 역사를 이루
도록 하고자 하는 것이 나 여호와의
뜻임을 알라.

5,702 번째 하나님 말씀

2003년 3월 25일 06시 20분

1 사랑하는 나의 아들아!
2 "네, 아버님! 말씀하옵소서."
3 내가 너를 따르는 제자와 만백성이요,
또 나의 법전을 읽고 깨우친 백성, 너
희는 기도하기를 '저의 죄를 용서하여
주옵소서.' 그리 기도하고 경배하라
하였음이니라.
4 너희는 그 뜻을 아는가?
5 너희가 지은 죄를 먼저 회개하며 그
죄를 하나하나 꺼내 그 죄목을 놓고
점수를 매기고 심판을 했을 때,
6 너희가 과연 어떠한 자세로 가야 하
는지 너희는 거기서 뼈저리게 느낄
것이며 너 자신이 바로 설 수 있는 그
와 같은 깨달음을 얻게 됨이니라.
7 그러니 '저의 죄를 용서하여 주옵소
서.' 그와 같이 기도하라는 것은,
8 너희가 지금까지 살아오면서 알게 모
르게 지은 그 죄목을 하나하나 꺼내
나에게 용서를 빌다 보면, 너희가 인
간의 자체요, 인간의 값어치요, 너희
가 존재하는 이유요, 그리고 너희가
어떠한 사람이라는 것을 스스로 재판
하여 알 수 있음이니,
9 너희가 그와 같이 죄의 용서를 빌며
그걸 회개하는 삶을 살려고 노력할
때, 너희가 지난 죄의 두려움을 알아
앞으로 죄를 짓지 않는 그와 같은 깨
달음을 얻게 되는 것이니라.
10 모세가 40년이라는 것을 기다려 그가
살인하였음이니, 그가 왕자로서 살인
하고 싶어 살인했겠는가?
11 그리하여 그는 광야에서 40년 세월
동안 살았으나 목동으로서 어렵게 살
아간 것이 아니요,
12 모세는 사람을 죽인 것을 얼마나 후회
하며 얼마나 통곡하며 그에 대한 회개
와 반성의 눈물을 흘렸겠는가?
13 바로 그와 같으니라.
14 너희가 지금까지 살아온 잘못된 것을
회개하고 용서를 비는 속에서 너희가
다져지며, 너희가 각오가 바로 서며
너희가 가야 할 길이 무엇인가를 알게
됨이니라.
15 그리하여 모세는 광야에 40년 동안
그 살인한 죄를 생활 속에서 회개하며
반성하며 뉘우치며 깨달았으며, 경솔
함을 깨달았으며, 포악함을 깨달았으
며,
16 그와 같이 사람을 죽게까지 한 그와
같은 성격의 저 자신을 얼마나 낮추며
회개하고 눈물로써 반성했겠는가?
17 그와 같은 훈련 속에서 그를 내가 썼
음이니, 그리하여 모두 80년이라는
세월이 흐르지 않았던가?
18 너희가 나의 법전을 접하며 나의 성령

을 직접 들으며 깨닫고 변한 것이 무
엇인가?
19 그리하여 너희는 날마다 십계명을 암
송하며 기도할 때마다 '저의 죄를 용
서하여 주옵소서.' 그리하였음이니,
20 몇 년 동안에 모세가 회개하고 또 회
개한 것만큼, 40년 동안 눈물의 회개
를 한 만큼 이른 시일 안에 너희가 변
화를 가져오며 깨달음을 가지며 너희
의 마음자리를 잡고자 하는 것이 나
여호와의 뜻이니라.
21 그러니 너희가 지금까지 살아왔던 모
든 삶의 죄를 하나하나 꺼내 나에게
빌며,
22 너희가 그를 보고 너희가 과연 용서
받을 수 있는 것인가, 용서받지 못할
것인가?
23 그리하여 너희 죄가 무거우면 무거울
수록 너희가 나의 법전을 들고 뛰는
길을 역사하여야 할 것이며, 나의 법
전이 세상에 나오는 데에 역사할 것이
며,
24 만백성을 깨우치는 데에 너희가 그만
큼 그 몇 배, 열배 백배 노력하며,
25 너희가 그 죄를 사하는 길은 그 길밖
에 없다는 것을 알며 너희가 스스로
지치지 않는 그와 같은 삶을 살도록
그리하라.
26 너희 죄를 들여다보고 거울삼으라.
27 '저의 죄를 용서하여 주옵소서.' 나에
게 기도하는 것은 너희의 죄를 거울
로 들여다보며 마음의 거울로 너 스스
로 들여다봐 그 점수를 매기며 너 스
스로 심판하여 네가 갈 길을 찾도록
그리하고자 함이라는 뜻을 너의 제자
들에게 전하도록 그리하라.

5,703 번째 하나님 말씀

2003년 3월 25일 06시 27분

1 사랑하는 나의 아들아!
2 "네, 아버님! 말씀하옵소서."
3 2천 년 동안에 신약 시대의 세월이 흐
르는 속에서 종교 집단이요, 종교 지
도자 그들이 진정한 나의 진리요, 참
뜻을 옳게 가르쳤으며 성경의 뜻을 알
아 그대로 만백성에게 가르쳤다면,
4 오늘의 너희는 한 차원 높은 인간의
삶을 사는 그와 같이 높은 차원에서
살아가는 백성이 되었을 것이니라.
5 그리하여 죄를 모르며 악한 것을 모르
고 살아가도록 높여 놓았어야 할 것이
나,
6 지금 그와 같이 높여지지 아니하여 말
세요, 도둑이 들끓으며 인간이 인간을
보는 것을 두려워하며, 너희가 인간을
상대하면서 경계심을 풀지 못하며 그
가 도둑은 아닌가, 너희를 무너트리려
하는 것은 아닌가, 그와 같은 의혹을
가지고 사람을 접함이니,
7 너희가 서로 더불어 사는 자를 의심하
고 의혹하는 이와 같은 세상이 된 것
은 오늘의 종교 집단이요, 지도자들이
그 방대한 조직이요, 그 많은 물자요,
그 많은 신도를 데리고 그와 같이 서
지 못한 것은 그들이 잘못되었기 때문
이니라.
8 그러니 오늘의 종교 집단이요, 지도자
들이 악을 저지르며 선행을 하지 못하
면서 무엇이 악이며 선행인지 그것을

구분하지 못하며,
9 나 여호와가 구원하는 길이요, 하늘에
오르는 길이 어떠한 것인지 그것도 모
름이니라.
10 저 자신이 구원을 받는 길을 가고 있
는지, 저 자신은 구원을 과연 받은 것
인지, 제가 가르치는 진리는 진정 나
여호와의 뜻인지 그것도 알지 못하며
뜻도 모르는 그들이 지금 가르치고 있
음이니라.
11 지금의 종교 집단이요, 지도자들이 성
서를 가지고 공부하며 만백성을 깨우
친다는 것은, 선과 악 그 자체도 구분
하지 못하며 내가 바라는 것이 무엇이
며 내가 원하지 않는 것이 무엇인지를
알지 못하며,
12 내가 원하지 않는 것만을 선택해서
행하고 있다고 내가 말한다면 그들은
고개를 흔들어 아니라 말할 것이나,
13 하나하나 조목조목 나의 법전에 그
종교 집단이요, 지도자들이 잘못 가는
것을 기록하여 전했음이니,
14 그를 끄집어내어 읽어 보고 또 읽어
보면 오늘 내가 말한 뜻을 알게 될 것
이니라.
15 저희는 정녕 만백성을 위해 진정한 복
음을 전하는 것이 바른길로써 전도하
는 것인지, 저희가 어느 자리에 서서
어떤 뜻을 행하는지 그것도 분별 못
하는 것이 지금의 모든 종교 집단이
흘러가는 그 형국이니라.
16 물이 흐르는 곳에 작은 종이배가 흘러
가듯이 그저 편승하여 악습에 젖어서,
구습에 젖어서 그저 봉건적인 마음의
자세에서 폐쇄적인 담을 치며 살아가
는 것이 그들이니라.
17 시장 속에 뛰어들어 가 만백성과 더불
어 살면서 그 속에서 그들을 깨우치고
인도하여야 할 자들이,
18 사행심을 버리지 못하며, 제 앞에 쌓
아 놓고자 하는 욕심이 그득하며 그저
재물을 거둬들이는 데만 인간으로서
계산하고 생각하는 그와 같은 형국이
되어 있음이니,
19 그리하여 오늘의 너희 지도자들이 그
와 같이 잘못된 것이며, 구원의 길에
오를 수 있는 자도 아니며, 안내할 수
있는 자도 아니며, 저 자신이 분별을
못 하는 그와 같은 형국이라 내가 말
함을 너희는 알게 될 것이니라.
20 그리하여 너희는 노력으로써 지금의
형태에서 구원을 받을 수 없으며,
21 아무리 너희 자신이 변하고자 하여도
지금의 이 형국에서는 변할 길이 없으
며 변할만한 능력도 없는 것이 너희
들이니라.
22 너무 무너져 있으며 너무 멀리 가 있
으며 너무나 부패해 있기에 너희 스스
로 바로 서며 바로 역사할 능력이 없
으니,
23 그리하여 내가 나의 아들을 통하여
160권의 법전을 세상에 내려보내는
것이니라.
24 나에게 선택된 백성 너희는 나의 법
전을 세상에 전하는 것을 어찌하여야
할 것인지 스스로 알아야 할 것이며,
25 너희 자신이 네 앞에 무엇을 쌓아 놓
고, 네 앞에 무엇인가를 챙겨 놓고, 네
앞에 무엇인가를 더 좋은 것을 먼저
갖고자 하며 상석에 앉아 대우를 받고

자 하는 그와 같은 지도자는 나에게서
선택된 백성이 아니며,
26 너희가 그와 같은 마음으로써 세상을
살아간다면 너희는 나의 법전을 세상
에 전하는 역사를 할 수 없음을 알아
야 할 것이니라.
27 그저 너희가 사채를 내서라도, 너희가
사재를 털어서라도 종교 지도자에게
배불리 갖다 바쳐야 한다며 거둬들이
고 받아들이는 그와 같은 행위를 나
의 선택된 백성이 한다면, 이 세상은
암흑에서 암흑으로 전락함을 너희는
알아야 할 것이니라.
28 내가 마지막에 너희를 선택하여 그와
같은 자들을 단죄하고자 하며 그와 같
은 마음을 가진 자, 그와 같은 행위를
하는 자는 종교 지도자가 아니라는 것
을 만백성이요, 그들을 따르는 신도들
에게 깨우쳐,
29 그들이 바로 보며 하늘에 오르는 길을
역사할 수 있도록 내가 이루고자 하는
것이 나의 뜻이니,
30 너희 지도자마저도 그와 같은 행위를
한다면 무엇을 보고 그들이 변할 수
있고 무엇을 보고 깨우치는가?
31 불을 붙인 곳에 너희가 기름을 붓는
역할을 함이니,
32 너희는 지금 타들어 가는 거기에 물
을 부어 진화하고 꺼야 하는 것이니
라.
33 너희는 소방수 역할을 하여야 할 것
이니라.
34 너희는 기름을 붓는 자가 되어서는 아
니 된다는 것을 잊지 말라, 사랑하는
나의 아들딸들아!

5,704 번째 하나님 말씀

2003년 3월 25일 06시 38분

1 사랑하는 나의 아들아!
2 "네, 아버님! 말씀하옵소서."
3 인간 세상에서 한 사람이 살아가되 그
가 가장 행복한 것이요, 그의 가장 큰
축복은 무엇인 줄 알겠는가?
4 훌륭하고 좋은 선생님을 모시며 그 밑
에서 학문을 배우고 길을 닦아 가는
자가 바로 가장 행복한 사람이요, 가
장 축복받은 사람임을 너희는 알아야
할 것이니라.
5 그러니 너희가 구원의 길을 가는 것이
요, 너희가 나에게 오르는 것이요, 영
원히 사는 천국에 너희가 오고 못 오
는 것은 진정한 좋은 종교 지도자요,
훌륭한 종교 지도자를 만나는 것이 너
희가 가장 축복의 길이니라.
6 하늘의 진리를 알며 하늘의 뜻을 알며
내가 이루고자 하며 역사하는 것을 아
는 그와 같은 종교 지도자를 만나는
것, 그와 같은 자를 따르는 것, 그게
너희에게 가장 위대한 축복이요, 가장
큰 영광이라는 것을 너희는 알아야
할 것이니라.
7 그러나 이 세상에 지금까지 모든 종교
집단이요, 지도자 속에는 그 훌륭한
선생이 없으며 하늘의 뜻을 아는 종교
지도자가 없으며 너희를 가르칠 만한
자격을 가진 자가 없다 내가 그리 말
하였음이니라.
8 세상의 세파 속에 휘둘리며 세파 속에
서 부는 바람에 그저 흔들리는, 그와
같은 뿌리가 없는 그 종교 지도자에게

너희가 배울 것이 없으며, 그들은 너
희를 인도할 수 없다 하였음이니라.
9 그리하여 이제는 인간으로서 선생이
요, 종교 지도자를 너희가 그리 받들
고 배우고 깨우치는 것이 아니라,
10 내가 나의 성령이요, 나 여호와의 뜻
이요, 하늘의 뜻을 직접 책으로 만들
어 세상에 전하는 것이니,
11 내가 너희에게 좋은 종교 지도자요,
좋은 선생으로서 나의 법전을 만들어
너희에게 보냄이니,
12 책 한 권이 종교 지도자라 내가 말한
의미를 알겠는가?
13 나의 책 한 권이 세상에 나가 전해질
때 그것은 종교 지도자요, 목회자 한
사람을 세상에 내보내는 것이라 하였
음이니,
14 나의 법전보다 더 좋은 종교 지도자
요, 훌륭한 선생이 없음을 너희는 알
아야 할 것이니라.
15 이제 너희는 알아야 할 것이니라.
16 아무리 좋은 선생이요, 훌륭한 선생을
모시고 배우고 실천한다 해도, 그가
그대로 따르며 그리 행하지 아니하며
항상 마음속에 사악한 생각을 하고 있
다면, 그는 좋은 선생에게 배운 그 훌
륭한 가르침이 독사의 독이 되어 세상
을 망하게 할 것이며,
17 그대로 아름답게 받아들인 자는 그 만
백성을 위하여 그가 길이 쓰일 것이며
그리 빛이 될 것이니라.
18 그러니 내가 나의 아들을 통하여 지금
밤과 낮의 그 시간을 가리지 않고 고
통 속에 그를 내가 휘몰아 160권의 법
전이라는 너희의 선생이요, 종교 지도
자를 세상에 만들어 냄이니,
19 너희는 그를 읽고 배웠으며 깨달았으
면 그 배운 대로 행하며 그대로 실천
하는 것이 가장 중요하다는 것은 잊어
서는 아니 될 것이니라.
20 너희가 그대로 행하고 실천하지 아니
하면 아니 되느니라.
21 좋은 선생이 가르쳐 주는 것, 훌륭한
선생님이 가르쳐 주는 것을 그대로 듣
고 소화하여 너희 것으로 만들어야 한
다는 것을 잊지 말라.
22 이제 나의 새로운 성경이요, 나의 법
전이 가장 훌륭한 종교 지도자요, 목
자요, 선생으로 세상에 내려가 너희에
게 전해짐이니,
23 이를 보고 듣는 학생, 그리고 이를 보
고 깨닫는 학생, 너희는 바로 행하며
실천하는 그와 같은 굳은 결의의 마음
을 가져야 함을 알아야 할 것이니라.
24 이제 나의 법전을 읽고 깨우치는 백성
이요, 그리하여 나의 법전대로 살고자
노력하는 백성, 너희는 무거운 짐이
요, 살아가는 고통이요, 시달림이요,
그 모든 고난과 고통의 어려운 짐을
다 짊어지고 와 나에게 기도하고 경배
하라.
25 그러면 너희가 다 얻어질 것이며 이루
어질 것이니라.
26 깨닫지 않은 백성이 나에게 와 기도하
며 어려운 짐을 지고 온다 해도 내가
그를 받아들일 수 없느니라.
27 너희가 성서에 기록되어 있는 그 구절
의 뜻을 이제 알겠는가?
28 성서의 그 구절이 무엇인지, 무엇을
의미하는지 알겠는가?

29 너희가 모든 어려운 짐이요, 고난을
지고 나 여호와에게 오라, 그리고 나
의 아들 예수가 오라 그리 부르짖었음
이니라.
30 그것은 바로 너희가 죄를 짓고 사악
한 마음을 가지고 예수요, 나에게 그
무거운 고통을 지고 와 덜기 위한 기
도를 하며 거기서 벗어나고자 하는 축
복의 기도요, 영광의 기도를 드리라는
것이 아니니라.
31 너희가 먼저 변하는 자, 좋은 선생이
가르치는 그 가르침을 제대로 받은
자, 진정한 참진리의 길이 무엇이며
하늘에 오르는 길이 무엇인지 너희가
나의 법전을 읽고 깨우칠 수 없거든,
32 십계명을 지키고 사는 그와 같은 삶으
로써 변하는 자, 그와 같이 변하는 자
는 나의 아들이요, 나의 딸이요, 나의
백성이기에 내 아들, 내 딸이 진 그 무
거운 짐을 내가 받아 주며 내가 대신
지고자 하니,
33 그리하여 너희가 어렵고 고난이 있는
자는 나에게 오라는 것은, 너희가 십
계명을 지키고 살고자 하는 그와 같은
마음의 변화를 이루었을 때, 그리 살
아가는 자가 나에게 지고 오라 함이니
라.
34 사악하고 더러운 짓을 하며, 깨닫지
못하며, 저 자신을 위하여 기도하며,
저 자신 앞에 무엇을 쌓아 놓고자 하
며 욕심을 버리지 못한 자의 무거운
짐이요, 고난을 내가 짊어지고 덜어
준다는 것이 아니라는 것을 너희는
여기서 엄연히 알아야 할 것이며 엄
격히 구분하여 그 뜻을 알라.
35 너희가 변하고자 몸부림치는 삶을 살
아가는 자, 그는 용기 있는 자며 그는
나의 아들딸로서 변할 수 있기 때문에
너희가 지고 가는 그 짐을 덜어 주고
자 하며 너희의 어려운 것을 덜어 주
고자 하는 것이 나 여호와의 뜻이니라.
36 변하는 자가 무거운 짐이요, 고난의
굴레요, 모든 멍에를 짊어지고 나에게
와 기도하며, 나에게 그를 거둬 달라
애원하는 기도를 드려 보라.
37 말하지 아니하여도 내가 알아서 다 들
어줄 것이니, 먼저 변하는 삶을 살도
록 하라, 사랑하는 나의 아들딸들아!
38 너희가 변하지 않으면 아무리 너희가
말해도 아무리 소원해도 이루어지지
아니하느니라.
39 성경에 두드리면 열릴 것이요, 구하라
그리하면 줄 것이요, 그와 같은 모든
구절의 뜻도 너희는 알겠는가?
40 변하는 삶을 사는 자, 변하는 모습으
로 살아가는 자, 그와 같은 자가 고통
과 시련으로 어려워할 때 나 여호와가
그를 구원하며 줌이니, 내가 너희에게
내려 주는 역사가 이루어진다는 것을
알라.
41 먼저 변하는 삶을 살라.
42 천사와 같은 마음으로 변하는 삶을 살
라.
43 나의 십계명을 지키는 그와 같은 삶을
살라.
44 십계명을 지키는 그 고통을 즐거움이
요, 행복으로 살며 너희가 축복이라
생각하고 살라.
45 그리고 내가 내리는 새로운 성경이요,
나의 법전을 접했을 때, 그대로 살고

자 노력하며 너희가 이를 영광이요,
축복이라 생각하고 살라.
46 인간이기 때문에 이대로 살 수 없다
하여 찢어 버리고 덮어 버리고 땅에
파묻어 버리는 그와 같은 행위를 했을
때, 너희가 나에게 아무리 무거운 짐
을 지고 와 덜어 달라 하며 너희의 고
통을 벗어 달라 마음속으로 울고불고
기도하든 말든 나는 그를 거둬들이지
아니하느니라.
47 오로지 나의 백성이 되라.
48 그리했을 때 너희가 변하고자 하며
아름답게 살고자 노력하는 그것 하나
로써 너희의 고통의 굴레요, 고통의
멍에요, 어렵고 힘든 것을 말하지 아
니하여도 나 여호와가 다 거둬들임이
니,
49 내가 거둬들일 수 있는 자가 되었을
때 짊어지고 와야 내가 그 멍에를 벗
겨 줌이니라.
50 그 멍에를 벗을 수 있는 자격이 없는
자가 와서 아무리 나에게 눈물 흘리고
콧물 흘리며 울고불고 하늘을 향하여
통곡하고 매달려도 나는 너희의 그 무
거운 짐을 거둬주지 아니한다는 것을
알라.
51 깨우침이 먼저임을 알라, 사랑하는 나
의 아들딸들아!

5,705 번째 하나님 말씀

2003년 3월 25일 06시 46분

1 사랑하는 나의 아들아!
2 "네, 아버님! 말씀하옵소서."
3 도저히 식물이 뿌리를 내리고 살 수
없는 그 바위 틈새에 하나의 나무가
뿌리를 내리고 굳건히 서 있음이니,
4 그 나무가 바위 틈새에서 뿌리를 내려
비바람에 견디고 살아가며 견디려고
얼마나 그 뿌리를 깊이 내려야 하며,
5 그 뿌리에 대하여 노력을 하는 그 대
가로 지탱하는 것이 아니던가?
6 바위 틈새에 뿌리를 어찌 내렸기에 비
바람에 견디며 한 그루의 나무가 바위
에 당당히 서 있을 수 있단 말이던가?
7 뿌리를 내리는 그 고통이요, 노고를
너희는 과연 알고 있는가?
8 너희는 알아야 할 것이니라.
9 비바람이 몰아치는 험난한 곳에 서 있
는 나무는 그 비바람에 넘어지지 아니
하며 뽑혀 날려 가지 아니하려고 뿌
리를 얼마나 깊이 내리고 얼마나 단단
하게 그 뿌리를 박고 존재하여 서 있
는 것일까, 너희는 그와 같은 이치를
한번 생각해 봐야 하지 않겠는가?
10 비바람이 심하게 몰아쳐 도저히 서 있
을 수 없는 그와 같은 곳에 당당히 서
있는 나무의 뿌리를 너희가 한번 들
여다보고 뽑아 보라.
11 얼마나 그 뿌리가 절묘하게 깊이 박혀
있으며 단단하게 박혀 있는가?
12 그 나무가 뿌리를 내리려고 무한한 노
력을 했을 것이며, 자연 속의 아름다
운 환경 속에 있는 나무보다도 더 힘
들고 어렵게 견뎠을 것이니라.
13 그리하여 그는 비바람에 견딜 수 있는
것이니라.
14 뿌리를 단단히 내리지 못한 그 나무는
비바람에 뽑힐 것이며 부러져 나가게
될 것이라는 것을 너희는 알아야 할

것이니라.
15 그러니 그 뿌리를 깊게 박을 수밖에
없는 그 나무, 뿌리를 깊게 내릴 수밖
에 없는 그 나무의 마음이요, 그 고통
을 알겠는가?
16 나의 사랑하는 백성 너희를 왜 내가
오늘의 그 시련의 고통을 가게 하는가?
17 너희를 훈련하고자 함이니라.
18 너희는 만백성을 구하는 나에게서 선
택된 백성이요, 너희보다 더 위대한
백성이 세상에 없기 때문이니라.
19 지금 썩을 대로 썩었으며, 혼탁할 대
로 혼탁해졌으며, 사탄이요, 사악한
자들이 들끓으며, 인간이 도둑으로 수
시로 변할 수 있으며,
20 물질 앞에 살인자로 변할 수 있으며
강도로서 탈바꿈할 수 있는 그와 같
은 마음자리의 나의 백성을 바로 세
우며,
21 그 속에서 너희가 그들에게 물들지
아니하며 딛고 일어날 수 있는 것은,
22 바위틈에, 또는 그 비바람이 부는 곳
에 뿌리를 내리는 나무처럼 시련과 고
통과 또 고통과 시련을 거듭하여 너희
가 단단한 뿌리를 내리지 아니하면 나
의 만백성을 구원할 수 없기 때문이니
라.
23 너희가 오늘의 내가 하는 그 훈련이
요, 내가 내리는 이 고통스러운 삶의
역경을 이기고 가지 못한다면, 너희는
바로 무기력한 백성으로서 아무도 구
원할 수 없게 될 것이니,
24 내가 무기력한 백성으로서 이 세상의
험악하고 험한 나의 백성을 어찌 다스
리며 그들을 깨우친단 말이던가?
25 힘이 없는 자가 저희보다 열배 백배
더 강한 그 백성을 어찌 인도하며 이
길 수 있단 말이던가?
26 너희는 고통스러운 훈련과 시련 속에
서 단단히 굳어져야 하며 무기력한
자세로써는 백성을 구할 수 없기에,
27 내가 인간이 넘을 수 없는 훈련이요,
넘을 수 없고 힘들며 인내하기 어려운
그 훈련을 너희에게 반복 또 반복하여,
28 그 비바람이 세차게 불어치는 그곳에
뿌리를 내리고 견디는 나무처럼 바위
틈에 뿌리를 내리고 견디는 그 당당한
나무의 모습으로 너희를 만들고자 하
는 것이 나의 뜻이니라.
29 무기력한 백성은 내가 쓸 수 없으며
무기력한 백성은 나의 일을 할 수 없
음이니라.
30 그리하여 너희를 내가 오늘의 그 고
통과 시련으로써 훈련에 훈련을 거듭
하는 것은,
31 너희 육을 단련하며 육의 단단한 그
인내심과 영적인 단련을 같이 수반하
여 너희를 바로 세우지 아니하면, 나
의 백성으로서 만백성 속에 뛰어들어
가 너희가 무너지는 형국이 될 것이
며,
32 그들을 구원하는 전사가 될 수 없음이
니라.
33 너희는 한 명이 수억의 인구를 상대
해야 하기에, 육이 단련되며 영적으로
단련되고 훈련된 병사만이 그 속에서
살아남을 수 있으며,
34 어떠한 극한 상황에서도 견딜 수 있는
나의 백성으로 육성하며 내가 지도하
고 깨우쳐 쓰고자 함이니 그리 알라.

35 무기력증에 걸린 쓸모없는 백성은 얼
마든지 있으나 그 백성은 역사할 수
없음을 너희는 알아야 할 것이니라.
36 너희는 이겨야 하느니라.
37 이 고통과 시련 속에서 견디고 이겨야
하며, 그리하여 여기서 이기는 자만이
광야에 들어가 견딜 수 있는 그와 같
은 능력이 있음이니라.
38 모세가 40년이라는 기나긴 세월의 시
련과 훈련이 왜 필요했겠는가?
39 그를 그리 단단히 훈련하며 육과 정
신을 훈련하여 단단하게 세웠을 때,
그는 제 생명을 앗아 갈 수 있는 상대
방 왕 앞에 가 '내 백성을 내놓아라!
너는 여호와의 뜻을 거역하면 고통과
시련을 당할 것이며, 너는 나를 이기
지 못할 것이라' 그리 당당히 말할 수
있었음이니,
40 그리할 수 있는 것은 그가 40년이라
는 피나는 훈련과 거듭되는 새로 태
어나는 그 삶의 역사 속에서 그 용기
가 있었음이니라.
41 오늘날 너희는 그보다 더 강한 용기
요, 그보다 더한 능력을 갖춰야 할 것
이니라.
42 이 세상의 수십억 모든 백성을 위하
여 그들과 적으로서 적대시하는 그들
속에 너희가 뛰어들어 그들을 변화시
키며 그들을 융화해야 하는 것이 너
희의 그 책임이니,
43 40년 동안 훈련과 훈련을 거듭한 모
세의 그 훈련보다도 더 혹독하고 무서
운 오늘의 훈련을 이기고 견디는 역사
를 해야만 너희가 무기력증에서 벗어
나 당당한 나의 전사로서 만백성을 이
끌어 나오는 그와 같은 역사를 할 수
있기 때문에, 오늘의 너희에게 시련과
고통을 내가 내림을 알라.
44 이 훈련을 견디고 이기는 자, 이 훈련
에서 승자가 되는 자, 그와 같은 백성
이 되어야 함을 알아야 할 것이니라.
45 이 훈련을 이기는 자가 되어야 만백성
을 이끄는 지도자로서 설 수 있음이니,
46 나 여호와는 그와 같은 백성이 필요하
기에 오늘의 너희에게 필요한 훈련을
한다는 것을 잊지 말라, 사랑하는 나
의 아들딸들아!

5,706 번째 하나님 말씀

2003년 3월 25일 06시 54분

1 사랑하는 나의 아들아!
2 "네, 아버님! 말씀하옵소서."
3 나의 피조물 만백성이요, 또한 너를
따르는 제자들이요, 나의 법전을 읽고
깨우치는 백성, 그들은 나의 법전을
접하며 너를 통하여 내리는 나의 강론
을 들었을 때,
4 그 자신은 흥분과 용기와, 그리고 하
늘을 향하여 두 무릎 꿇고 감사 기도
를 드리며, 오늘날까지 저희가 얻고
자, 깨닫고자 그 평생 몸부림쳤던 것
을 이제는 알게 되었으며 그 은혜에
감사드린다며 그들은 무릎 꿇고 기도
하며 눈물을 흘리며 기도를 할 것이니
라.
5 그러나 그 제자들이요, 그 백성은 또
나의 법전을 읽고 깨우치며 내가 내리
는 강론을 들으면서 그들은 기대와 흥
분으로써 변하게 됨이니라.

6 법전을 바라보고 공부하는 그 순간에
저희는 무엇인가 이루어질 것이며 역
사할 것이라는 그와 같은 기대 심리로
변하게 되며, 그 기대에 대한 흥분 속
에서 살아가는 삶을 살게 되는 것이
너희 인간의 마음이 아니던가?
7 처음에 나의 법전을 접하는 것으로써
너희의 어둡고 캄캄했던 눈앞의 그 길
을 비춰 주는 것에 대해 감사함이요,
그 은혜를 잊지 아니하고 살아가면 되
거늘,
8 너희는 그를 잊어버리고 기대와 기대
속에서 얻어지는 그와 같은 꿈을 생각
하며 인간 세상에서 짓는 기와집을
수없이 짓는 것이니,
9 그 기대야말로 너희를 흥분하고 자극
할 만한 기대 속에서 너희가 나의 법
전을 접하며 나의 아들의 강론을 듣
기 시작하는 그와 같은 마음으로 이루
어짐이니라.
10 그리하여 기대로써 기다리기 시작하
며 이루어질 것이라는 소망을 하게
되니,
11 거기서 이루어지기를 소망하며 빌고
바라는 너희 마음은 온갖 가지를 다
형성할 것이니라.
12 병 고치는 역사요, 재물의 역사요, 다
른 백성보다 편안한 삶을 살 수 있는
그와 같은 모든 소망을 기다리며 또
기다리는 속에서 살아가는 삶으로 그
와 같이 변하게 됨이니라.
13 그러나 너희가 기다리고 기다렸던 그
소망은 이루어지지 아니하며 그 뜻은
너희에게 이루어지지 아니함이니, 더
욱이 너희에게 남는 것은 고통과 시련
의 연속이며 인내하기 어렵고 힘든 그
길을 지키고 살라 그리 말함이니,
14 너희가 기대요, 흥분되어 있던 그 모
든 소망이 이루어지는 것이 아니요,
그것보다 더 반대급부의 고통과 시련
이 연속됨으로 인하여 그때부터 너희
자신이 스스로 좌절하게 되며,
15 과연 이 법전이 나 여호와의 뜻이며
이를 보고 가는 것이 진정한 하늘에
오르는 길인가 하며,
16 지금까지 너희가 믿음을 갔던 그 종
파 속에 다시 돌아가, 그곳에서 새 출
발을 하며 그들에게 고개 숙여 사죄하
는 마음으로써 그 목사요, 종교 지도
자요, 교회라는 곳에 너희 인생을 바
치고자 하는 그와 같은 좌절의 생각을
하며,
17 너희가 갈림길에서 마음이 흔들리기
시작함이니라.
18 그리하여 너희는 서서히 그때부터 어
찌 변하는가?
19 불평불만으로 변하기 시작함이니라.
20 나의 아들이 가르치는 강론이 너희 귀
에 들리지 아니하며, 법전의 내용이
너희에게 들리지 아니하니,
21 너희는 불평과 불만으로써 지금 시작
하게 되며, 그리하여 불평과 불만이
고조된 백성은 그 형제까지도 동요하
게 하며, 그들까지 자극하여 그들을
데리고 떠나는 그와 같은 역사가 이루
어짐이니라.
22 너희가 불평하고 떠나는 그 역사가 이
루어지는 그 고비를 넘고 인내할 때,
그때야말로 내가 너희에게 작은 선물
이요, 작은 은혜를 내가 너희에게 내

려 줄 것이니라.
23 그러나 그 불평의 시점을 넘지 못하고
좌절의 시기를 넘지 못하고 너희가 떠
난다면, 너희는 바로 누구의 자식으로
서 변하는가 그를 알게 될 것이며,
24 죽어 와 심판을 받을 때 너희가 얼마
나 어리석었는지 알 것이니라.
25 너희가 좌절과 불평의 시기를 넘고 인
내하는 자, 너희가 알듯 모를 듯 내가
작고 경미한 은혜를 내릴 것이니라.
26 그리하여 그 은혜에 감사하며 그 은혜
를 내리는 것을 너희가 알고 버티고
인내하는 자, 그리고 끝까지 나의 법
전을 가슴에 안고 정독하며 너희 모두
를 바치고자 하는 그와 같은 마음을
가지고 가는 그 백성이야말로 그때부
터 하늘에 오르는 길을 알며 반석 위
에 일어서게 됨이니,
27 반석 위에 일어서 하늘을 보고 기도하
는 백성, 하늘에 오르는 찬란한 빛을
보는 백성, 그 백성에게 내가 손을 내
밀 것이며, 내가 그를 끌어들일 것이
며, 그를 내가 손을 내밀어 내 가슴에
안게 됨을 그리 알라.
28 그것이 구원의 길이요, 영광의 길이
요, 그리도 갈망하던 천국의 문에 들
어설 수 있는 그 길이 시작되는 것임
을 알라.
29 나는 너희 마음을 잘 알고 있음이니
라.
30 모든 백성은 나의 법전을 접할 때마
다 용기를 가지며 하늘에 감사하며 눈
물의 기도를 드리며 그 흥분을 감추지
못함이니라.
31 그와 같은 마음이 세월이 지나면서 기
대하고 얻고자 하며, 그리고 소원을
이루고자 하는 그와 같은 형국으로 나
의 법전을 읽기 시작하며 나의 법전을
바라보며 나의 아들의 강론을 듣게 되
며, 너희가 그와 같은 마음으로 나의
성전을 찾음이니, 내가 뭐라 말하였느
냐?
32 믿음의 길을 가는 자가 아무리 책갈피
에 깨끗한 지전이요, 지폐를 가지고
와 나에게 바친다 해도,
33 너희가 문을 나서는 순간에 무엇을 요
구하는 것이 있으며 바라는 것이 있으
며 기대하는 것이 있다면, 그는 나의
백성이 아니요, 나와는 관계없으며 그
가 기도 드리는 것은 듣지도 아니한다
하지 않았던가?
34 그와 같은 것을 너희가 안다면, 기대
와 흥분이라는 것, 그리고 소망이 이
루어지기를 바라는 그와 같은 마음이
요, 그와 같은 생각을 하는 순간에 나
의 자식이 아니요, 나와 너희는 멀어
진 관계며 점점 멀어진다는 것을 알라.
35 그리하여 그와 같은 소망이 이루어지
지 않을 때 그 고통의 연속이요, 연속
되는 그것을 너희가 견디지 못하고
좌절하고 불평하고 떠나는 자가 되지
말라.
36 내가 너희에게 이와 같은 과정을 기록
하여 알려 주는 것은, 이와 같은 과정
의 변화가 너희에게 올 때,
37 너희가 스스로 인내하고 참고 견디고
용기를 잃지 말고 가라 함이니 그리
알라.
38 경미한 은혜를 입기 시작하는 것이 불
평불만을 벗어나며 좌절을 모르고 가

는 그 단계에서 이루어졌음이니, 거기
에서 조금만 더 버티고 인내하며 당당
하게 훈련에 견디는 그와 같은 삶을
살라.
39 그리하면 나 여호와가 손을 내밀 것이
며 너희는 구원의 반석 위에 서서 나
에게 오르는 영광이요, 축복을 얻게
되는 단계라는 것을 잊지 말라.
40 이 단계가 어느 단계에 지금 와 있는
지를 한번 알아보고 하나하나 너희가
점검하도록 그리하라, 사랑하는 나의
아들딸들아!

5,707 번째 하나님 말씀

2003년 3월 25일 09시 03분

1 사랑하는 나의 아들아!
2 "네, 아버님! 말씀하옵소서."
3 인간이 좁게 살아가는 세상에 너 자신
을 놓고 각자 스스로 생각해 보라.
4 너희가 평생 한 가지 목표로 그 길을
살아왔으며 또 노력을 했음이니라.
5 그러나 너희가 노력한 만큼 효과를
거두지 못하며, 너희의 생활을 압박하
며, 견디기 어려운 고통으로 가며,
6 네가 계획하고 세웠던 그 모든 것이
승자가 아니요, 패자의 길로 계속 내
려갈 때,
7 너희 자신의 고집만을 부리고 견디며
산다면 과연 너희는 거기에 승산이
있으며 승자가 될 수 있는가?
8 언젠가는 너희를 지탱할 만한 그 체
력도 없어짐이니라.
9 너희가 포기할 때는 포기해야 하며,
10 도저히 이룰 수 없는 것을 가지고 영
원히 붙잡고 몸부림친다면, 너희 스스
로 아집이요, 고집으로 너희가 목표했
던 이룰 수 없는 그 목표요, 그 목적
때문에 너희 자신이 망가지는 그와 같
은 삶을 살게 되는 것이 아니던가?
11 너희가 최선의 노력을 다했는데 그
결과가 없을 때는 방향을 바꾸며 생각
을 돌려 삶을 돌리는 것이 현명한 길
이 아니던가?
12 너희가 세계 기록을 보유하고자 평생
을 노력하였으나, 젊은 시절에 그것을
이루지 못했을 때는 너희가 나이가
먹고 쇠진할수록 그 먼 길을 달려 우
승의 영예를 차지할 수 없을 것이니라.
13 그러나 그 길을 네가 고집하며 언젠가
는 그것을 이루겠다며, 네가 나이 먹
어 쇠진해 가며 머리는 백발이 되어
가거늘,
14 젊어서도 이루지 못한, 먼 길을 달리
는 세계 기록의 보유자가 되고자 노
력하고 또 노력한다면,
15 네 인생은 지치고 쓰러져 아무것도 이
루어지는 것이 없으며, 결국 초라한
모습일 것이니,
16 화려했던 꽃이 떨어지는 그와 같은 형
국이 되지 않던가?
17 그와 마찬가지니라.
18 모든 너희 개인이 그런 것이며, 또한
집단 생활에서도 그러하느니라.
19 그것을 이룰 수 없다면 그를 바로잡아
야 하며 고쳐서 대수술을 하여 바로
서야 하는 것이 현명한 판단이요, 현
명한 길이라는 것을 너희는 알아야
할 것이니라.
20 지금 구원의 길이라 달려오는 종교 집

단이요, 너희가 가는 그 믿음이 바로
그리되어 있느니라.
21 2천 년 동안이라는 세월이 흐르며 쇠
진할 대로 쇠진하고 지칠 대로 지쳐
있는 너희가, 세계 마라톤의 그 명예
의 영광을 쓰겠다는 그와 같은 생각을
2천 년 동안 버리지 못하고,
22 지금 백발이 되었으며 주름진 얼굴이
너희가 보기도 초라한 모습이거늘,
23 지금도 달려서 우승하겠다며 뛰는 그
와 같은 형국보다도 더 너희가 몸부
림치는 자며, 너희 자신을 파악하지
못하는 자라는 것을 알아야 할 것이
니라.
24 그렇다면 너희가 여기서 깨우쳐야 할
것이니라.
25 정녕 쇠진하여 너희가 먼 길을 달려
그 우승의 명예를 차지할 수 없다면,
너희는 삶이요, 생활을 바꿔야 하지
않겠는가?
26 지금 너희가 가는 믿음이 그와 같이
잘못 가고 있으며 퇴색해 있으며 썩어
있으며, 도저히 재기불능인 그 형국에
서 너희가 구원을 받는다, 하늘에 오
른다 몸부림치고 소리를 쳐봐야 너희
는 메아리가 없다 하지 아니하였던가?
27 그렇다면 지금의 믿음으로써 구원을
받지 못한다면, 바른길을 봐야 할 것
이며,
28 새로운 것을 받아들이며 새로운 길의
역사를 보는 것이 너희가 구원의 길
을 갈 수 있는 것이라는 것을 어찌하
여 모르는가?
29 2천 년 동안 너희가 믿고 살아온 그
믿음이요, 지금까지 흘러왔던 모든 종
파의 집단이 너무 썩었고 부패하여,
30 이제는 종교라는 그 자존심이요, 그
기본도 찾아볼 수 없도록 망가지고 무
너진 것이 지금 너희 종교 집단이요,
믿음의 형국이라는 것을 어찌 모르는
가?
31 그리하여 바로 그를 수술해야 하며
바로잡아야 할 것이니,
32 그것을 지금부터 너희가 해왔던 구약
과 신약의 성경으로써 바로잡을 수 있
겠는가?
33 바로잡지 못하는 것이니라.
34 같은 방법으로는 썩어 있는 이 형국을
바로잡을 수 없으니, 이는 바로 새로
운 생수요, 새로운 말씀이요, 새로운
성령이 세상에 내려와 너희를 다스리
고 인도해야 하는 것이 바로 그것이
아니던가?
35 내가 그리 말하였느니라.
36 나의 뜻을 가장 깊이 연구하고 또 그
뜻을 아는 백성이 있다 하였음이니라.
37 그리하여 너희는 천년 왕국이라는 말
을 하느니라.
38 천년 왕국이 이루어진다는 그 말에 내
가 뭐라 말하였더냐?
39 천년 왕국으로서 끝나는 것이 아니요,
천 년에 걸쳐서 새로운 왕국을 건설한
다는 뜻을 너희가 잘못 가르치고 잘못
알고 있음이니라.
40 천년 왕국으로서 모든 것이 끝난다면
너희는 이 세상에 존재할 가치가 없으
며, 내가 하늘에서 이룬 것같이 이 지
상에 낙원을 이룬다는 그와 같은 뜻이
필요 없으며 그 역사가 필요 없음이니
라.

41 내가 이루고자 하는 것은 이 지상의
낙원을 하늘의 낙원같이 만드는 것이
며 그와 같이 존재하도록 만드는 것이
나의 뜻이며 그 뜻을 역사함이니라.
42 그러니 영원히 지속하는 것은 천년왕
국이 아니요,
43 천 년 동안 너희가 왕국을 세우는 그
역사가 이루어진다는 뜻이니,
44 그게 바로 2천 년이 끝나는 지금 나의
법전이요, 새로운 성경이요, 나의 아
들이 세상에 와 나 여호와에게 아들이
요, 선지자라 듣고 불리기 시작하며
그가 나의 법전을 기록하여 세상에 내
기 시작한 그때서부터 천 년이 변하는
역사이니라.
45 그러니 너희가 천 년 동안 새로 변하
는 것이며 새로운 생명이요, 다시 태
어나는 그와 같은 변화를 갖는다면,
반드시 여기에 따른 나의 교훈이요,
나의 가르침이 다시 내려와야 할 것
이 아니던가?
46 지금 너희를 구약과 신약으로써 수술
할 수 없으며 바로잡을 수 없으며 바
로 설 수가 없기에, 내가 천년 왕국을
다시 세운다면,
47 천년 왕국을 세우는 그 기틀의 교본이
요, 그 천년 왕국에 사는 백성이 깨우
쳐 행하여야 할 길이며, 지켜야 할 법
도며 살아가는 모두를 다시 내려와 새
역사가 다시 출발하여야 한다는 것을
상식적으로 생각해도 그를 모르겠는
가?
48 내가 천 년 동안에 새로운 왕국을 이
루려고 천 년의 역사를 기다리며 그
역사 속에서 다시 다스려 나간다 하면,
49 변화되는 백성이요, 천 년 동안 거기
에 필요한 모든 기법과 깨달음과 그
백성이 행하여야 할 그 모든 것이 다
시 내려와야 하지 않겠는가?
50 그리하여 내가 지금 새로운 성경이요,
나의 법전에 천 년 동안 변하는 그 역
사의 기틀을 세상에 내려보낸다는 이
위대하고 무섭고 두려운 사실을 너희
는 어찌 모르는가?
51 그리하여 나의 법전을 읽지 않는 자는
구원을 받을 수 없으며 나의 법전을
보지 않는 자는 심판을 받을 수 없다
는 뜻이 여기에 있음이니라.
52 그리하여 천 년에 걸쳐 이 지상에 사
악한 자를 모두 다 뽑아 버리며 그 모
두를 정리하며, 새로 태어난 역사를
이루고자 하는 것이 나의 뜻이니,
53 그 모든 받침을 하며 그 기틀이 되고
기본이 되는 것이 바로 나의 법전이니,
54 이 법전을 만드는 백성이요, 이를 접
하는 백성이요, 나에게서 선택된 너희
가 얼마나 위대한 자며, 얼마나 소중
한 자며 얼마나 위대한 사업을 시작하
고 있는지 알라.
55 그러니 너희가 가진 것 없다 하여 초
라하게 생각하지 말며, 권력이 없다
하여 너희가 초라하게 생각하지 말라.
56 너희가 하는 이 사업이요, 이 역사보
다도 위대한 것은 세상에 없으니 그리
알라.
57 너희가 지상에서 이루어지는 그 역사
요, 천 년 후에 그 역사가 이루어지는
것을 너희가 사는 세월 동안에 볼 수
있는 그 기틀이 마련될 것이며,
58 너희가 죽어 나에게 와서도 천 년 후

에 이루어지는 그 역사를 반드시 볼
것이니라.
59 너희가 아름답게 변하며 천사와 같은
마음으로 살며 나의 법전으로 살아 지
옥을 가지 않는다면, 너희는 천국에
와서 너희가 이루어 놓은 그 역사를
볼 것이니 그리 알라.
60 그보다 더 행복한 길이 어디 있으며
그보다 더 위대한 길이 어디 있으며
그보다 더 축복받은 백성이 어디 있
는가?
61 그러니 너희가 무엇이 아까우며 무엇
을 손에서 놓지 못하며, 마음을 비우
지 못하고 남을 질투하고 시기하며 남
을 음해하는 말을 듣고 즐겨 하며,
62 그와 같은 인간 세속에 살아가는 사람
들이 그 모든 것을 다 놓지 못하는 이
유가 어디 있는가?
63 그래도 놓지 못하겠는가?
64 너희는 모두 다 놓으라.
65 세상 모든 것을 다 놓을 수 있으며 넓
은 마음이요, 사랑하는 마음이요, 남
을 위해 사는 마음으로 세상을 보는
그 마음의 눈을 뜨라.
66 그리고 너희 가슴에 있는 마음의 안경
을 깨끗이 닦고 닦아서 마음의 안경을
쓰도록 하라.
67 그러면 모두를 다 알 것이니라.
68 모두 다 부질없으니, 모두 다 놓을 수
있는 마음을 갖고 살라.
69 놓지 못하는 자는 그 욕심으로 천 년
의 왕국을 이루는 오늘날 너희가 쌓
은 기틀을 보지 못하게 됨이니,
70 그걸 볼 수 있는 영광을 얻도록 그리
하라, 사랑하는 나의 아들딸들아!

5,708 번째 하나님 말씀

2003년 3월 25일 09시 14분

1 사랑하는 나의 아들아!
2 "네, 아버님! 말씀하옵소서."
3 2천 년이라는 그 신약 시대 동안에 종
교 지도자요, 그 집단이 흘러와서 지
금 하는 짓이 어떠한 짓인지 알겠는가?
4 종교 지도자라는 자들은 저희의 봉급
이요, 재정 지원이요, 저희가 먹고 살
아갈 수 있도록 모든 지원받는 것을
신도들이 모아서 주는 것이 아니라 저
들은 그리 말하느니라.
5 십시일반 그 헌금이요, 감사 헌금을
쪼개고 쪼개 어쩔 수 없이 갖다 바치
는 십일조요, 억지로 내는 그 모든 돈
은 너희가 저에게 주는 것이 아니요,
나 여호와 하나님이 저에게 주는 것이
요,
6 너희는 심부름꾼이요, 너희는 그저 나
여호와의 것을 조금 떼서 너희 목자
요, 종에게 바치는 것이니,
7 너희는 갖다 바치되 감사하는 마음으
로 바쳐야 할 것이며,
8 받아 주는 목자 앞에 너희는 큰절하며
눈물로써 받아 줘서 감사하다는 그와
같은 생각으로써 바치는 것이 너희 신
도들이 가야 할 길이며 너희가 하는
길이라 그리 말하느니라.
9 저희 신도들에게 모든 사악한 방법을
동원하여 그를 거둬들이면서,
10 그것은 저희 신도들이 너희에게 베풀
어 주는 사랑이 아니요, 나 여호와가
너희에게 주는 것을 그들은 그저 심부
름을 하는 것이니,

11 아무런 생색을 내서도 안 되며 너희에
게 있는 체를 해서도 안 되고 당당한
체를 해서도 아니 된다며 그들을 그리
짓눌러 놓는 것이 너희들이니라.
12 지금의 종교 지도자 너희가 그와 같
은 형국으로 가느니라.
13 그리고 너희 자신이 쓰는 그 모든 것
을 나 여호와가 주는 것이요, 인간들
이 주는 것이 아니라 너희는 그리 말
함이니라.
14 그러나 너희는 여기서 알아야 할 것
이니라.
15 그와 같이 나를 대신하여 모든 것을
받을 수 있으며 내 것을 받는 것은 내
가 명한 자며 내가 너희에게 모든 대
명을 명한 자만이 그와 같은 은혜를
받을 수 있는 것이니라.
16 그리하여 너희가 교회나 성당이나 법
당에다 재물을 바치는 것은 감사한다
는 뜻으로 바치는 것이 아니니라.
17 너희가 깨우쳐 주고 인도해 줬다 해서
감사한 것을 받는 것이 아니요, 교회
라는 곳이요, 법당이요, 성전이요, 나
의 법전을 가지고 공부하는 모든 백성
너희는 바로 하늘의 뜻을 알며 하늘의
뜻을 향하여 실천한다는 자니,
18 그와 같은 큰 이치를 깨달았다는 자가
작은 것을 깨달은 자에게 그가 깨달을
때 그걸 축하해 주며 그를 축하금으로
내려 주며 축하하는 선물로써 내려
주는 것이 나 여호와가 직접 줄 수 없
는 것을 인간 너희가 나를 대신하여
그리 준다는 것이지,
19 종교 지도자요, 목사요, 그와 같은 자
들에게 너희가 바치는 것이, 나를 대
신하여 재물을 바치는 것을 감사하는
것으로 주라는 것이 아니라는 엄연한
사실을 알라.
20 나는 나의 종교 지도자라 하는 자, 그
리고 나의 목사라 하는 자, 그리고 목
회자라 하는 자, 그와 같은 자들을 내
가 임명한 사실이 없으며 그들에게 임
명장을 준 사실이 없으며 내가 선택한
사실이 없음이니라.
21 내가 선택하지 아니한 자요, 내가 인
정하지 아니한 자에게 너희가 봉급을
주며 판공비라 주며 그 경비를 다 바
치는 것은 나의 재물을 함부로 쓰는
것이며 너희는 그 죄를 범한다는 것을
잊지 말아야 할 것이니 그리 알라.
22 나 여호와의 종이라 하여 너희는 모든
나의 백성이 피땀 흘려 노력하여 모
은 재정의 대가에서 먼저 나 여호와의
종의 것을 먼저 정해 놓고 그 몫을 떼
어 놓고 써야 하며 그것도 제일 먼저
감사하는 마음으로 바치며,
23 나를 대신하여 이와 같은 재물을 받아
주는 종교 지도자요, 목사요, 목회자
가 얼마나 감사한지 모르니 애걸복걸
하며 바치는 것이 너희가 축복을 받
는 것이다 그리 말함이니, 이게 얼마
나 사악한 자인가?
24 나 여호와보다도 높은 대우를 받고자
하며 위대한 자리에 있고자 하는 자
들이니, 그와 같은 자들에게 재물을
바쳐서는 아니 되는 것을 너희는 알
아야 할 것이니라.
25 나는 정녕 그들을 나의 목자요, 목사
요, 목회자라 명한 사실이 없으니 그
리 알라.

26 그들은 나와 관계없는 자임을 알라.
27 지금 종교 지도자들이 얼마나 사악함
의 극치에 달해 있는가?
28 그들이 바로 우상을 섬기는 사탄이요,
사악한 자의 근본이니,
29 너희가 그들에게 재물을 주며 그들이
말하는 대로 제일 먼저 바치며, 너희
가 수입이 생겼을 때 먼저 그 봉급이
요, 그 생활비요, 그 판공비부터 먼저
떼어 놓고 써야 한다는 그와 같은 만
행을 부리다 그것도 부족하여 지금은
어찌하는가?
30 나 여호와도 너희 어버이요, 또 너희
를 낳아 준 부모도 너희 어버이요, 그
리고 종교 지도자 목사요, 그 자신도
너희 어버이라 그리하며 똑같이 부모
라 하니,
31 너희의 그 경악할 짓이요, 그 사악한
행동이 어찌하여 나 여호와와 너희를
낳아 준 부모와 같다 너희가 말하는
가?
32 내가 분하고 분통이 터지는 말이니,
다시 한 번 너희에게 전함이니라.
33 나이 어린 형이 없으며 나이 어린 부
모가 없다 내가 그리 말하였음이니라.
34 나이 어린 것이 나이 먹은 자에게 어
버이라 하여 대우를 받고자 하는 그와
같은 사악한 자요, 그는 나와 동등한
자리를 지키고자 하며 그와 같은 대우
를 받고자 함이니,
35 그 경악할 행위를 나 여호와가 더 이
상 볼 수 없음이니라.
36 그들은 재물을 긁어 가는 것도 나보다
더 위에 있는 그와 같은 위치에서 아
무 소리 하지 말며 그저 바치도록 그
리 가는 것이 아니던가?
37 지금의 종교 지도자들이 사악한 자요,
사탄의 자식이라는 근거를 내가 너희
에게 깨우쳐 주고자 함이니라.
38 그들은 뭐라 말하던가?
39 목사라는 자요, 목회자들의 그 봉급은
너희가 제일 우선으로 챙겨 놔야 하
며 그것부터 바쳐야 한다 하는 것이
니라.
40 교회라는 곳에, 성당이라는 곳에, 법
당이라는 곳에 비가 새고 비바람에 날
려갈 것같이 되어도, 신도들이 앉을
자리가 없이 비가 새며 쏟아진다 하여
도 그를 먼저 때우는 것이 아니라,
41 목사요, 목회자요, 그와 같은 자들의
봉급부터 먼저 챙겨 놓고, 그 비를 막
는 일을 하는 것이 순서라 그리 가르
치는 것이 지금의 너희 종교 지도자
요, 그 단상에 서서 설교하는 자들이
제 입으로 직접 그리 말하니,
42 그들이 혓바닥이 두 개가 아니라 열
개를 가진 흉물이며 사악한 마귀임을
너희는 알아야 할 것이니라.
43 그러면서 너희는 뭐라 하느냐?
44 목자요, 목회자요, 그들에게 주는 봉
급이요, 그들이 쓰고 먹으라는 판공비
요, 그 생활비는 절대로 밀려서도 안
되며, 한 달을 걸러서도 아니 된다 말
하느니라.
45 너희는 사채를 얻어서라도, 남에게 빚
을 져서라도, 집문서를 잡혀서라도 종
교 지도자의 봉급은 밀려서는 아니 된
다 그리 가르치는 것이 너희들이니,
이 얼마나 무섭고 사악한 자인가?
46 이 세상에 이와 같은 자들은 없을 것

이니라.
47 그러면서 집을 잡히며 사채를 얻고 급
전을 얻고 고리대금을 얻어서 바쳐도,
바치는 그 순간에 그 고통에 감사하는
마음으로 받는 것이 아니라,
48 너희는 받아 줘서 감사하다며 큰절하
며, 그저 바치는 그와 같은 형국으로
바쳐야 한다는 것이 그들의 이론이니,
과연 그걸 이해할 수 있겠는가?
49 낳아 주고 길러 준 제 부모에게 과일
하나 대접하지 못하는 자가, 제대로
자식 노릇도 못 하면서도 남의 빚을
얻어서라도 그들에게 먼저 갖다 바쳐
야 한다 그리 말하며,
50 감사하는 마음으로 바치며, 받아 줘서
감사하다 그리 경배하고 바치라는 것
이니,
51 그들이 얼마나 사악하고 악랄한 자인
가?
52 재정을 관리하는 사람이요, 너희 종교
집단의 명칭을 가진 자요, 권사요, 집
사요, 또 장로라고 하는 너희가 돈으
로 산, 부르기도 추접스러운 그 이름
을 가진 자들은 뭐라느냐?
53 종교 지도자의 그 봉급을 주기 위해,
그가 충분히 살아갈 수 있도록 그를
편안하게 하기 위해 너희가 신도들이
재물을 바치며, 또는 사채라도 얻어
서, 너희가 사재라도 털어서 먼저 종
교 지도자의 봉급이요, 생활비요, 판
공비를 주는 것이 신도가 하는 일이
며,
54 그가 진정한 믿음의 길을 가는 자요,
하늘에 오르는 길을 볼 수 있는 자며,
그런 자만이 축복과 영광을 받는다 말
하니,
55 이와 같이 저 자신을 위해서 가르치는
자도 없음이니라.
56 인간 세상에서 제 생일 하나를 옆 사
람에게 알려 주는 것도, 그와 같이 생
일 대우를 받고자 하는 것도 부끄럽고
창피하여 그를 함부로 말할 수 없는
것이니,
57 너희가 얼마나 사악한 자며 얼마나
악랄한 자며, 얼마나 마귀의 자식으로
서 마귀요, 사탄에게 즐거움을 주려고
사악한 짓을 하는가 그를 알라.
58 그러면서 나의 피조물 만백성을 지옥
으로 이끌어 가니 그와 같은 행위를
하는 자들 속에서 신도라 하여 눈물
짜고 콧물 짜며 울고불고 찬송하고 광
란의 짓을 하니,
59 그것이 바로 너희가 지옥행으로 달려
가며 저를 데려가 달라 몸부림치는 것
이라는 것임을 알라.

5,709 번째 하나님 말씀

2003년 3월 25일 12시 13분

(강론을 마치며)

1 사랑하는 나의 아들아!
2 "네, 아버님! 말씀하옵소서."
3 나의 아들 너를 시켜 계속 암송하도록
하며 네가 암송하는 그 십계명을 너의
제자들이 듣게 함이니, 그게 바로 무
슨 뜻인지 알겠는가?
4 너희가 십계명대로 살고자 그를 지키
고 사는 백성이 된다면, 너희는 시험
에서 100점을 맞는 그와 같은 백성이
된다는 것을 알아야 할 것이니라.

5 그리하여 100점을 맞는 나의 아들딸
이 되게 하고자 그를 듣도록 하며, 나
의 아들로 하여금 너희 앞에서 계속
암송토록 하는 그 뜻이 여기에 있음이
니라.
6 이제 너의 제자들이요, '지도자 반'이
라 하여 너를 따르는 제자들이 오늘까
지 공부해 왔음이니,
7 깨진 그릇이 아니요, 아주 깨끗한 그
릇이 그들이라는 것을 알아야 할 것
이니라.
8 깨진 그릇에는 물을 아무리 부어도 그
물은 샐 것이며, 더 큰 곳에 붓는다 해
도 세월이 지나면 그 물은 다 흘러감
이니,
9 흘러간 물은 쓸 수가 없으며 남는 것
이 없으니, 만백성을 구할 수 없는 것
이니라.
10 그러니 너의 제자들은 깨진 그릇이 아
니요, 깨끗한 그릇이니라.
11 그리하여 그 깨끗한 그릇에 내가 또
부어 주고 또 계속 부어 줌이니,
12 그들은 서서히 고이기 시작하며 고여
오기 시작하는 것이 너의 제자들임을
알아야 할 것이니라.
13 그리하여 그 제자들이 소중함을 알라.
14 내가 이 세상에 하나의 의인이 나왔을
때 내가 이 세상 것을 다 주고도 바꾸
지 아니한다 하였듯이,
15 깨지지 아니한 깨끗한 그 큰 항아리에
지금 내가 계속 부어 주고 부어 주며
거기에 생수를 채워 줌이니, 채울 날
이 머지않았음이니라.
16 그 지도자들이, 다 같이 그득히 채우
는 제자들이 세상에 나오지 아니하겠
는가?
17 그리고 너를 따라 공부하는 그 모든
제자가 다 제 그릇의 역할을 지금 하
기 시작하였음이니라.
18 그들은 상한 데가 없으며 깨진 데가
없는 그릇이니라.
19 그리하여 내가 부어 주는 것, 내가 내
리는 것을 그저 부어 주기만 하면, 이
제는 그들이 채워지는 그와 같은 그릇
으로서 저희가 자리를 닦고 있음이니
라.
20 흘러가는 것이 없으며 새는 것이 없음
이니, 오로지 그들의 그릇에 차곡차곡
채워지니,
21 그 채워진 그릇에 많은 백성이 손으
로 그 물을 떠먹을 날이 머지않았음을
너희는 알아야 할 것이니라, 사랑하는
나의 아들과 딸들아!
22 너희는 그와 같은 역사에 이루는 것이
무엇인 줄 알겠는가?
23 지금 너희가 깨지지 않은 그릇에 서
서히 채워짐이니,
24 너희가 나의 법전을 만들어 세상에 전
했으며 너희가 백성을 구원하고자 말
하고 노력하는 만큼 거둬지지 아니하
고 이루어지지 아니한다 하여 좌절하
지 말며 실망하지 말라.
25 너희가 지금 뿌리는 것만큼, 너희가
전하는 것만큼, 너희가 노력하는 것만
큼 역사하지 아니한다 하여 두려워하
지 말며 좌절하지 말라.
26 그 뿌려진 것은 다 남아 있으며, 서서
히 역사할 때가 있음을 너희는 알라.
27 너희가 성급히 생각하지 말라.
28 너희가 노력하는 만큼 이루어지지 아

니하며 거두어지지 아니한다 하여 두
려워하지 말라.
29 지금 너희가 깨끗한 그릇으로서 내가
나의 아들을 통하여 부어 주는 그 생
수가 하나하나 차오르듯이 그것이 반
을 넘으며 그리할 때 넘어트리려 해
도 넘어지지 아니하며 쓰러트리려 해
도 감히 누구도 쓰러트리지 못할 것이
니,
30 그때를 나 여호와가 기다림이니라.
31 그때와 더불어 세상에 전해진 모든 나
의 법전이 하늘에 오르는 책이요, 나
여호와의 말씀이라는 그 책이 빛을 보
기 시작할 것이며,
32 그들이 지도자로서 고개를 들어 스스
로 움직이는 역사가 이루어질 것이니,
33 오늘 너희가 전하며 역사한 것만큼
거둬들이지 못한다 하여 슬퍼하지 말
며 괴로워하지 말며 두려워하지 말라.
34 때가 되면 다 이루어지는 것이니라.
35 다만, 이제 너희가 깨끗한 그릇으로서
비워지고 비워져 너희 자신이 서 있
는 그 모습 그것으로써 이제 나에게
할 수 있는 것을 모두를 다한 백성이
니라.
36 이제 깨끗한 그릇으로서 비워지기 시
작했으니, 나의 아들을 통하여 붓는
성령이요, 나의 법전을 읽고 깨우칠
때마다 거기에 쌓임을 알라.
37 그리하여 생수가 그득히 채워져 넘쳤
을 때, 만백성이 그 위대함을 알며 그
소중함을 알게 될 것이니라.
38 그 넘치는 물이 너희의 생명수요, 모
든 것을 다 움직일 수 있는 근원이요,
근본이라는 것을 알 날이 머지아니하
였으니 그리 알라.
39 이제 너희가 깨끗한 그릇으로서 서
있는 그것만 해도, 너희가 그릇을 비
우고 오물을 다 제거하며 내가 내리는
생수를 받을 수 있고 받기 시작한 오
늘의 시점이 그보다 세상에 더 위대한
것이 없으며, 나의 기쁨이 없으며,
40 나에게 너희가 너무나 큰 사랑이요,
선물을 바친 나의 아들딸임을 나 여호
와가 나의 아들을 통하여 전함이니,
41 이는 너희가 굳게 받아들이고 너희의
노고에 내가 기쁜 마음을 같이 전함이
니 그리 알라.

5,710 번째 하나님 말씀

2003년 3월 25일 12시 23분

1 사랑하는 나의 아들아!
2 "네, 아버님! 말씀하옵소서."
3 너희는 앉으나 서나 자나 걸어 다니
나 깨어 있을 때 모두 다음과 같은 생
각을 하고 살아가야 하는 것이 근본
임을 알아야 할 것이니라.
4 '나는 지금 무엇을 생각하는 것인가,
나는 진정 제대로 된 믿음의 길을 가
고 있는가?'
5 그리고 '나는 정녕 여호와 하나님을
위해 살아가는 백성이며, 내가 하나님
께 거역하는 일을 행하며 순종치 아니
하는 행동을 하고 있지는 아니한가?'
항상 너희가 다스려 봐야 할 것이며,
6 나 여호와에게 기쁨으로써 행하고 있
는가, 기쁘지 아니한 행위를 하고 있
지는 아니한가,
7 그리고 지난날의 너 자신이 과거의 삶

에서 지은 죄들을 하나하나 꺼내서 나
에게 회개하며 용서를 빌며 그를 거울
삼아 오늘의 삶을 바로 살아가는 그와
같은 뉘우침이요, 깨달음의 생활을 과
연 너희는 하고 있는가?
8 이와 같은 모든 것을 너희는 항상 생
각하고 살아가야 하는 것이니라.
9 그리고 나의 법전을 읽고 접한 백성은
'과연 법전을 읽고 강론을 들으며 내
가 얼마나 변하였으며, 내가 얼마나
깨달음의 길을 가는가?'
10 그리고 '나는 남들에게 얼마나 부끄럽
지 않은 삶을 사는가, 내가 남들에게
추한 모습으로 살지는 않는가, 나의
아들딸이요, 자식에게 부끄러운 아버
지로서 행동하지는 않는가, 남편으로
서 부끄러운 행동은 하지 아니하는가,
또 아내로서 남편에게 부끄러운 짓을
하지 아니하는가?'
11 너희 자신에게 항상 물어보며 항상 너
를 점검하고 두드려 보는 그와 같은
삶을 너희는 살아야 할 것이니라.
12 '나는 지금 무슨 행동을 하고 있으며,
무슨 생각을 하고 있으며, 지금 나 자
신이 어디에 서 있는가?'
13 그와 같이 너희가 잘못됐을 때 항상
그를 바로잡으며 다스릴 수 있는, 너
를 다스리는 그와 같은 삶을 살아야
할 것이니라.
14 항상 너를 다스리는 삶을 살라.
15 오늘 이 순간에도 너를 다스리며,
16 네가 무엇을 하고 있으며, 네가 어떤
생각을 하고 있으며 정녕 회개하는 삶
이요, 반성하는 삶을 살고 있는가 그
것을 너희가 두드려 보고 또 점검해
보며,
17 그 깨우침의 역사 속에서 살아가는 그
와 같은 백성이 되어야 함을 절대 잊
지 말라, 사랑하는 나의 아들딸들아!

5,711 번째 하나님 말씀

2003년 3월 25일 12시 29분

1 사랑하는 나의 아들아!
2 지금 세상에 존재하는 그 수많은 종교
집단이요, 지도자는 과연 어찌 가는가?
3 그들은 참진리요, 아름다움을 만백성
에게 깨우쳐 주며 그들을 이끌어 가며
어려운 일에 저희가 솔선수범하며 멍
에를 짊어지는 그와 같은 삶을 살아야
한다 하였음이니라.
4 예수가 죽어 갈 때 그 십자가를 지고
가듯이,
5 저 자신이 그 죄의 십자가를 지고 가
는 그 시련과 고통 속에서 살아가는
것이 종교 지도자가 가야 할 길이며
바로 서는 길이라 하였음이니라.
6 그러나 그들은 과연 어찌하는가?
7 지금은 나의 피조물 만백성이 신도들
이 문제가 아니요, 그들이 잘못 가는
것이 아니요, 그들을 이끌고 깨우친다
는 종교 지도자들이 잘못 가기 때문에
이 세상이 이와 같이 험악한 문제들
이 생겼으며,
8 사탄이요, 또는 도둑이 들끓는 세상이
요, 마지막 시대요, 종말의 시대라 너
희가 그리 말해도 하나도 부끄럽지 아
니하며 잘못 말했다 할 수 없는 것처
럼 이와 같이 험악하고 잘못된 세상이
되었느니라.

9 지금의 종교 지도자들이 과연 어떠한
자들인가?
10 종교 지도자들은 저희가 화목을 이루
며 화평을 이루어야 하거늘,
11 신도들이 하나의 힘으로 뭉쳐질 때,
그리 결집했을 때, 그를 다스리기 어
렵고 힘드니,
12 그를 이간질하며, 신도라는 자들의 집
단의 힘을 분산하여 제가 이리 치고
저리 치는 그와 같은 사악한 짓을 종
교 지도자들이 하고 있지는 않은지
너희는 들여다보도록 그리하라.
13 그와 같은 자들이 수없이 있음이니라.
14 그리고 저희가 역사함에서 힘들고 어
려운 길은 참여하지 아니하며,
15 물과 기름처럼 겉돌며, 모른 체하며,
힘들고 어려운 것은 고개를 외면하여,
책임을 지는 행위는 회피하며,
16 지도자로서 앞에서 이끌며 '나를 따르
라!' 하는 그와 같은 지도자는 하나도
없음이니라.
17 그저 물과 기름처럼 어렵고 힘든 일은
뒤로 빠지며, 뺀질이처럼 돌아서는 그
와 같은 행위를 하는 것이 지금의 잘
못된 종교 지도자들이 지도자라 서 있
으며 행하는 자세라는 것을 너희는
봐야 할 것이며,
18 그와 같은 자가 있을 때 너희는 거침
없이 그들을 단죄해야 함을 알아야
할 것이니라.
19 칭찬을 받으며 영광의 소리는 저희가
듣고자 하며, 모든 행사에서 상석을
먼저 차지하며,
20 저희가 먹는 음식까지도 제일 좋은
것, 최상의 대우를 받는 자리는 저희
가 앉아야 하는 것이 지금의 종교 지
도자들이니,
21 그와 같은 지도자는 사탄의 자식이요,
종교 지도자요, 나의 아들이요, 나에
게서 선택된 백성이 아니라는 것을 알
라.
22 그와 같은 행위를 거침없이 하는 자,
그는 지도자가 아님을 너희는 알아야
할 것이니라.
23 지도자의 몸가짐이 얼마나 바르고 고
와야 하는지 너희는 아는가?
24 너희를 따르고 배우는 신도가 백 가
지, 천 가지를 잘못했다 해도 그는 다
용서하고 덮을 수 있으나,
25 종교 지도자가 하나를 잘못했을 때 신
도들이 천 가지를 잘못하는 것보다
그 비중이 더 크며 무서움을 너희는
알아야 할 것이니라.
26 지도자이기 때문에 안 되느니라.
27 너희가 신도들은 천 가지를 덮어 줘도
지도자 자신이 잘못한 한 가지 잘못이
요, 과실은 용서할 수 없으며 용서받
지 못한다는 그와 같은 마음으로 살아
야 할 것이니라.
28 지도자가 잘못했을 때는 사랑하는 나
의 피조물 만백성이요, 저를 믿고 따
르는 신도들을 지옥으로 이끌어 가는
그와 같은 형국이 되기 때문이라는 것
을 너희는 알아야 할 것이니라.
29 그러나 지금의 종교 지도자들은 신도
가 하나 잘못한 것은 저희가 꼬집고
다스리나,
30 제 잘못은 백 가지는 덮으며 덮고자
하며,
31 감히 말하지 못하며, 거부하지 못하

며, 그를 다스리지 못하며, 너희가 건
의하지 못하게 하며,
32 이와 같이 너희 입을 봉하고 살게 하
여 놓은 것이 지금의 종교 지도자들이
니,
33 얼마나 사악하고 추한 짓을 서슴지 않
고 하는지 그를 알아야 할 것이니라.
34 너희 종교 지도자를 따르는 만백성을
뒤에서 조종하며 뒤에서 비평하며, 그
들의 잘못됨을 서슴지 않고 비판하고
평가하며, 그리고 인간을 선별하는 그
와 같은 사악한 짓을 하는 것이 너희
들이니라.
35 재물 있는 자, 능력 있는 자가 우선이
며,
36 너희는 직급을 팔고 사는 것도 믿음에
따라 그 직급을 사고파는 것이 아니
요, 명하는 것이 아니라, 재물이요, 권
력이요, 능력 있는 자에게 먼저 팔아
먹는 그와 같은 형국이 되어 있음이니,
37 이것이 얼마나 사악한 짓이며 잘못된
믿음인지 알겠는가?
38 너희는 회장이라는 자요, 재물 있는
자의 집의 운전사요, 그 집의 문지기
요, 청소부라 할지라도, 너희가 장로
요, 집사요, 권사라는 직함을 줄 때 누
구를 먼저 주는가?
39 믿음을 보고 문지기요, 운전사요, 청
소부를 먼저 집사요, 권사요, 장로라
는 그 이름을 붙여 줘야 하나,
40 너희는 회장이요, 사장이라는 능력 있
는 자부터 먼저 주며,
41 청소부요, 문지기는 같이 오는 것도
싫어하며 그가 나오는 것도 싫어하며,
42 그 회장이라는 능력 있는 자가 불편할
것을 고려하여 그들을 훼방하며 자르
고 나오지 못하도록 권고하는 것이 너
희들이니,
43 이와 같이 추하고 더러운 짓을 아니
한다면 너희는 나의 법전을 태워 버려
도 내가 말하지 아니할 것이며, 나의
법전을 땅속 깊이 묻어도 내가 말하지
아니할 것이니라.
44 그러나 너희는 직함 있는 자, 권력 있
는 자, 돈 있는 자, 재물을 많이 바치
는 자를 먼저 장로요, 권사요, 집사라
는 그와 같은 이름을 부여해 주고 이
름을 팔아먹는다면, 너희는 사탄의 자
식이요,
45 나의 자식이 아니며, 진정한 나 여호
와의 뜻을 가는 길이 아니니,
46 너희가 하는 행위는 나와 관계도 없
으며,
47 그를 따르며 그와 같이 하는 자는 지
옥으로 가며, 천국에서는 너희가 이름
석 자도 찾을 수 없다는 걸 알라.

5,712 번째 하나님 말씀

2003년 3월 25일 12시 34분

1 사랑하는 나의 아들아!
2 "네, 아버님! 말씀하옵소서."
3 너를 따르는 제자들과 나의 법전을 읽
고 깨우치며 내가 내리는 강론을 직접
듣는 그 백성들이 어렵고 힘든 그 역
사 속에서 나의 법전을 만들며, 나의
법전을 가슴에 안고 세상에 뿌리고 또
뿌리며 만백성을 통하여 전하고 또 전
하여도,
4 너희가 그 역사하는 것만큼 이루어지

지 아니하며 거둬들여지지 아니한다
하여 너희는 원망하지 말며,
5 만백성을 구하는 그 역사를 중단하지
말아야 할 것이니라.
6 너희를 따라오는 자, 구원하는 백성이
없다 하여 너희가 중단해서는 아니
됨을 알아야 할 것이니라.
7 너희가 노력하고 봉사한 것만큼 흡족
한 기쁨이 없다 하여 너희가 뿌리는
것을 그만두며 전하는 것을 그만둬서
는 절대로 아니 되는 백성임을 알아야
할 것이니라.
8 그 모두는 때가 되면 이루어질 것이며,
9 세월이 흐른 뒤에 너희가 오늘의 그
역사함에 뿌듯함을 얻게 될 것이며,
흡족한 기쁨을 얻는 날이 머지않아 있
음을 너희는 알아야 할 것이니라.
10 너희는 아브라함이 칼을 잡고 그 아들
을 죽이려 했을 때, 내가 뭐라 말하였
느냐?
11 그가 순종하고 행하는 그 믿음에 대
해 내가 그에게 복을 내리리라 하였으
며 그 이름이 길이 역사 속에 기록될
것이며 영원히 존재할 것이라 내가 그
리 말하지 아니하였던가?
12 오늘날 너를 따르는 제자들이요, 나의
법전을 읽고 깨우친 백성 너희의 이
름이 영원히 존속할 것이며, 영원히
변하지 않는 축복과 영광을 내가 너희
에게 내릴 것이니라.
13 아브라함이 순종했듯이 그보다 더한
순종의 마음으로써 너희가 순종하는
자세로써 일관되게 나의 법전을 가지
고 전하며 만백성을 구하며 나의 피조
물 너희 형제를 구하는 데 최선을 다
하라.
14 그리하면 너희가 나의 뜻을 알게 될
것이며 나에게서 축복과 영광의 그 은
혜가 있을 것이니라.
15 새로운 천국의 지상을 건설하는 데 너
희 자손대대 존중할 것이며 너희 이
름이 영원히 빛나는 이름으로써 기록
되어 남을 것이니,
16 너희가 그를 바라지 아니하며 그를 원
하지 아니한다 해도 그와 같은 역사는
이루어질 것이니라.
17 그러니 아브라함이 칼을 들어 그 자식
을 죽이려 할 때의 그 순종하는 마음
보다도 더 굳고 깊은 순종의 자세로써
나의 법전을 세상에 전하며 만백성의
생명을 구하도록 그리하라.
18 너희는 지금 한두 사람의 생명을 구
하는 것이 아니요, 이 세상 모든 백성
을 구하는 그 역사를 하며 대대손손
너희 후손을 구하는 그 역사를 하고
있음이니,
19 너희보다 더 위대한 백성이 없으며 더
한 대업을 역사하는 자가 없으며, 더
소중한 사업을 이루는 자가 없다는 것
을 너희는 알라.
20 사랑하는 나의 아들딸들아, 오늘날 너
희의 그 고통에 따른 대가가 없다 해
서, 너희의 역사함이 흡족하고 기쁨이
요, 영광이 없다 하여 주저하지 말라.
21 그 상은 하나하나 차곡차곡 쌓이며,
너희가 뿌리고 전한 것만큼 지금 그
들이 준비하고 있음이니,
22 어느 땐가는 그들이 살아서 나올 것이
며, 그들이 제 발로 움직여 만백성을
깨우치며 동요하는 그 역사는 이루어

질 것이니,
23 그때를 기다려 오늘에 주저하지 말라,
사랑하는 나의 아들딸들아!

5,713 번째 하나님 말씀

2003년 3월 25일 14시 38분

1 사랑하는 나의 아들아!
2 "네, 아버님! 말씀하옵소서."
3 내가 너에게 뭐라 말하였더냐?
4 1부 열여섯 권이라는 그 법전은 내가
너의 제자요, 너를 따르는 백성이요,
그들을 단단히 세우며 훈련하려고 그
들에게 내린 기본서라 그리 말하였음
이니라.
5 그리하여 너의 제자들이 그를 읽고 또
읽고 정독해서, 너희가 물속에서도 녹
지 않는 소금이요, 너희가 물속에서도
희석되지 않는 식초의 원액처럼, 돌보
다 더 단단하게 굳어지는 그와 같은
변화의 역사를 만들어 너희로 하여금
이 세상을 정화하고자 하였음이니,
6 내가 그 후로 160권의 법전을 만드는
것은 3년이라는 세월 속에 그 역사를
이루고자 하는 것이 나 여호와의 뜻임
을 네가 알아야 할 것이니라.
7 160권의 법전이 세상에 나오는 그것
을 3년이라는 그 세월을 잡아 내가 역
사하고자 함이니, 너는 그 뜻을 알겠
는가?
8 내가 사랑하는 나의 아들을 통하여 3
년 동안 그가 강론했으며 말로써 만백
성에게 전했던 그 역사가 오늘과 같이
그가 기록해 놨으며 그 원본이 지금
전해졌더라면, 오늘날 이와 같이 험악
한 세상은 없었을 것이니라.
9 그리하여 내가 3년에 걸쳐 나의 아들
예수를 통하여 너희에게 전하고 깨우
치고자 했던 그 모든 것을 2천 년이
흐른 지금 내가 3년이라는 세월 속에
열여섯 권의 기본서를 뺀 나머지를 3
년에 걸쳐 너를 통하여 대역사를 이루
고자 하는 그 뜻이며 그리하여 내가
그를 마치고자 함이니라.
10 너는 10년이요, 20년의 세월 동안에
그 길을 가고자 하나, 나 여호와는 3
년이라는 그 세월 속에 내가 예수를
통하여 전하고자 했던 것, 그리고 역
사했던 그 모든 것을 그 기간에 내가
모두 자리를 잡으려 하는 것이니, 너
는 그를 알아야 할 것이니라.
11 그를 아는 네가 게을리해서도 안 되
며, 네가 나태해서도 안 되며, 네가 중
단해서도 안 됨을 너는 알아야 할 것
이니라.
12 열여섯 권의 법전인 기본서가 세상에
나온 그 후에, 나의 아들 예수가 공인
으로서 살아갔던 그 3년의 세월에 맞
춰 160권의 법전을 세상에 내는 역사
를 하고자 하는 것이 나 여호와의 뜻
이니 그를 네가 알아야 할 것이니라.
13 2부의 1권이 나온 그날부터 내가 3년
이라는 그 역사 속에 모두 다 이루고
자 하는 것을 너는 알아야 할 것이니
그리 알라.
14 그 안에 모두를 이룰 수 있도록 너는
최선을 다하라.
15 그것이 나 여호와가 너에게 바라는 것
이며 또한 네가 그 역사를 이룰 수 있
으며 이루어야 한다는 것을 너는 알

아야 할 것이니라.
16 네가 게을리하며 나태해지며 다른 생
각을 할 때,
17 나의 법전은 지금부터 3년이라는 그
세월 속에 이 세상에 160권의 역사가
이루어질 수가 없으며 나올 수가 없음
을 너는 알아야 할 것이니라.
18 그러니 그 세월에 이루고자 하는 나
여호와의 간절한 마음을, 내 뜻을 이
제 네가 알아야 할 것이니라.
19 내가 일찍이 너에게 3년이라는 세월
속에 160권의 법전을 역사하라면 너
는 도망갔을 것이며 너는 짐을 싸서
나를 등지고 돌아갈 수 있었을 것이니
라.
20 그리하여 내가 너를 지금까지 달구고
훈련을 시켰으며,
21 이제는 네가 그 기간에 낼 수 있으며
받아서 네가 책으로 만들 수 있다는
그와 같은 자신과 용기를 가졌을 것이
니, 그리하여 내가 너에게 오늘 말함
이니,
22 160권에서 열여섯 권의 기본서를 뺀
나머지 모두를 3년이라는 그 세월 속
에 네가 마칠 수 있도록 최선을 다하
라.
23 그것이 나 여호와의 기쁨이요, 나의
행복이니라.
24 그리고 너의 제자들이요, 너를 따르는
백성에게 네가 3년이라는 그 세월 속
에서 모두를 다 이룰 수 있도록 최선
을 다하라 그리 이르라.
25 천 년에 걸쳐서 새로운 시대요, 새 왕
국의 새 나라를 건설하는 그것에 너희
가 주역이며 나 여호와의 뜻에 참여하
는 자들이니라.
26 썩고 썩은 것은 도려내야 하며 다시
출발해야 하니, 구약과 신약의 그 2천
년의 역사요, 6천 년의 길고도 긴 역
사를 지금 다 정리하며 새로 시작하는
이 시대에, 새로운 말씀이요, 새로운
성경이요, 새로운 가르침이 이 세상에
내려가니,
27 그것을 접해서 만드는 자가 너희요,
제일 먼저 접하는 자가 너희요, 그 소
중한 역사에 동참하는 자가 너희들이
니,
28 너희가 얼마나 중요하고 소중한 자인
가?
29 그리고 너희가 무엇을 주저해야 할
것인가, 무엇을 두려워할 것인가?
30 인간 세속에 살아가는 물질이요, 명예
요, 너희 목숨에 대하여 연연하지 말
라 그리 전하라.
31 모두를 다 바쳐 너희가 160권의 법전
이 3년 안에 나오는 그 역사를 이루도
록 그리 전하라, 사랑하는 나의 아들
아!

5,714 번째 하나님 말씀

2003년 3월 25일 14시 44분

1 사랑하는 나의 아들아!
2 "네, 아버님! 말씀하옵소서."
3 지금의 믿음의 길을 가는 종교 집단의
지도자들이요, 그리고 신도라 하여 지
금 죽음의 길을 천국의 길이라 가는
그 불쌍한 백성, 그들이 너를 찾아와
서 뭐라 너에게 묻더냐, 사랑하는 나
의 아들아!

4 "네, 아버님!
5 그들은 모두 한결같이 저를 찾아와
묻사옵나이다.
6 '당신은 어찌하여 이 책을 쓰게 되었
는가, 그리고 어찌하여 이 길을 가게
되었는가?' 그들은 그와 같이 첫 번째
로 묻습니다.
7 그리고 그들은 다음에 이리 묻습니다.
8 '당신은 어느 종파에 속해 있으며 어
느 종파의 소속이냐?' 그리 저에게 묻
습니다.
9 저는 그와 같은 종파가 없으며 하나님
의 뜻에 따라 말씀을 받아 전하는 사
람이라 그리 말하면, 그들은 어느 교
회에 나간 일이 있느냐고 또 묻습니
다.
10 저는 그와 같은 역사가 없다고 말합니
다.
11 그러면 그들은 '창조주 여호와 하나님
이 계시는 걸 믿습니까?' 하고 묻지
아니합니다.
12 그들은 아버님이 계심을 믿는 것을
묻는 것이 아니요, 아버님의 아들이신
예수를 믿으며 예수가 존재함을 믿으
며 그 역사를 믿느냐고 그들은 저에게
묻습니다.
13 어찌하여 그들은 아버님을 믿지 아니
하며 아버님이 보내신 아들 예수님을
믿는지, 그들은 그리 묻고 저에게 답
을 합니다.
14 그리하면 저는 '예수님을 믿습니다.'
그리 말합니다.
15 그리고 '예수님을 믿고 또한 그 보내
신 하나님을 믿습니다.' 저는 그리 말
하옵나이다.
16 그러면 그들은 저에게 그리 묻습니다.
17 과연 교회에 다닌 적은 있느냐 묻습니
다.
18 그때 또한 저의 대답은 교회에 다닌
역사가 없다 그리 말합니다.
19 그러나 그들은 또 묻습니다.
20 교회에 다니면서 혹시 직급이라도 받
은 것은 아니었는가, 또 묻습니다.
21 혹시 장로요, 집사요, 이와 같은 직함
이라도 받은 적이 없는가 하여 저에게
캐묻고 그들은 또 묻고 있사옵나이다.
22 그리할 때 저는 그 종파요, 그 교회에
가본 적도 없기에 그 직함을 받아 본
적도 없다 제가 그리 말하면 그들은
그때부터 얼굴을 붉히기 시작합니다.
23 그리고 그들은 저에게 도전적으로 말
을 합니다.
24 그러면서 저희는 교회에 다녀본 적도
없으며, 직함을 받은 적도 없으며, 창
조주 하나님을 믿는 것이 아니요, 예
수님의 보혈로써 구원받은 적도 없으
며, 예수님을 찾지 않는 그와 같은 저
를 의심의 눈으로 바라보며 저를 사탄
이요, 이단이라며 경원시하는 모습으
로 그들이 변하기 시작하옵나이다.
25 그리하여 그들은 대화가 거칠어지며
그들의 화법이 변하게 되며 언성이 달
라지옵나이다.
26 그때 저는 그 입을 다물어 버립니다.
27 아무런 할 말이 없기에 그들에게 저는
입을 다물고 조용히 그들이 가 주기를
바라옵나이다.
28 그리하여 그들이 법전을 보고자 하면
전해 주며 그렇지 아니하면 그대로 정
중히 손님으로서 그들을 보내는 그와

같은 인간관계를 맺고 있사옵나이다."
29 사랑하는 나의 아들아!
30 그들이 와서 네가 무슨 종파에 속해
있으며 어느 교회를 다녔으며 무슨 직
함을 받았느냐, 그것을 따지는 그들이
얼마나 어리석은 백성이더냐?
31 그가 너희에게 와서 알고자 한다면,
네가 나 여호와에게서 이 책을 받은
경로며, 그리고 말씀을 받는 형국은
어찌 받으며, 그 내용은 어찌 받으며,
그 내용은 무엇을 의미하는 것이며,
'하나님께서 역사하시는 것은 무엇인
가', 저희가 그 의문 나는 것을 하나하
나 물으며,
32 오늘의 이 대역사가 이루어지는 그 내
용의 실체를 알고 저희가 깨닫고자
하는 그와 같은 물음을 가져야 할 것
이며,
33 네가 하는 일은 무엇이며, 나 여호와
가 이루고자 하는 것은 무엇이며, 앞
으로 세상이 변하는 역사는 무엇인지
하늘의 뜻을 물어보고 저희가 깨달음
을 얻고,
34 저희가 믿음의 길을 가는 것과 견주어
볼 수 있는 그와 같은 것을 그들은 묻
지 않느니라.
35 일단은 저희가 외형에서부터 의심하
기 때문이니라.
36 저희와 같은 믿음의 길을 가지 아니하
는 자는 사탄이요, 이단이요, 저희와
같이 갈 수 없다는 그것을 먼저 의식
하기 때문에,
37 저희만이 가장 위대한 자요, 다른 백
성은 이 세상에 진리요, 참진리의 뜻
을 가지 못하는 자라는 그 의식에 젖
어 있으며 그 생각에 빠져 있기 때문
에,
38 저희는 저희와 같은 동질인가 아닌가
그것부터 따지는 것이요,
39 나 여호와가 이루고자 하는 역사요,
내가 역사하는 그 내용이요, 내가 너
에게 법전을 내리는 그 과정이요, 그
내용이요, 그리고 나 여호와가 역사하
고자 하는 그와 같은 중요한 내용을
알고자 하는 것이 아니라,
40 어느 종파에 속해 있으며, 무슨 직함
을 가졌으며, 어느 학교에 다녔으며,
가진 재산은 얼마나 되며,
41 지금 데리고 있는 신도는 얼마나 되며
이와 같은 것을 가지고 평가하는 자
니, 그게 무엇이더냐?
42 속 알맹이는 모르고 겉만 가지고 묻는
것이 아니던가?
43 그리고 그들은 얼마나 어리석은 자더
냐?
44 보낸 자가 있거늘, 보냄을 받은 나의
아들을 믿고 그를 경배하지 아니하며,
그 이름으로 구원을 받는다는 생각을
아니 하는 자는 저희가 동질의 같은
형제라 생각하지 아니하며,
45 나 여호와가 존재함을 믿지 아니하며,
나 여호와가 존재함을 두려워하지 아
니하며,
46 나를 믿는 백성은 사탄이요, 이단이라
그리 말하는 자들이니,
47 그들이 얼마나 속은 모르며 겉만 가지
고 허덕이는 백성이더냐?
48 그들이 바로 그러한 자들이니라.
49 그와 같은 백성을 너희가 어찌 깨닫게
하고 변화시킬 수 있는가?

50 그것은 오로지 너희가 나의 계명대로
살며 나의 법전 내용대로 살아 변하는
너희의 아름다운 모습, 그것밖에 그들
에게 보여 줄 수 없음이니라.
51 외형적이요, 형식에 젖어 있는 그들이
진정한 그 내면의 속을 알 수 없으며
속살을 알 수 없으며 속에 이루고자
하는 그 내용을 알 수 없는 자이기 때
문에 그러하느니라.
52 사랑하는 나의 아들아, 그들을 깨우쳐
라.
53 중단하지 말고 그들을 일깨워 줘야
함을 잊지 말라.

5,715 번째 하나님 말씀

2003년 3월 25일 14시 50분

1 사랑하는 나의 아들아!
2 "네, 아버님! 말씀하옵소서."
3 이 동양의 작은 나라, 내가 선택한 백
성에게 옛날부터 흘러오는 악습이요,
잘못된 폐습이 하나 있으며, 또한 그
들이 장점을 하나 가진 것이 무엇인
줄 알겠는가?
4 이 작은 나라의 백성은 저희가 노력
하여 그 관직이요, 명예를 얻으려 하
는 것보다는 요령을 피우고 수단을
부리며 재물을 그저 슬그머니 뒤에다
집어 주고 벼슬을 사는 그와 같은 것
에 재능이 뛰어난 백성이며, 그를 좋
아했으며,
5 그것으로써 출세의 척도를 재는 것이
동양의 작은 나라 백성이 지금까지 살
아온 가장 나쁜 악습이며, 또한 그와
같은 형국에서 지금까지 전해 왔던 것
이 너희들이니라.
6 그리하여 재물을 주고 벼슬을 사는 방
법, 그리고 직위를 사는 그와 같은 형
국으로써 유독 동양의 작은 나라의
백성만이 그리 행하고 그를 장점이라
생각하며 기술이라 생각하며, 똑똑한
자요, 유능한 자라 그와 같은 착각 속
에 너희가 살아가는 그와 같은 자들이
니라.
7 노력하여 자격을 갖추지 아니한 자가
벼슬을 사는 것이요,
8 재물이요, 권력으로써, 또는 수완을
부리는 그 간교한 방법의 능력으로써
그 역사를 이루니,
9 바로 제대로 된 나라요, 제대로 된 백
성이 자리를 지키며 지도자가 제자리
에 설 수 없는 대표적인 것이 너희가
지금까지 살아온 지난날의 역사이니
라.
10 그러니 지금의 믿음의 길을 가는 그
백성도 또한 그 뿌리요, 그 정신이 아
직도 너희 속에 젖어 있는 것이 동양
의 작은 나라 의 백성 너희들이니라.
11 그리하여 믿음의 길을 가는 자들이요,
믿음 속에 있는 너희도 그 속에서 벼
슬을 갖고자 하며 벼슬의 이름을 얻고
자 하여,
12 그리하여 수단과 방법을 가리지 않는
것이 지금의 동양의 작은 나라의 믿음
의 길을 가는 백성 너희의 그 생각이
요, 생활 방식이 그대로 지금 종교 집
단 속에서도 지금 형성하고 있음이니
라.
13 유독 동양의 작은 나라만이 종교 집단
속에서 장로요, 권사요, 집사라는 그

것이 큰 벼슬이나 되는 것처럼, 그리
고 너희가 평생 얻을 수 없는 큰 관직
이나 되는 것처럼,
14 이를 너희 조상이 돈을 주고 벼슬을
사듯이 그를 돈을 주고 사며, 재물을
주고 사며, 현물을 주고 사는 거기에
혈안이 되어,
15 그와 같은 심성의 백성이 종교 지도자
속에 종교 집단 속에 있는 것이니라.
16 그러니 그와 같은 사고자 하는 자들이
있기 때문에, 지금의 종교 지도자들이
너희에게 장사할 수 있으며 그들로부
터 재물을 거둬들이는 그와 같은 형국
이 되어 있음이니라.
17 지금 너희 종교 집단에서 하는 그 짓
이 사회의 일반 백성이 지금까지 저질
러 온 그 방법보다도 더 추악하고 더
러우며 그 단위가 이루 말할 수 없이
다르니,
18 사람마다 그 단위가 다르며 벌린 입을
다물지 못할 그와 같은 금액을 갖다
바치고, 또한 요구하며 받아들이니,
19 그리하여 그 이름을 파는 장사가 이
세상에서 가장 편안한 장사요, 제일
잘 나가는 장사라는 걸 알고 있는가?
20 영수증을 써 주는 것도 아니요, 배추
장사도 돈을 받으면 배추 한 다발을
주거늘,
21 너희는 그 관직이라는 것의 이름을 팔
며 큰 명예의 벼슬이나 되는 것처럼
그저 장로요, 권사요, 집사라는 그것
을 얻고자 있는 것, 없는 것 갖다 바쳐
대는 것이 너희들이니,
22 제 자식의 미래를 위하여 걱정은 하지
아니하며, 큰 벼슬이라 하여 돈을 얻
어 또 남에게 재물을 빌려서까지 그를
사는 어리석은 백성이 있으니,
23 이와 같은 너희가 있는 한 종교 지도
자들이 얼마나 장사하기가 쉬우며, 그
들이 편안한 장사를 하는가?
24 영수증 하나 써 주는 것도 아니요, 물
건 하나 주는 것도 아니요,
25 그저 너희가 '억'하고 내면 집사요, 권
사요, 장로라 그리 불러주니 그보다도
더 쉬운 장사가 어디 있는가?
26 너희는 여기서 깨우쳐야 할 것이니라.
27 그것은 너희에게 관직도 아니며 벼슬
도 아니며, 너희가 지옥으로 갈 때 그
이름을 가진 자는 더 무서운 벌을 받
을 것이며 매도 먼저 맞듯이 너희가
먼저 그 벌을 받는다는 것을 알라.
28 너희는 그 이름만큼 더 고통을 받는다
는 것을 반드시 알아야 할 것이니라.
29 이제 모든 나의 백성이요, 신도라는
불쌍한 나의 백성 너희는 알아야 할
것이니라.
30 나에게 오르는 길이요, 믿음의 그 참
진리요, 믿음의 지도자라는 것은 학위
라든지 권력이라든지 재물이라든지
재력을 가지고 받는 것이 아니며, 재
물을 주고 살 수 없는 것이 그것이니
라.
31 너희가 이 세상에 부정한 것으로 벼슬
을 얻으며 부정한 것으로 명예를 따며
학위를 땄을 때 그는 용서치 못하며
그 죄는 언제나 드러나는 것이거늘,
32 하늘에 있는 나를 향하여 내가 내리는
내 앞에서, 나의 성전 앞에서 너희가
재물로써 장사하는 그와 같은 추한 짓
을 하고 있음이니, 그 죄가 얼마나 무

서운지 알아야 할 것이니라.
33 직위요, 명예요, 재물을 가지고 너희
가 나에게 가까이 올 수 있으며 나에
게 사랑을 받을 수 있으며 지도자가
되며 너희가 남을 가르칠 수 있는 자
가 되는 것이 아니라는 것을 알라.
34 너희는 그 믿음이니라.
35 그리고 내가 선택한 백성이 지도자가
될 수 있으며, 너희가 진정한 믿음이
요, 나의 계명을 최소한도 지키고 살
려고 몸부림치는 그와 같은 자가 나로
부터 명칭을 받을 수 있으며 나에게
부름을 받을 수 있다는 것을 너희는
알아야 할 것이니라.

5,716 번째 하나님 말씀

2003년 3월 25일 14시 58분

1 사랑하는 나의 아들아!
2 "네, 아버님! 말씀하옵소서."
3 지금의 종교 집단이요, 그들이 가는
형태가 어떤 건지 너희는 알고 있는
가?
4 남녀가 부부가 되려고 처음에 만나
인사를 하며 사랑을 나누며 신혼기를
거치니, 그 꿈과 같은 세월은 얼마나
행복한가?
5 그보다 더 행복한 세월은 없을 것이니
라.
6 그러하니 너희가 잘 모르고 지금의
믿음이요, 종교 집단에 들어가는 그
순간이야말로 남녀가 만나서 서로 인
사하고 사귀는 과정에서 신혼의 과정
으로 그리 가는 것이나, 지금의 종교
집단은 어찌 되는가?
7 너희가 신혼의 과정을 지난 그 부부가
어떠한 형태로 변하는 과정과 같은지
알겠는가?
8 지금의 종교 집단이 그와 같은 형국이
되어 있음이니라.
9 아내는 남편에게 자기만을 사랑하며
자기를 위하는 것만을 가르치고자 하
며 그를 권고하는 그와 같은 여인의
형태가 되며,
10 남편은 아내의 입장을 이해하며 아내
를 사랑하는 것이요, 아내를 생각하는
것이 아니라, 저를 생각하는 것만 아
내에게 강요하며, 남편만을 받들며 저
를 존경하며 제가 편한 쪽으로 모든
것을 따라오도록 그리하여 아내에게
강요하는 그와 같은 형국의 그 부부와
같으니,
11 그 부부는 결국 몇 년을 가지 못하여
서로 돌아서는 그와 같은 형국이 되는
것이 오늘의 종교 집단들이 지금 속에
썩어 있는 형국이라는 것을 알아야 할
것이니라.
12 서로 이해하고 서로 양보하며 남편은
아내를 위해서 제가 양보하며 그 아내
의 입장을 생각하며, 아내는 남편의
입장을 생각하며 남편의 입장에서 생
각하는 그와 같은 삶을 산다면 그 가
정은 파산되지 아니하며 영원히 살아
갈 수 있는 것이니라.
13 그러나 아내는 아내대로 남편은 남편
대로 그 역할이 다 다른 그와 같은 형
태로 가는 것이 지금의 잘못 가는 믿
음의 형태이니라.
14 남편은 남편이 편리하고 유리한 쪽으
로 그를 따르도록 아내에게 강요하며,

아내는 아내가 편리하고 좋은 쪽으로
그리 따라오도록 강요를 함이니,
15 이것이 너희가 그 가정이 파탄되는
원인이며, 서로 사랑했던 그 모든 것
이 적이 되어 돌아서 남남으로 되는
그와 같은 형국이 아니던가?
16 이와 같은 것이 바로 너희 종교 집단
이요, 너희가 지금 가는 형국임을 너
희는 알아야 할 것이니라.
17 거기에서 아무것도 서로 이해하며 양
보하며 사랑이라는 것을 베풀고 가지
못하기에 너희가 지금 천국에 가는
길이라 그리 부르짖고 가는 것이 결국
은 너희가 파산이요, 지옥으로 가는
길이라는 것을 알아야 할 것이니라.
18 그는 바로 무엇이던가?
19 너희만을 받들라 하며 너희만이 위대
한 것이며 너희 뜻에 무조건 순종하며
따라오라 그리 가르치는 종교 지도자
들이요, 그 집단들이 지금 이 세상을
이끌고 가니,
20 너희가 몇 년 살다 서로 자기만을 따
르라는 그 남자, 여자의 주장이 강하
여 헤어지는 것과 마찬가지로,
21 저희를 위하여 바치라 강요하는 그들
을 따라가다 헤어지는 부부처럼 너희
가 곧 나에게 심판을 받는 그 순간에
는 너희가 두말할 것 없이 지옥행으
로 간다는 것을 잊지 말라.
22 저만을 위하며 제 뜻에 따라 저에게
순종하며 절대복종하라고 그와 같이
가르치는 종교 집단이 바로 그와 같은
자들이니라.
23 서로 이해하고 서로 양보하며 이와 같
이 살아가는 부부가 아니요,
24 남편은 아내에게 그저 남편이 원하는
것, 좋아하는 것, 제 취향에 맞춰 살아
가도록 그리 강요하며,
25 또한 아내는 제 취향에 맞도록 그리
강요함이니, 이것은 살아갈 수 없지
않던가?
26 아내로서는 배울 것을 다 배웠으며 갖
출 것을 다 갖췄으며, 남편 못지않게
사랑하는 부모 밑에서 사랑을 받으며
아름다운 추억의 학창 시절을 가진 제
가, 남편이라는 사람을 만나 제 인생
이 지금 촛불처럼 다 녹아 갔으며 저
는 모두 다 물거품이 되어 갔다는 그
와 같은 마음가짐을 가진 아내가 있
다면 과연 어찌하겠는가?
27 남편 또한 그러하니라.
28 '내가 저 여인이 아니면 오늘 이 직장
에서 상사에게 그 억울한 말을 듣고도
참고 대들지 못하며 뿌리치지 못하며
그저 고개 숙이고 풀 죽은 강아지처럼
내가 그저 순종하는 그 형태로 살아가
는 것은 이 여인을 만났기 때문에 그
렇지 아니한가?' 그리 생각한다면, 너
희는 여기서 아무것도 이루어짐이 없
으며 파산 지경이 될 것이니라.
29 너희는 남편이 그러한 가정을 이루기
위해 사회의 직장에서 모든 사람에게
참지 못할 일을 참으며 인내할 수 없
는 일을 참고 눈물을 머금고 그 가정
으로 하루 일과를 마치고 돌아오는 어
깨가 처진 남편의 아픈 사연을 알지
못하며,
30 여인은 여인으로서 그 모두를 다 접어
두고 한 가정의 남편을 위하여 모든
것을 희생하는 그에게 보상하는 그와

같은 아름다운 마음을 갖지 못하고 살
아 너희는 그 가정이 파산되니, 그는
곧 무엇이더냐?
31 일방적으로 저만을 생각하는 것에서
모두가 틀어지는 결과이니라.
32 바로 너희 종교 집단은 얼마나 종교
지도자 너희 자신만을 위해서 가는가?
33 그저 모든 것을 저만을 위해 바치고
저만을 위해서 가야 한다는 일방적인
사랑이요, 일방적으로 모든 것을 강요
하는 것이 종교 집단이요, 지도자니,
34 내가 법전에 그들이 얼마나 사악한
자며 얼마나 일방적으로 강요하는지
다 기록하여 전했으니, 그를 읽어 보
고 또 한 번 보도록 하라.
35 얼마나 일방적인 사랑을 하는가?
36 일방적인 사랑으로써 강요하며 그저
애완동물처럼 목에 걸어 끌고 다니는
그와 같은 형국으로 너희를 이리 끌
고 저리 끌고 그저 즐기고 챙기다가
결국에는 헤어지는 부부처럼 너희가
헤어질 때는 지옥으로 가는 그 길만이
남았으니 그때 너희는 앙상한 가지뿐
이니라.
37 사막에서 죽어 간 코끼리요, 그 큰 짐
승들이 살점은 다 뜯기고 그 피부도
다 뜯기며 마르고 말라 썩어 가는 뼈
만 앙상한 그 모습보다도 더 처량하고
불쌍한 모습으로 너희가 지옥으로 간
다는 것을 절대 잊지 말라.

5,717 번째 하나님 말씀

2003년 3월 25일 15시 05분

1 사랑하는 나의 아들아!
2 "네, 아버님! 말씀하옵소서."
3 이제 선택된 백성 너를 따르는 제자들
이요, 나의 법전을 읽고 깨우친 백성
이 나의 법전을 읽고 들었으니,
4 나 여호와가 원하는 것이 무엇이며,
내가 흘리는 눈물이 무엇이며, 내가
너희에게 어찌 가고자 하는지 다 알았
을 것이며 다 깨달았을 것이니라.
5 그러니 나의 법전을 만들어 세상에 전
하는 그 일에 너희가 열과 성의를 다
하도록 그리하여 만백성을 구하는 그
앞길에 서도록 그리 말하라.
6 그러나 너희가 나의 법전대로 행하고
살아가는 것이 너무나 힘들고 어려워
인내하고 따라갈 수 없거든 너희 자신
이 조용히 떠나면 되는 것이니라.
7 너희가 형제들에게 이러니저러니 시
시비비를 할 것 없이 견디지 못하며
역사할 수 없다 생각하거든 너희 스
스로 그저 조용히 떠나면 되니, 언제
라도 너희가 떠날 수 있도록 나 여호
와가 문을 열어 놓았음을 알라.
8 다만, 너희가 이것이 하늘에 오르는
길이요, 나 여호와의 뜻이라 느끼고
스스로 깨달음이 있거든, 그 깨우침에
따라서 열과 성의와 너희 모든 것을
다 바쳐 이 사업을 끝까지 이끌어 나
가는 전사로서 나에게서 선택된 나의
아들딸로서, 부모의 기쁨을 위하여 부
모가 이루고자 하는 그 유업을 이어받
을 수 있는 건실하고 건장한 아들로서
육과 정신의 훈련을 거듭하여 새로 태
어나는 그와 같은 삶을 살아가도록 그
리하여야 할 것이니라.
9 이제는 떠날 자는 떠날 것이며 남을

자는 남을 것이니라.
10 남아 있는 자는 절대로 떠나는 자를
원망하지 말며, 떠나는 자는 남아 있
는 자를 바보라 생각하지 말라.
11 어떠한 자가 현명한 것이며 어떠한 자
가 잘 선택한 것인지 너희가 죽어 내
앞에 왔을 때 그를 알 수 있을 것이니
라.
12 그러나 너희가 죽어 내 앞에 와 심판
을 받기 전에는 너희는 다 똑같이 죽
음을 향하여 나에게 심판을 받으려고
오는 하나의 길동무라는 걸 절대 잊
지 말라.
13 떠난 자도 나에게 죽음을 향하여 오는
자요, 남아 있는 자도 나에게 심판을
받기 위해 죽음의 그 길을 오는 자니,
14 너희가 그 앞에서 심판을 받을 때가
있을 테니 그때는 너희가 서로 어떠한
것인지를 알고 있을 것이니라.
15 나는 너희에게 말하느니라.
16 나의 사랑하는 아들딸로서 세상에 나
가 너희가 나의 법전을 읽고 깨우쳤
으며 나의 진리를 깨달아 세상사 살아
가는 것을 깨닫고 눈을 뜬 백성이 등
을 돌리고 떠난 자, 그리고 남아서 끝
까지 고통과 고행의 길을 나의 아들과
더불어 가며 나의 법전을 세상에 하얀
눈이 덮이듯이 덮어 만백성을 구하는
역사를 이루는 그와 같은 백성, 그리
고 나에게서 선택된 나의 아들딸,
17 너희가 나에게 와 심판을 받을 때, 그
심판대 앞에 서서 누가 나에게 고개를
들 수 있는 백성이며 고개를 떨어트리
고 나를 바라보지 못하는 백성이 될
것인지 너희는 그때 가서 알게 될 것
이니라
18 너희가 정녕 나 여호와 앞에 와서 고
개를 떨어트리고 들지 못하는 그와
같은 백성이 되어서는 아니 될 것이니
라.
19 아무리 너희가 고개를 숙이고 지난날
나의 법전을 들고 동서남북을 뛰었으
며 만백성에게 전해 줬으며 나의 아들
이 쓰러지고 힘들 때 부축해 주었다
해도,
20 너희가 떠난 그 죄는 그것을 다 감당
치 못함이니, 내가 너희를 모른다 하
여 너희는 나를 원망하지 말라.
21 너희 스스로 고개 들어 나에게 눈물의
기도를 드릴 수 없으며 나에게 소청할
수 없으며 나에게 와 용서를 빌 수도
없는 것이 너희의 한계이며,
22 너희는 감히 나를 아버지라 부를 수도
없는 그때라 내가 그리 말하지 아니하
였던가?
23 너희가 어떤 삶을 선택하며 어떠한 길
을 가야 바른길이며 나에게 오르는
길인지 그 역사의 선택을 이제 너희가
해야 할 때임을 알아야 할 것이니라.
24 내가 너희에게 물었느니라.
25 나의 법전을 대할 때 너희가 가슴이
두근거리는 그 흥분된 마음이요, 그
속에서 너희가 그 마음으로 나에게 경
배하며 법전을 읽고 깨우쳐 가면 너희
가 그보다 더 큰 영광이 없거늘,
26 너희는 그 순간에 벌써 기다림을 가지
며 무엇을 얻고자 생각하며 소망을 얻
고자 생각한다 하였으니,
27 그러나 내가 너희에게 소원을 들어주
지 아니하며 너희가 역사하는 것을

내가 내리지 아니한다 하였음이니라.
28 너희가 깨달음이 부족하며 너희가 마
음을 다스림이 부족하며 너희가 물속
에서 녹지 않는 그 소금과 같이 굳어
지지 아니하였으니 내가 거기에 너희
에게 내려 주지 아니하며,
29 너희는 거기서 좌절하며 불평을 하기
시작하며 떠난다 하였음이니라.
30 떠나지 않고 불평을 입에 담지 않으며
인내하는 자에게도 내가 큰 역사의 기
적을 이루어 주는 것이 아니요, 너희
가 알 듯 모르듯이 내가 경미한 역사
의 기적을 너희에게 내려 준다 하였
음이니라.
31 그걸 감사하고 견디고 따라오는 백성
에게 그때 내가 너희에게 손을 내밀
어 가슴에 안는다 하였느니라.
32 너희는 그때 와서 누가 잘살았으며 바
로 살았는지 그와 같은 것을 알 날이
머지않았음이니라.
33 너희는 내 앞에 와 고개 들지 못하며
고개를 떨어트려 눈물을 흘리는 백성
이 되지 말라.
34 내가 눈물 흘리는 너희를 도와주지
못하며 내가 너희를 끌어안지 못하며
그 눈물 흘리는 것을 보는 나 여호와
의 아픈 마음을 생각한다면,
35 내가 눈물을 흘리지 않도록 너희가
오늘을 바로 살아야 할 것이며, 너희
가 심판에 대비하여 살 것이며, 죽음
을 위한 삶을 살 것이며, 너희가 웃으
며 죽을 수 있는 그와 같은 삶을 살라.
36 내가 나의 아들을 통하여 법전에 수없
이 기록하여 전했거늘, 듣고 또 들은
것을 너희가 실천하지 아니하며 깨우
치지 못한 것은 너희가 나의 뜻을 순
종하지 아니하며 나를 거역하며 나를
능멸한 그 대가를 치르는 것이니,
37 내 앞에 와서 소리 없이 눈물 흘리며
그 눈물을 봐 주기 원하며 나 여호와
의 눈을 보고자 하지 말라.
38 나는 그 눈물을 보면서도 고개를 돌려
야 하는 나의 아픈 마음을, 너희가 정
녕 나를 울리지 아니하려거든 오늘을
바로 살도록 그리하라, 사랑하는 나의
아들딸들아!
39 모두 다 죽음을 향하는 길동무이니라.
40 그 길동무를 원망하지 말며 질투하고
시기하지 말며,
41 그저 묵묵히 그들이 깨우쳐 돌아올 수
있도록 너희가 옆에서 따라가며 가르
쳐 주며, 앞에 가며 보여 주며,
42 그와 같이 하여 그들도 다 내 앞에 와
심판받을 때 눈물 흘리지 아니하며 너
희처럼 웃으면서 나 여호와를 바라볼
수 있도록 그와 같은 나의 백성이요,
나의 아들딸로 만들도록 너희가 그리
해 주라.
43 이것이 나 여호와가 또한 너희에게 간
곡히 부탁하는 어버이의 심정임을 알
라.

5,718 번째 하나님 말씀

2003년 3월 25일 18시 38분

1 사랑하는 나의 아들아!
2 "네, 아버님! 말씀하옵소서."
3 지금 1부의 법전이 세상에 나가 네 주
변을 파악함이요, 그 주변에 있는 믿
음이라는 길을 가는 자들이 지금 설왕

설래하며 시시비비를 하는 자들이 있
느니라.
4 그러니 나의 법전이 세상을 다 덮을
때 얼마나 무서운 그 환란의 역사가
오겠는가?
5 내가 너에게 뭐라 했더냐, 사랑하는
나의 아들아!
6 나 여호와의 마음을 울리지 말며 나에
게 고통스러운 슬픔을 주지 말라.
7 나의 아들 예수가 죽어 갈 때 '아버지,
이 잔을 받지 아니하면 아니 되겠사옵
나이까?' 그리고 '아버지, 정녕 저를
버리시렵니까?' 했던 그 가슴 아픈 마
음을,
8 네가 지금 인간의 도리요, 인간의 삶
의 그곳에서 벗어나 인간으로서는 갈
수 없는 길을 가야 하는 너를 바라보
는 나 여호와의 마음이 얼마나 아프
겠는가?
9 네가 즐거운 마음으로, 기쁜 마음으로
하늘을 향하여 웃는 마음으로 간다면
나 여호와의 마음이 덜 아플 것이나,
10 네가 인간이 넘을 수 없는 그 길을 하
나하나 넘을 때마다 고통스러워하고
괴로워하며 몸부림친다면,
11 내려다보는 나 여호와 아버지의 마음
이 과연 어떻다 생각하는가, 너는 어
찌 생각하고 어찌 가야 하겠느냐?
12 보통 사람들이 갈 수 없는 길, 보통 사
람이 넘지 못하는 길을 가는 너를 바
라보는 나 여호와의 마음이 얼마나 저
리고 아프겠는가?
13 내가 왜 예수가 원하는 그 잔을 거둬
들이지 아니하였으며 그가 그 길을 가
지 못하도록 하지 않았겠는가?
14 그리하지 않았으면 오늘날 모든 믿음
의 길을 가는 자요, 나 여호와가 존재
한다는 자들, 어쨌든 예수의 보혈로써
은혜를 받든 말든 그와 같이 나 여호
와가 존재함을 지금까지 이렇게 전하
고 선전하는 일은 없지 아니하였겠는
가?
15 그러니라.
16 너는 여기서 네가 알고 가야 할 것이
있음이니라.
17 내가 너에게 일찍이 뭐라 말하였느냐?
18 너 하나를 올려놓고 너희가 생선을
다루는 그 요리사가 뼈는 뼈대로, 비
늘은 비늘대로, 가시는 가시대로 다
발라내듯이, 내장은 내장대로 다 헤쳐
그를 검사하고 보듯이 너를 그리 다
헤쳐 놓고 다 뒤져 놓는다 그리했음이
니라.
19 그러니 네가 나의 법전을 읽고 깨우치
며 이 법전이 지금 4부요, 5부요, 70권
이요, 80권이라는 이 책이 세상에 나
와 태풍을 몰아올 때까지 네가 살아
온 과거는 너 자신이 당당하게 이야
기할 수 있으나,
20 그 후에 네가 잘못된 삶은 용서받을
수 없으며 네가 헤어날 길이 없음을
너는 알아야 할 것이니라.
21 너를 얼마나 헤쳐 놓고 너를 얼마나
발기발기 갈라 놓겠는가?
22 그때 가서 네가 울지 말라.
23 네 살을 바르는 고통이 아니요, 네가
잘못 살아온 것이며, 그리고 나 여호
와에게 네가 죄를 지어 나에게 오지
못함이요, 그리고 너를 따랐던 그 모
든 백성에게 네가 배신하는 행위요,

그들에게 거짓말하며 너 자신을 숨기
는 그와 같은 삶의 현장이 나온다면,
그 모습이 보인다면 과연 어찌 되겠
는가?
24 이 세상이 다 쪼개지며 이 세상이 다
무너지며,
25 네가 밤잠 안 자며 코피 쏟아 가며 목
아파 가며 나의 성령을 받아 기록한
그 소중하고도 소중한 나의 법전이 다
재가 되고 물거품이 될 것이며,
26 만백성은 믿는 자, 믿지 않는 자 할 것
없이 나의 법전을 땅을 파고 거기다
다 묻을 것이니라.
27 그들의 재산을 다 동원하고 물질을 다
동원해서라도 이 법전이 세상에 존재
하지 못하도록, 꼬투리 하나만 잡힌다
면 다 묻어 버릴 것이니라.
28 그리고 그들이 태워 버릴 것이니라.
29 그러니 네가 어찌 가야 하겠는가?
30 그리하여 내가 너에게 완벽하라 하며,
한 점의 부끄럼이 없이 가라 하며,
31 내가 너에게 풀어 주고 용서할 것도
내가 용서하지 아니하며 풀어 주지 아
니하는 나 여호와의 아픈 마음을 아는
가?
32 너를 풀어주지 못하며 네가 편안하게
가지 못하도록 하는 나 여호와가, 예
수가 죽음 직전에 나에게 죽어 가면서
기도 드렸던 그 처참하고 애절한 기도
소리보다도, 그 정황보다도 내 마음이
더 아프고 저림이니라.
33 예수는 그저 숨을 거둬 죽는 그 짧은
순간의 고통에서 모든 것이 끝났다 하
나,
34 너는 육이 있으며 살아 있으며 생각이
있으며 움직이며 육체가 있으며 세속
의 삶이 있으니,
35 살아 움직이는 인간으로서 아무도 지
킬 수 없으며 갈 수 없는 길을 가라 하
며 지키라는 나 여호와의 마음이 더
아프고 천 갈래 만 갈래 저리고 찢어
지는 것 같은 그 마음을 아나니,
36 네가 웃으며 즐거운 마음으로 간다면
나 여호와의 아픔이 덜할 것이며,
37 네가 고통스럽게 눈물 속에 몸부림치
며 간다면 그를 바라보는 나 여호와의
마음이 얼마나 아프고 저리겠는가?
38 사랑하는 나의 아들아, 그러나 가야
하느니라.
39 너를 발기발기 헤쳐 놓는 그때 네가
눈물지며 통곡하지 말라.
40 그리고 네가 나에게 와 천국의 문에
들어서지 못할 때, 너의 제자들이요,
너를 따랐던 많은 백성이 얼마나 통
곡하며 울겠는가?
41 그들도 올 수 없다는 걸 알라.
42 그들도 너를 따라서 올 수 없음이니,
그들의 고통이요, 그 슬픈 마음이요,
그들의 눈빛을 네가 어찌 받으며 감내
하려 하는가?
43 오늘을 참아라, 사랑하는 나의 아들아!
44 예수는 그 잔을 받았음이니라.
45 그리고 그는 기도하였음이니라.
46 그리고 모두는 나 여호와의 뜻대로 이
루도록, 내 뜻대로 할 수 있도록, 내
주관대로, 내 생각대로 해 달라는 마
지막 기도를 하였음이니라.
47 너도 그와 같은 기도를 오늘 이 밤부
터 드리도록 그리하라.
48 나에게 모두를 맡기며 모두는 나 여호

와의 뜻에 따라 하라는 그 기도의 마
음을 가슴 깊이 생각하며,
49 예수가 드렸던 그 기도의 의미를 생각
하며 그와 같은 기도의 마음을 네 가
슴에 새기고 살도록 하라, 사랑하는
나의 아들아!

5,719 번째 하나님 말씀

2003년 3월 26일 08시 56분

1 사랑하는 나의 아들아!
2 "네, 아버님! 말씀하옵소서."
3 내가 너에게 일러 뭐라 가르쳤던가?
4 구약이 어떠하니 구약이 이러하니 그
와 같은 시시비비를 하지 말며, 모세
의 이룬 역사가 무엇인가 그걸로 시
시비비하지 말며,
5 예수의 시대의 역사가 어떻다, 그것
저것 너희는 시시비비를 하지 말며,
그를 말할 것도 없으며,
6 성경이 어떻고 성서의 신약이 또 어떻
고 그와 같은 것에 내가 관심을 두지
말라 하지 아니하였던가?
7 오로지 너희는 바로 살아가는 길이요,
나 여호와의 이름을 망령되이 일컫지
아니하며,
8 자식이 아버지라 부르는 그 부모의 이
름을 욕되게 하지 않는 그와 같은 삶
을 사는 것, 너희가 하루하루 변해 가
는 아름다운 삶을 사는 것이 가장 중
요한 것이라 내가 그리 말하였느니라.
9 구약이 어떻고 신약이 어떻고 너희가
아무리 수다를 떨어도 거기 있는 율법
이요, 계명을 지키지 아니하고 잘못
깨닫고 간다면, 다 그것이 부질없는
짓이요, 말장난에 불과하다 하지 않더
냐?
10 십계명을 지키고 행하라는 것을 그대
로 행하는 삶으로써 너희가 그리 산
다는 것은 매일 그와 같이 변하는 것
이라 하였음이니라.
11 너는 나의 종이요, 나의 선지자요, 나
의 아들이라 부르는 그와 같은 것에
관심을 두지 말며 생각하지 말라.
12 그저 네가 지금 인간 한 사람으로서
세상에 살아가면서 아름답게 변하며
곱게 변하며, 그 누구도 갈 수 없는 길
을 가는 것이요, 그리고 네가 남에게
부끄럽지 않은 삶을 살아가는 것이요,
13 너 자신이 흙탕물 속에서 살아왔던
60평생의 그 인생의 삶을 깨끗이 씻
어 내고 씻어 내는 아름답고 부드러운
살결의 그 모습을 보는 그것으로써 네
가 만족하며 그것으로써 행복이라 느
끼는 그와 같은 생각에서 네가 오늘날
변함을 중단하지 말고 그리 가도록 그
리하라.
14 사람들이 갈 수 없는 길이요, 인간이
변할 수 없는 길을 네가 가는 것을 보
면 세월이 지나면 너를 성인이라 말할
것이며,
15 그 성인으로 칭하기가 너무도 소중한
너라 생각할 때는 말하지 않아도 너는
나의 아들로서 인생을 살았으며, 나의
아들로서 손색이 없는 삶을 살았다 그
리 말할 것이니,
16 너 자신이 그와 같이 누덕누덕 지었던
지난날의 삶과 지금 내가 너를 부르지
아니하며, 내가 아들이라 하여 나의
법전을 기록하도록 하지 아니하였더

라면, 너는 지금까지 살아온 그 죄악
속에서 그대로 살아갔을 것이 아니던
가?
17 그것 하나 네가 하지 아니하고 변화되
는 그 삶으로써 너는 네 소임을 다한
다는 그와 같은 생각을 하고 살아가
도록 하라, 나의 아들아!
18 그리 생각하면 네가 고통이 없을 것이
며 괴로움이 없을 것이니라.
19 그리고 너의 제자들에게 그리 전하라.
20 너희가 나의 성전에 와 공부하며 나의
강론을 들으며 법전을 읽고 깨우치는
것, 거기서 너희가 구원을 받으며 천
국에 가는 것이며 그와 같은 너희 육
의 생활에 은혜요, 영광을 얻는 그런
것을 생각하지 말며 모두를 다 지우고
나의 성전을 오도록 그리 전하라.
21 그리하면서 너희도 또한 마찬가지니
라.
22 지금까지 어두운 세상에서 지고 온 죄
를 하나하나 비누로 씻어 내듯이, 깨
끗이 씻어 내며,
23 그리고 또 계속 져야 할 그 짊어지고
갈 죄들을 짓지 아니하고 아름답게 살
아가는 모습, 너희가 인간의 본연의
자세요, 인간다운 삶을 살도록 노력하
는 것이며, 인간이 인간답게 변해 가
는 그와 같은 아름다운 모습에서 너희
는 그것으로써 행복을 느끼며 그것으
로 너희 자신의 축복이라 생각하며,
24 너 자신의 그와 같은 삶이 인간의 즐
거움이요, 가장 영광된 삶이라는 그것
으로써 그들에게 마음을 가지라 그리
말하라.
25 나의 성전에 와 나의 법전을 놓고 공
부하고 깨우치는 그것이 너희가 구원
을 받는 것이며 하늘에 오르는 길이요,
26 그와 같은 다음에 이루어질 일들은 다
나에게 관계되는 것이며,
27 너희가 한다고 해서 이루어지는 것이
아니요, 너희가 바란다고 해서 이루어
지는 것이 아니요, 생각한다고 해서
이루어지는 것이 아니니라.
28 그러니 너희는 오늘의 변하는 마음을
깨끗하게 비누로 씻어 내듯이 너희가
그 오물을 씻어 내는 그와 같은 깨달
음이요, 그 삶으로 변한다면, 그리고
남들에게 속지 않는다면,
29 하늘에 오르는 길이요, 천국에 오르는
길이라는 것을 속지 않고 간다면 그보
다 더 축복과 영광이 없음을 너희는
알아야 할 것이니라.
30 아무리 나에게 선택된 백성이요, 내가
임하는 것이라 해도, 사악한 짓, 인간
으로서 할 수 없는 짓, 인간으로서 그
궤도를 이탈하여 사는 그와 같은 자는
내가 그를 축복하겠는가?
31 너희가 나 여호와를 찾으며 십계명을
암송하며 너희가 오늘의 삶이 변하며
내일의 삶이 변하며, 그리고 내가 원
하는 그 뜻을 거역하지 아니하며, 너
자신이 죄악에서 손을 떼며,
32 네가 남을 사랑하며 그와 같이 베풀고
살아가고자 하는 마음, 최소한 남에게
폐를 끼치지 아니하며 누를 끼치지 아
니하며 남에게 손해를 입히지 아니하
고 살아가는 그와 같은 것이 삶의 기
본이면 그것이 바로 구원에 오르는 길
이니,
33 거기에 대해서 너희가 구원을 받고

안 받고, 오고 안 오는 것은 생각하지
말라.
34 다만, 너 자신이 변하는 삶이요, 인간
의 본질의 마음으로, 인간의 본연의
자세로, 짐승과 차별화된 삶으로, 짐
승과 다른 인간의 자세의 삶을 찾아가
는 것,
35 그것으로써 모든 영광이요, 축복이요,
너희가 얻을 것을 다 얻은 것이라 그
리 생각하며 거기서 행복을 추구하며
살아가도록 그리 가르치라, 사랑하는
나의 아들아!
36 너 또한 나의 아들이요, 나의 선지자
요, 나의 종이라는 그와 같은 것을 의
식하지 말며 그를 생각하지 말며,
37 네가 넘을 수 없는 인간의 그 고비를
넘어 유혹을 뿌리치며 사악한 마음을
너 자신에게서 뽑아내고 또 뽑아내어,
38 네가 악을 버리고 선한 모습으로 살아
가는 그것으로써 네가 나에게 모든 축
복이요, 영광을 받았다 생각하며,
39 아들이요, 선지자요, 종이라는 그와
같은 것에 연연하지 말며, 거기에 대
한 특별한 의미를 두지 말며, 특별히
생각하지 말며 마음의 부담이나 고통
을 갖지 말라.
40 오늘처럼 변화되는 모습, 네가 아름답
게 살아가는 모습 그대로 네가 전진하
고 또 전진하면 만백성이 너를 보게
될 것이며 그들이 너를 평가할 것이니,
41 그날이 있을 것이니 그리 알라, 사랑
하는 나의 아들아!
42 어떠한 기대도 하지 말며, 부담도 갖
지 말며, 특별히 더하여야 한다는 것
도 갖지 말며,
43 그저 너희가 한 점의 부끄러움이 없
는 인생의 삶의 궤도를 이탈하지 말고
굳건히 달려가다 보면 승자가 될 것이
니 그리 알라.

5,720 번째 하나님 말씀

2003년 3월 26일 09시 10분

1 사랑하는 나의 아들아!
2 "네, 아버님! 말씀하옵소서."
3 너희에게 정해진 목표량이요, 너희가
해야 할 그 목표요, 너희가 옮겨 놔야
할 그 짐을 운반해야 할 때, 너희 각자
스스로 해야 할 때,
4 그가 게으름을 피운다면 이루어지는
것이 아니니라.
5 오늘 짐을 옮겨 놓으면 내일 옮기는
짐이 가벼울 것이며 오늘 너희가 역
사함을 하면 다음날은 그것이 편함이
니라.
6 그와 같은 세상의 이치요, 믿음도 또
한 그러하니라.
7 너희가 오늘의 변함이 높으며 많은 변
화의 역사를 이룬다면, 내일 너희가
사악한 것을 버리며 유혹을 버리기가
그만큼 부드럽고 편한 것이 믿음의 길
을 가는 길임을 알아야 할 것이니라.
8 너희가 어려서부터 살아오면서 인간
은 숙제라는 것을 선생으로부터 받아
오며 그 과제를 받아서 너희 스스로
깨우치며 임무를 하느니라.
9 그러나 너희가 그 숙제라는 것을 하지
아니하였을 때 그 답이 나오지 아니하
며 숙제가 되지 아니함이니라.
10 그러나 일찍 그 숙제를 해 놓은 사람,

그리고 오늘 일정량을 다 해 놓은 사
람, 또 일정량보다 더 많이 한 사람은
그 다음 날 그만큼 편안하고 그만큼
쉬운 길을 갈 수 있는 것이 아니던가?
11 그러나 하나가 밀리고 두 개가 밀리면
아니 됨이니라.
12 열 개를 오늘 옮겨야 할 것을 옮기지
아니하면, 내일은 스무 개를 옮겨야
하는 그와 같은 결론이 인간 세상의
삶이 아니더냐?
13 믿음도 다 그러하니라.
14 믿음도 너희가 변하는 것만큼 편안하
며 오늘의 깨달음만큼 내일 악과 싸워
서 이기는 것이 그만큼 편하고 쉬운
것이라는 것을 알아야 할 것이니라.
15 그러니 너희가 변하는 깨달음이요, 나
의 법전을 읽고 또 읽고 정독하여 오
늘의 시간을 소중히 해야 할 것이니
라.
16 오늘 법전 읽는 것을 태만하며 내일로
미룬다면, 너희는 평생 미루다 말게
됨이니,
17 오늘 너희가 법전을 읽을 수 있는 그
시간을 최대한 활용하여 읽고 또 읽어
그 내용을 완전히 너희 것으로 만드는
그와 같은 노력이 있어야 할 것이니
라.
18 그러면 그만큼 너희가 얻어지는 것이
많이 있으며 너희가 깨달음이 있으며,
나에게 올라오는 길이 쉽다는 것을 알
아야 할 것이니라.
19 그를 읽지 않고 정독하지 아니하면 너
희가 나를 알 수 없으며, 나에게 오는
길이 그리 멀고 힘든 것을 알아야 할
것이니라.
20 많은 종교 집단 속에 속해 있는 자들
은 저희가 잘못 가는 것을 하나하나
지적하여 가르치는 나의 법전이 내려
가는 것을 두려워할 것이며 부끄러움
을 알 것이니라.
21 그러나 그들은 두려움이요, 부끄러움
앞에 기도하고 경배하며 저희를 깨우
쳐 준 것을 감사하다 나에게 기도하는
그와 같은 마음을 갖는 종교 지도자가
되어야 할 것이거늘,
22 그들은 그걸 뒤집어엎으며, 태워 버리
며, 노발대발하며, 이는 사탄이라 하
며 저희가 사탄을 제거할 대명을 받았
다 하여 나의 법전을 태워 버리고 찢
어 버리고 묻어 버리며 너를 공격하고
자 하는 그와 같은 자들이 그 형국이
지금 되어 있음이니,
23 거기에 일말의 양심이 어디 있다 생각
하는가?
24 이 세상의 모두는 다 내가 주관하여
만들었으며, 내 뜻대로 이루어지지 아
니한 것이 없다 그리 말하면서,
25 어찌하여 저희에게 유리하고 편리하
고 좋고 단 것은 내가 필요하여 만든
것이며,
26 저희 병을 고치는 쓴 약이요, 저희를
다스리는 창조주 나의 성령이요, 나의
뜻이요, 나의 말씀이라는 내 뜻은 세
상에 존재치 못하게 하며 사탄이 만든
것이라 그리 말하는가?
27 사탄이 이 세상에서 무엇을 만들어 낼
수 있으며 무엇을 역사할 수 있다는
것인가?
28 너희가 이 세상에 만들어진 것이 사탄
의 것이라 말한다면, 이 세상의 모든

것은 다 창조주 나 여호와가 사탄과
합작하여 세상에 물건을 만들어 냈으
며 모두가 존재했단 말이던가?
29 그렇다면 너희도 반은 사탄이 만들고
반은 나 창조주 내가 만든 것이며, 반
은 사탄의 자식이요, 반은 나의 자식
이라는 말이던가?
30 이 세상의 모든 것은 사탄은 만들 수
없으며 사악한 자는 만들 수 없는 것
이니라.
31 그와 같은 간단한 이치요, 그 깨달음
하나도 모르고 사는 것이 지금 종교
지도자라 함이요, 만백성을 깨우치는
자라 그리 말함이니,
32 이 세상의 모두는 다 나 여호와가 창
조했으며 내가 필요로 하여 세상에 냈
다는 말을 너희는 하느니라.
33 그러면서 너희는 사탄이요, 사악한 자
가 만들어 냈다 그리 말함이니,
34 그러면 이 세상을 창조한 것은 나 여
호와가 창조한 것이 아니요, 내가 사
탄과 합작하여 사탄과 손을 잡고 그의
힘을 빌려 세상의 모든 것을 만들어
냈단 말이던가?
35 이 엄청나고 무서운 뜻 하나도 이해하
지 못하며 그 의미 하나도 모르는 것
이 지금의 너희들이니, 그러면서 어찌
하여 너희가 만백성을 구하여 하늘에
오르는 길이라며 사탄이 만든 것이요,
사악한 것이 만들었다 그리 말하는가?
36 이제 나의 법전을 사탄이 만들었으며,
악령이 만들었으며, 네가 사탄으로 보
내진 자라 그리 말하거든,
37 '그러면 너도 사탄이 반을 만들었는
가?' 물으라.
38 이 세상의 어떤 것도 사탄은 만들 수
가 없으며 창조주 나 여호와만이 만들
수 있음이니, 그래서 창조주 나 여호
와니라.
39 그러나 너희가 사탄이 이 법전을 만들
었다 하면, '네가 입는 옷도 사탄이 만
들었는가, 너 자신도 사탄이 합작해서
만들었는가?' 그걸 물어보도록 그리
하라.
40 이 세상의 모두는 나 여호와가 필요로
하여 내가 내보냈다 그리 말하면서,
어찌하여 너희는 사탄 것이 세상에
나와 살아간다 말하는가?
41 사탄 것이 세상에 존재한다는 그것은
무엇이던가?
42 바로 사탄과 내가 합작하여 이 세상을
만들었으니, 영원히 너희는 사악한 것
을 지워 버릴 수 없다는 뜻이니라.
43 그러니 그것이 얼마나 어리석은 백성
이 울부짖으며 지금 하는 행위인가를
너희는 알아야 할 것이니라.
44 내가 너를 통하여 일찍이 깨우쳐 주지
아니하였던가?
45 지금의 종교 지도자는 위로는 나 여호
와의 종이요, 아래로는 만백성의 종이
라 그리하였음이니라.
46 너 또한 그렇다 하였으며 너의 제자들
또한 그리하라 하였음이니,
47 그리하여 너희는 섬김을 받는 자가
되어서는 아니 된다 내가 그리 가르
쳐, 너희는 그 길을 가고자 하고 있지
아니한가?
48 그러나 종교 지도자는 저희가 지금 위
로는 나의 종이요, 나의 목자라 그리
말하면서,

49 저희는 아래로는 만백성의 종의 신분
으로서 살아가야 하거늘, 저희는 종의
신분이 아니요, 상전의 신분이요, 섬
김을 받는 자요, 섬김을 받고자 하는
목사요, 그리고 목에다 힘을 주고 버
티는 자가 그 목사들이며 만백성 앞에
군림하는 것이 그들이니,
50 그리하고도 저희가 나로부터 선택된
지도자라 과연 그리 말할 수 있는가?
51 수천 년 역사가 흘러오는 동안에 너희
는 너무나 변질되고 변질되어 너희를
우상으로 만들며 너희를 받드는 것으
로 모두 탈바꿈하는 역사 속에서 지금
까지 살아왔다는 것을 알아야 할 것
이니라.
52 이제 너희가 나의 백성을 구원의 길
에 오르는 길이요, 너희가 진정한 지
도자가 되고자 하면,
53 정녕 섬김을 받는 목자요, 섬김을 받
는 목사요, 종교 지도자요, 힘을 주는
자요, 목에 힘주고 빳빳이 서는 자가
되지 말아야 할 것이며,
54 그와 같은 생활 속에서 너희가 탈바꿈
하지 아니한다면 너희는 나와 관계가
없는 백성이라는 그 말이 영원히 그와
같이 지속한다는 것을 알아야 할 것
이니라.
55 너희 자신이 섬김을 받는 지도자요,
목에 힘주는 지도자의 그 자세에서는
만백성을 너희가 깨우칠 수가 없다는
것을 알라.
56 이제 너희가 그와 같은 자세에서 만
백성의 종이요, 위로는 나 여호와의
종이라는 그와 같은 낮은 자세로써 다
시 태어나는 변화의 역사를 하지 아니
하면 아니 될 것이며,
57 이 세상에 무엇보다도 가장 시급한 문
제가 바로 그것이니라.
58 너희가 목에 힘을 빼며 섬기는 자가
되는 것, 그리하여 너희가 종교 집단
의 내부에서부터 그 변화와 개혁을 먼
저 이루는 것이 가장 급선무며 가장
급한 일이라는 것을 너희는 알아야
할 것이니라.
59 이보다 더 급한 일이 없으며, 이보다
더 화급한 일이 없음이니라.
60 먼저 이것부터 너희가 고치도록 그리
하여야 할 것이니라.
61 그리고 세상에 사는 모든 만백성 너희
에게 내가 전하노라.
62 너희는 지금 힘이 있으며 너희가 눈
이 밝을 때 나의 법전을 읽고 깨우치
라 내가 그리 말함이니, 너희가 나의
법전을 접하지 아니하고 이를 깨우쳐
변하는 삶을 살지 않는 것이 너희가
얼마나 어리석은 삶인 줄 알겠는가?
63 너희가 젊어서는 모두 배우자를 고를
때 저울질하고 또 저울질하여 배우자
를 고르고자 하느니라.
64 그리하여 너희가 고르고 골라도 배우
자를 고르지 못하고 그 인생에서 나이
가 먹어 40이 넘어 남들이 쳐다보지
않는 그와 같은 나이가 되었을 때는
너희가 젊어서 엄격히 고르던 그 배우
자를 정녕 그리 고르지 못하고,
65 나이가 먹었을 때는 시급한 노처녀,
노총각이라 그저 대충 맞으면 시집 장
가를 가는 것이 너희의 그 결단성이
니, 그게 얼마나 어리석고 우매한 행
동의 삶인지 알겠는가?

66 그리 힘 있을 때 고르고 고르던 그 결
혼할 대상을 고르지 못하며, 젊었을
때 좀 더 너그럽게, 좀 더 양보하고 남
의 것을 들여다보며 남들이 사는 것을
보며 사람을 선택하는 것을 배웠더라
면,
67 너희는 젊어서 좀 더 저 자신의 부족
함을 알며 남의 부족함을 이해하여 좋
은 배필로서 결혼할 수 있을 것이니라.
68 오만하며 자만하며 하늘 높은 줄 모르
고, 제가 항상 젊은 줄 알고 그리 버티
고 버티다 혼기를 놓쳐 버려, 남들이
쳐다보지 아니하니 금에서 동값으로
떨어지니,
69 그저 그전에 골랐던 사람의 심부름꾼
만도 못한 남자·여자를 골라 너희가
그저 성급히 결혼을 하고 살아가니,
그것이 결국 실패작이 되는 것이 아니
던가?
70 인생을 너희의 결혼 생활에 비춰 내
가 너희에게 말을 한다 하면, 오늘날
나의 법전을 읽지 않고 오만한 자는
너희가 지금 젊고 남들이 유혹하고 탐
낼 때 너희 자신을 낮춰서 좋은 배필
을 구하지 않는 어리석은 백성보다 천
배 만배 불행하고 어리석은 백성이라
는 것을 알라.
71 혼기를 놓쳐 저 자신을 그저 헐값에
아무 곳에나 던지는 그와 같은 어리석
은 행위를 하지 말며, 그와 같은 너희
인생의 소중함을 함부로 버리지 말라.
72 지금 힘이 있고 눈이 밝아 너희가 가
장 금값일 때 나의 법전을 읽고 깨우
치고 또 들여다보도록 그리하라.
73 그리하여 너희가 좋은 선택을 하며
하늘에 오르는 길을 보며 영원히 사는
그 축복을 받도록 그리하라.
74 너희가 죽어 갈 때 다급해 그저 아무
나 대고 불러 대고 아무 종교나 너희
가 몸을 던졌을 때 그때는 이미 도저
히 되돌릴 수가 없는 것이 너희며,
75 오늘의 오만함을 버려야 할 것이며 자
만함을 버리라.
76 너희 육이 항상 젊고 힘이 있는 것이
아니며 영혼의 그 당당함이 있는 것이
아님을 알라.

5,721 번째 하나님 말씀

2003년 3월 26일 09시 17분

1 사랑하는 나의 아들아!
2 "네, 아버님! 말씀하옵소서."
3 나 여호와가 너희에게 속과 겉이 다른
인간이 가장 사악한 자라 그리 말하지
아니하였던가?
4 너희가 인간사에 살아가면서 그러하
느니라.
5 너희가 서로 남남이 만나 한 가정을
이루는 그 속에서도 너희가 사귀고
친분이 있을 때,
6 이리와 늑대 같은 그 발톱을 감추면서
양의 탈을 쓴 것처럼 너희가 아름다운
마음이요, 그 아름다운 자세로써 그것
만을 보여 준다면,
7 그를 믿고 서로 의탁하고 결혼한 그
부부는 결혼생활을 하면서 그 마각이
드러나기 시작한다면 그를 어찌 감당
하며, 얼마나 불행한 삶을 살게 되는
것인가?
8 그보다 더 참기 어려운 것이 없으며

그보다 더 인내하기 어려운 것이 없으
며 그보다 더한 고통이 없을 것이니,
그것이 너희가 인생의 가장 큰 실패
라 말할 것이니라.
9 그러나 이 세상에 나의 피조물 만백성
이 그와 같은 삶을 사는 자들이 너무
나 많고도 많음이니라.
10 많은 사람 앞에선 천사와 같이, 귀족
과 같이, 신사같이 행동하고 성인군자
처럼 행동하면서,
11 저보다 약한 자, 저에게 약점이 잡힌
자, 그리고 저보다 어려운 자, 저희가
용서하고 베풀어야 할 자들 앞에서는
냉혹한 짐승보다도 더 무섭고 사납게
변하는 그와 같은 자들이 있다 하는
것이니,
12 그러니 앞에서는 천사요, 뒤에서는 늑
대와 같은 그와 같은 마음을 가지고
사는 것, 그 백성이 바로 속과 겉이 다
른 것이니,
13 속과 겉이 다른 백성을 믿고 따랐던
사람이요, 그를 믿고 같이 동업을 했
던 사람이요, 그를 믿고 평생을 맡겼
던 가족이요, 이 모두가 다 하나의 고
통으로 시작되며, 감내하기 어려운 그
와 같은 고통에 휘말리게 됨이니, 이
는 남을 죽이는 가장 사악한 자들이니
라.
14 그리하여 내가 그와 같은 자를 용서하
지 못하며 그와 같은 자를 나 여호와
가 가장 용서하지 못한다 했음이니라.
15 저희 가정사는 엉망으로 다스려 나가
며 사생활은 엉망이니라.
16 그러나 그것을 위장하고 세상에 나와
저희가 다시없는 귀족과 같이 신사처
럼 행동하는 그와 같은 자를 믿고 너
희가 모든 것을 거래하고 역사하고자
한다면, 그 순간에 그는 얼마나 불행
한 사람이 되며, 선량한 백성이 고통
과 시련 속에 빠지게 됨이니,
17 그리하여 너희가 권모술수를 부리는
속과 겉이 다른 백성을 구분하여 잘
선택하는 그와 같은 삶을 살도록 하여
야 한다 하였음이니라.
18 그러니 지금의 종교 집단들이 과연 어
떠한지 아는가?
19 지금의 종교 집단들이 가장 그 속과
겉이 다른 행동을 하는 자들이니라.
20 그들은 천사들의 집단이요, 나 여호와
의 뜻을 가르치며 말로써는 세상 것을
다 주는 것처럼 하나,
21 저희끼리 멱살잡이하며 서로 삿대질
하며 시시비비하며 아귀다툼을 하며,
법원이라는 곳에 가 인간의 심판을 기
다리는 그와 같은 사악한 역사가 비일
비재하게 이루어지며, 그것을 부끄러
운 줄 모르며 지금 이루어지고 있음이
니,
22 일반 백성의 집단도 아닌 그 내부에서
그리 썩어 가는 것을 나는 하늘에서
다 내려다보고 있음이니라.
23 이 세상에 믿지 않는 자를 이방인이라
하며 일반 백성을 경원시하며 너희가
차별하고 사나, 그들이 왜 너희를 따
라가지 아니하며 너희와 더불어 믿음
의 길을 가지 아니하며 너희에게서
고개를 돌리는지 아는가?
24 이 세상에는 비밀이라는 것이 없으며
너희가 모를 것이라는 그와 같은 것을
남들이 더 잘 아느니라.

25 너희가 생활하는 그 살림의 내막도 이
웃에서 모를 것 같으나, 이웃에서 너
희의 약점과 단점과 그리고 장점을 모
두 잘 아는 것이니, 세상은 비밀이 없
음을 알라.
26 그리하여 너희가 이방인이라는 밖에
있는 그 백성이 너희 내부의 썩은 냄
새를 맡으며,
27 너희끼리 그와 같이 아귀다툼하며 멱
살 잡으며, 자매요, 형제라는 자들이
언제 그랬냐는 듯이 하루아침에 원수
로 변하고 패거리 짓을 하는, 그와 같
이 너희가 행동하는 것을 밖의 사람
들이 너무나 잘 알고 있기 때문에 너
희를 무시하는 것이며,
28 너희 앞에 그들은 만나기를 꺼리며
겸상하기를 꺼리는 것을 알겠는가?
29 그리고 더 사악한 자들이 믿음의 길을
가는 자라 그들은 서슴없이 말함이니
라.
30 그러니 그게 너희가 속과 겉이 다른
백성이니라.
31 그리하여 속과 겉이 다른 그와 같은
마음의 자세로 살아가는 백성을 내가
용서하지 아니한다 함이니라.
32 그가 바로 양의 탈을 쓴 자가 아니던
가?
33 위선적이며 그 자세를 숨기고 발톱을
숨겨 놓고 말하는 그 설법이요, 그 행
동하는 것을 보고 거기에만 넘어가 모
든 것을 맡기고 던지는 그와 같은 불
행한 나의 백성이 수없이 고통 속에
서 살아감이니,
34 그리하여 내가 그는 절대 용서하지 아
니한다 함을 너희는 알아야 할 것이
니라.
35 그러니 모든 종교 집단 너희가 겉으
로는 천사의 집단이요, 나 여호와의
집이라 하면서 너희가 법원에 가서,
또 인간의 법 앞에서 호소하며 서로
편 갈라 패거리 짓 하는 그와 같은 짓
을 한다면, 너희가 사탄의 근본이요,
사탄의 씨앗이요, 사탄의 자식이라는
것을 잊지 말라.

5,722 번째 하나님 말씀

2003년 3월 26일 09시 26분

1 사랑하는 나의 아들아!
2 "네, 아버님! 말씀하옵소서."
3 이제는 너희가 그리도 갈구하는 하늘
에 오르는 길이요, 성령의 충만함이
요, 그 역사함이 어떠한 것인지를 알
아야 할 것이니라.
4 지금 너희가 가는 그 믿음의 집단들
은 너희가 교회에 가 봉사하며 희생하
며 재물을 많이 바치며 종교 지도자의
말에 따라 그저 죽으라면 죽는 시늉
을 하는 그와 같은 백성만이 성령의
충만이라 그리 말함이니라.
5 그리고 나의 아들 예수의 보혈로써 구
원을 받았으며 구원을 받았다 울부짖
고 찬송하는 자, 너희가 눈물 짜며 콧
물 짜며 소리 지르고 악쓰는 그와 같
은 행위가 너희가 성령이 충만한 것
이라 그리 말하고 가르치느니라.
6 그러나 너희는 알아야 할 것이니라.
7 진심으로 성령이 충만한 백성은 나에
게 기억되는 백성이어야 한다는 것을
너희는 알아야 할 것이니라.

8 나와는 아무런 관계도 없으며 나와는
이해관계도 없으며 나하고는 아무런
인연도 없는 그 백성이 말로써 성령
의 충만이라 그리 말하는 것이니라.
9 너희가 나에게 기억되는 백성이요, 나
에게 오르고자 하는 백성이라면, 너희
에게 주어진 그 임무를 너희 스스로
충실하고 성실하게 행하는 것이 너희
에게 성령이 충만된다는 것을 잊어서
는 아니 될 것이니라.
10 너희가 살며 그 도리를 다하고 충실히
살아가는 그와 같은 인간일 때, 나의
성령이 그에게 충만함이요, 구원의 영
광을 얻게 된다는 것을 너희는 알아
야 할 것이니라.
11 이제 너희에게 다시 한 번 내가 가르
쳐 주며 깨우쳐 줌이니,
12 구원의 근본이요, 기초는 교회라는 곳
에 가 너희가 봉사하며 재물을 바치
며 울고불고 종교 지도자에게 아양을
떨며 그를 편하게 모시며 그를 잘 받
드는 것이 구원의 길이라 하여 상석에
앉히며, 맛있는 걸 갖다 바치며, 제일
먼저 탄 봉급도 갖다 바치며,
13 그러한 것이 너희가 성령이 충만함이
아니며, 그것은 너희가 사악한 죄를
짓는 것임을 알아야 할 것이며,
14 그건 정녕 구원의 길이 아니요, 구원
의 길이라 생각지도 말아야 할 것이
니 그리 알며, 너희 자신이 부끄러움
을 알아야 할 것이니라.
15 너희가 성령이 충만한 그 역사를 이
루는 것은 너희 자신이 한 점의 부끄
러움이 없이 사는 삶이니라.
16 하늘을 향하여 한 점의 부끄러움이 없
는 삶을 살아가는 그와 같은 백성에게
내가 성령을 내림이요, 그 성령을 내
가 더불어 임하게 한다는 것을 알아야
할 것이니라.
17 나의 성령의 충만함을 얻는 것의 가장
중요한 것은 저 자신의 직분을 충실히
이행하는 자로서, 직장에서는 직장인
으로서의 제 직분을 다하며, 너희가
가정에서는 한 가정의 가장으로서 아
버지는 아버지로서 직분을 다하며, 남
편은 남편으로서의 직분을 다하며, 아
내는 아내로서의 직분을 다하며, 또한
너희가 부모를 모시는 자는 부모에 대
한 자식으로서의 직분을 다하며,
18 그와 같이 너희에게 주어진 그 직분
을 다하는 그와 같은 자에게 내가 성
령을 충만토록 내린다는 것을 너희는
알아야 할 것이니라.
19 한 인간으로서 충실함이요, 가정을 이
루었을 때 그 가정에 충실함이요, 아
이들의 아버지로서 충실함이요, 남편
으로서 충실함이요, 어머니로서 충실
함이요, 아내로서 충실한 그와 같은
삶을 살아가는 백성에게만 성령이 충
만함이니라.
20 말로써 수다를 떨며 재물을 바치며 울
고불고하며 손으로 지은 죄의 온상인
성전에 가 기도하는 것만이 성령이 충
만하다는 그 착각에서 벗어나라.
21 나 여호와가 너희를 기억하고 구원하
지 아니함이니라.
22 오로지 내가 구원하는 것은 네 부모에
게 효도하며, 자식을 사랑하며, 그리
고 직분을 다하며 남에게 저주받지 않
는 자, 남으로부터 얼굴 붉히지 아니

하는 자, 남에게 부끄럽지 아니한 자,
하늘을 우러러 한 점의 부끄러움이 없
는 아름다운 삶을 사는 그와 같은 백
성, 그들에게 성령이 충만하며 내가
그들을 구원한다는 것을 알라.
23 지금의 종교 집단과 지도자의 가르침
은 나의 뜻을 거역하는 것임을 너희는
알아야 할 것이니라.
24 너희가 지금 이 세상을 얼마나 잘못
이끌어 왔으며 잘못 인도해 왔는지 알
고 있는가?
25 지금의 종교 지도자요, 집단들이 사랑
을 베푼다며 살아온 종교 집단보다 더
큰 집단이 없으며 물질적인 힘과 방대
한 조직은 이 세상에 하나도 없음이니
라.
26 그러한 너희가 이끌어 온 지금의 세
상이 어떠한 것이던가?
27 너희가 잘못 이끌어 오고 잘못 인도하
여 이기주의 심성으로 길러 놨기 때문
에, 지금 사랑 속에 자식들을 둔 그 부
모가 지금 어찌하고 있는가?
28 자식이 자식이 아니라 자식을 상전처
럼 받들고 사는 부모의 모습의 형국이
되었음이니, 그와 같이 부모가 존재하
지 않을 때 그 자리를 잃게 되는, 그리
고 자식 앞에 고개를 내밀 수 없는 이
와 같은 사악한 형국을 만든 것이 너
희들이니, 자식을 상전으로 모시며 자
식을 받드는 그와 같은 부모들이 살아
가는 모습을 보고 너희는 잘못됐다고
그리 말할 것이며 정녕 이 세상이 잘
못되었다 그리 말할 것이니라.
29 그러나 너희는 여기서 알아야 할 것
이니라.
30 모든 종교 집단이요, 종교 지도자 너
희는 모든 백성의 종이라 그리 말하였
음이니라.
31 그러니 너희가 종인 자들을 주인처럼
받들며 주인처럼 모시라 하는 그 믿음
으로 가르치는 것은 잘못된 것임을 알
지 못하며 모르고 가고 있음이니, 너
희는 이와 같은 현실을 들여다보고 깨
우치고 알아야 할 것이니라.
32 너희는 자식을 부모가 상전처럼 모시
고 가는 이 세상이 잘못되었다고 혀를
차며 '말세라, 말세라' 그리 말하면서,
33 종교 집단의 지도자는 무엇이던가?
34 만백성의 종이요, 나 여호와의 종이라
는 자들이 지도자이거늘, 그 지도자라
는 자들이 주인인 백성에게 섬김을 받
으며,
35 그리고 저희가 거꾸로 주인 역할을 하
며 모든 혜택을 다 누리고 살아가는
그와 같은 종교 지도자의 그 행태를
보고 너희는 그것이 잘못되었으며 악
의 구렁이라는 것을 모르고, 구원의
길이요, 하늘에 오르는 길이라 울고불
고 지금 광란의 짓을 하고 있으니,
36 거기서 뛰쳐나오는 자, 그것을 보고
깨닫는 자, 그와 같은 백성이 아니고
는 아무것도 역사할 수 없음을 알라.

5,723 번째 하나님 말씀

2003년 3월 26일 09시 34분

1 사랑하는 나의 아들아!
2 "네, 아버님! 말씀하옵소서."
3 지금 너희가 말하는 이단이라 하는
그 종교 집단들은 과연 무엇으로써 그

이단이라 말하는가?
4 너희는 이단의 집단이라는 것을 다음
과 같은 것이라 말하여 종교 지도자
요, 목회자들이 그리 가르치느니라.
5 너희가 말하는 이단이란 그 집단은 어
떠한 집단인가를 내가 지금 너희에게
깨우쳐 주고자 함이니, 과연 어떠한
것이 정답이며 어떠한 것이 이단인가
를 한번 분석해 보도록 하라.
6 너희 종교 지도자들이 이단이라 가르
치는 것은 남의 것은 진리가 아니며
저희가 믿는 것만 참진리라 말하는 그
와 같은 자들이라 말하느니라.
7 그들이 이단이라 말하느니라.
8 그러니 지금 너희는 깨우쳐 들어야
할 것이니라.
9 어느 종교 집단이 참진리요, 저희만이
구원을 받는 길이며 저희에게 와 금
화와 은화를 바치지 아니하면 구원을
받지 못한다 그리 부르짖는 것인가?
10 그 대표적인 것이 지금 너희 종교 집
단들이 하는 행위가 아니던가?
11 그 행위를 볼 때 너희 스스로 누워서
침 뱉는 소리를 하며, 너희가 사탄이
요, 이단이라는 것을 증명하여 만백성
에게 너희 치부를 드러내는 것이니라.
12 지금 너희 종교 집단보다 더 거기에
와야 구원받으며 거기에 와서 목매며
금화와 재물을 바치며 그저 헌물을
바치며 맹종하는 것만이 구원을 받는
길이며, 다른 곳은 다 지옥으로 가는
것이며 너희 교회만이 하나님께서 역
사하는 곳이며 그곳 외에는 다 인간이
만든 곳이라 가르치는 너희가 바로
그와 같은 대표적인 자들이니, 너희
스스로 누워 침 뱉는 꼴이며 너희 자
신이 이단이라는 것을 너희 스스로 선
포하는 것이라는 것을 알라.
13 그리고 특별히 선택된 집단이라 선전
과 선동하는 그와 같은 자들을 너희는
이단이라 말하느니라.
14 지금 너희보다 더 선전 선동하는 자들
이 어디 있는가?
15 너희는 길거리까지 나와 소리 지르며,
너희 것만이 구원받으며, 너희를 따르
지 아니하면 지옥으로 가며 지옥 불바
다로 간다고 악을 쓰고 소리 지르는
것이 대표적인 예이니,
16 그게 바로 너희가 이단의 상징이며
너희가 스스로 하는 행동을 이단이라
너희가 고백하고 있음을 알아야 할
것이니라.
17 나는 알고 있으나 너희는 모르느니라.
18 '제 도끼로 제 발등을 찍는다'는 듯이,
저희가 이단이라는 것을 표시하여 만
백성에게 이와 같은 자들이 이단이라
하면서 저희가 하는 짓을 그대로 낱
낱이 보여 줌이니,
19 너희가 이단이라는 것을 너희가 증명
하는 행위를 하고 있다는 것을 알아야
할 것이니라.
20 너희는 나의 아들 예수보다도, 나 여
호와보다도 더 대우를 받고자 하는 자
들,
21 인간의 행함보다는 너희가 행동으로
옮기는 것이 아니요, 선행을 베푸는
것이 아니요, 말로써 믿는다며 말로써
믿음으로 구원을 받는다, 하늘에 오른
다 가르치는 자들이라 그리 말하였음
이니라.

22 그러니 지금의 교회요, 목사들이 하는
짓이요, 그 사악한 종교 집단들이 하
는 짓보다, 너희 지도자보다 더 대우
를 받는 자들이 어디 있는가?
23 이 세상에 어떠한 제왕도 그보다는 더
대우를 받을 수 없음이니,
24 그리하여 나 여호와요, 나의 아들보다
도 더 높고 좋은 대우요, 너희가 더 영
광된 대우를 사악한 방법으로 받는 것
이 지금의 지도자들이요, 너희가 하는
형태라 내가 일찍이 나의 법전에 기록
하여 전했음이니,
25 그 또한 너희가 너희 치부를 드러내
어 나의 백성이 보고 깨우치라 하는
것이니, 그 또한 너희가 그 행위를 하
는 것임을 알아야 할 것이니라.
26 나 여호와의 계명이요, 율법을 지킬
수 없으며 지킬 필요가 없다 가르치는
그와 같은 자들이 가장 사악한 자요,
이단이라 그리 말하느니라.
27 지금 누가 그와 같이 가르치는가?
28 나의 아들이요, 나의 법전에 기록하기
는, 너희가 계명을 지키며 율법을 지
켜야 하며, 그리하여 성서의 진정한
그 비유의 뜻을 깨우치는 것이 하늘에
오르는 기초요, 기본이라 하였거늘,
29 너희는 인간이기 때문에 계명을 지킬
수 없으며, 인간이기 때문에 율법대로
살 수 없으며 인간이기 때문에 거짓말
안 하고 살 수 없다 그리하여,
30 너희가 지은 성전에 가 재물과 금화와
은화를 바치며 회개하고 눈물로 기도
하면 그 죄가 눈같이 하얗게 씻어지
며 너희가 비누로 씻어 내듯이 모두
가 다 씻어진다 그리 말함이니,
31 그것 또한 바로 너희가 대표적인 사
악한 자요, 이단이라는 것을 너희 스
스로 만백성에게 '나는 이단이다.' 그
리 소리 지르고 있다는 것을 알아야
할 것이니라.
32 그 모든 것을 심판받을 날이 머지아
니하였을 것이니라.
33 그리고 성경의 비유의 뜻과 나 여호와
가 원하는 그 내용을 임의대로 고쳐서
가르치는 자들이 그들이라 말함이니
라.
34 그러니 너희가 성경의 뜻을 가장 모르
며 그 비유의 뜻을 모르고 가르치는
것이 바로 지금의 종교 집단 너희가
가는 형태며 너희가 행하는 짓이니,
35 너희는 수박을 쪼개서 그 속의 맛을
보며 그게 어찌 됐는지 보자는 나의
아들이요, 나의 법전을 너희가 거부하
고 있지 아니한가?
36 그러니 너희는 겉만 가지고 지금 보고
있음이니라.
37 그리하여 그 속이 익었으니 쪼개자는
나의 아들과, 익었는지 안 익었는지
너희는 자신이 없기에 그저 익었다,
볼 것도 없다 하며, 쪼개지 아니하는
것이 너희가 지금 그 사악한 행동이요,
38 너희 또한 이단이라는 것을 너희 스
스로 만백성에게 고백하며 너희가 교
훈을 삼고자 하여 지금 너희가 하는
말이니,
39 이를 보고 이제 나의 피조물 만백성이
깨닫는 자가 있을 것이니, 그 또한 너
희가 그와 같이 스스로 제 발등을 찍
는 행위를 하는 것이 너희임을 알라.
40 성경을 제 입맛에 맞도록 변조한 것이

바로 너희들이니라.
41 그리하여 너희가 재물을 거둬들이는
그와 같은 역사를 함이니,
42 너희는 율법은 필요 없으며 율법은 폐
지됐으며,
43 나의 아들이 온 신약 시대의 성경으로
만 모든 것이 역사한다면,
44 그렇다면 너희가 십일조를 받아서 안
되며 재물을 거둬들여서는 아니 되거
늘,
45 너희가 입맛에 맞고 단 것은 빼먹으며
알은 다 빼먹으며 속살은 다 빼먹으며
그와 같이 구약을 이용하고 써먹으면
서,
46 너희가 겉의 소중한 것, 겉에 대한 그
모습은 다 지워 버리고 쓸 필요 없다
하면서, 너희가 필요한 것만 빼 먹는
그와 같이 사악한 짓을 하는 것이 구
약을 이용하며 악용하는 너희 종교 집
단이요, 지도자라는 것을 알라.

5,724 번째 하나님 말씀

2003년 3월 26일 09시 44분

1 사랑하는 나의 아들아!
2 "네, 아버님! 말씀하옵소서."
3 지금의 종교 집단이요, 지도자들이 얼
마나 사악한 것이며,
4 너희가 말하기를 '손바닥으로 하늘을
가린다' 하였음이니,
5 그들은 손바닥으로 하늘을 가리는 것
이 아니요, 눈 뜨고 하늘을 가리고자
하는 그와 같은 사악한 자들이니라.
6 하늘을 바라보면서 하늘을 바라보지
아니한다 그리 말하는 자들이며,
7 하늘을 바라보면서 하늘을 가리는 것
같이 그와 같은 행위를 하고 있음이니,
8 그들은 머리카락만 한 것을 가지고라
도 눈을 가리며 하늘을 가리고자 하는
그와 같은 행위를 하지도 않는 자들이
니라.
9 그와 같이 일말의 양심도 없는 자들이
그들이니라.
10 그리하여 지금의 종교 지도자 그들이
하는 짓이 무엇인가?
11 그들은 예수는 나의 아들이라 그리 말
하며, 나의 아들로서 독생자라 말하
며, 그를 그리 따르며 그의 이름을 부
르며 구원을 받는다 저희가 울고불고
하며 그리 말하느니라.
12 그러면서 나의 아들 예수는 나의 아들
이라 그리 말함이니라.
13 그러면서 그들은 뭐라 하는가?
14 예수는 나 여호와와 동등한 인격체며
동등한 자격을 가졌으며 동등한 신이
라 그리 말함이니라.
15 동시에 저희가 한 입을 가지고 두말하
는 것이 아니던가?
16 어찌하여 인간 세속에 너희가 살아가
는 그 세속에서도 자식과 아비의 그
한계는 엄연히 구분되어 있거늘,
17 너희는 나의 아들 예수를 나의 아들이
라 그리 말하면서 어찌하여 또 나의
아들과 내가 동등하다 그리 말하는가?
18 그러면서 너희는 이리 말하느니라.
19 나의 아들 독생자는 이 세상에 내려왔
을 때 나 여호와가 그에게 임하여 세
상에 내려왔다 너희가 그리 말함이니,
20 나의 아들을 통하여 나 여호와가 세상
에 내려와 너희를 다스리고 통제했다

그리 말함이니,
21 이게 얼마나 너희가 사악한 짓이며,
나를 모독하는 짓이며,
22 나의 아들 예수를 불편하게 만들며 그
에게 욕되는 행위를 하는 것인가?
23 어찌하여 너희는 나의 아들 예수를
세상에 내보내 내가 그 속에 그를 통
하여 내려왔다 하여 나의 아들의 육
은 나의 아들이요, 영은 나라 이렇게
하여 하나라 말한단 말이던가?
24 무슨 근거로써 나의 아들과 내가 같다
말하는가?
25 내가 세상에 나가 너희를 통제하고자
한다면 지금처럼 내가 말씀으로써 내
가 법전이라는 것을 만들어 세상에 내
려보낼 것이지,
26 내가 어찌하여 예수의 몸을 빌려 세
상에 나간단 말이던가?
27 내가 세상에 나가 너희를 구원하고자
너희를 깨우치고 인도한다면, 내가 왜
예수의 형체로써 나의 아들의 형체를
만들어 내가 그 속에 들어가서 부자
가 한몸이 되어 그와 같이 너희를 가
르친다 말하는가?
28 내가 직접 내려오고자 한다면 나는 나
여호와의 형체로써 내가 직접 내려가
너희를 깨우치고 다스릴 것이거늘, 창
조주 나 여호와가 내 형체로 내려가면
될 것을,
29 내가 왜 나의 아들 예수로 형체를 만
들어 내가 그 속에 들어가 너희를 구
원하고자 했다고 나와 예수가 똑같다
그리 말하는가?
30 너희가 나를 믿고 따르면 십계명을
지켜야 할 것이며, 나의 율법을 지키
는 그와 같은 고통스럽고 힘든 믿음의
길을 가야 할 것이니라.
31 그러니 너희가 그런 길을 비켜 가려
고 나의 아들 예수로서 모두 역사한
다음에 나의 아들 예수만을 찾느니라.
32 그러니 너희가 내가 보낸 나의 아들이
요, 나의 아들에게서 구원을 받는다
하며 나의 사랑하는 만백성에게 대대
손손 거짓말하여 재물과 금화를 거둬
들이고자 하니,
33 나의 아들을 나와 동등한 인격체로 만
들려 하다 보니, 너희가 연구하고 연
구한 그 사기극이 바로 무엇이더냐?
34 나의 아들 예수의 형체에 나의 성령이
들어갔다 말함이니라.
35 나의 아들 예수는 예수로서의 그 성령
이 있으며 그를 내가 성령으로써 심어
준 것이 나의 아들이니, 어찌하여 한
육체 속에 두 성령이 들어가 있다 하
는가?
36 너희가 말하는 것이 내 몸에 귀신이
수백 명씩 들어갔다 말하는 그 춤추는
무당과 다른 것이 무엇이던가?
37 나의 아들 예수의 형체는 형체요, 나
의 아들 예수를 지배하는 영은 영이니
라.
38 그러니 나의 아들 예수의 이름을 가지
고 너희가 편안하게 구원을 받으며 구
약과 율법을 지키지 아니하고 나의 피
조물 만백성을 이끌어 가고자 하려니,
너희가 예수를 나와 같이 만들어야 하
겠고,
39 그리고 나와 같이 전지전능하다 그리
말하려니, 바로 예수의 몸에 나 여호
와가 임하여 그리 왔다는 말도 안 되

는 억지를 하고 있음이니,
40 너희는 지금 기름에다 물을 부으며 하
나가 된다, 하나가 된다 그리 말함이
니라.
41 너희는 물에다 기름을 부으며 이것은
하나다, 하나다 하여 너희가 사람들이
보지 못하도록 그 물을 돌리고 또 돌
려 그 물의 형체를 보지 못하도록 할
것이나,
42 너희가 그 힘이 다할 때 중단할 때가
있을 것이며,
43 그 물에 떨어진 기름 냄새가 날 것이
며, 너희가 아무리 돌리고 돌려 물과
기름이 하나라 해도 그 기름은 기름의
기능을 할 수 없으며 물은 물의 기능
을 할 수 없음이니,
44 너희가 지금 나의 아들 예수의 그 형
체 속에 나 여호와가 직접 임하여 너
희를 다스리고 깨우쳤다 그리 말하며
예수가 나라고 말하는 것은 너희가
생수에다 기름을 부어 놓고 똑같다 그
리 말하는 자요,
45 기름에다 생수를 부어 놓고 똑같다 그
리 말하며 그를 속이려 하니 그 물을
돌려 만백성이 보지 못하도록 계속 돌
리고 돌리는 것이 너희의 사악한 방
법이니라.
46 그 돌리는 힘이 부족하니까 너희가
나의 피조물 만백성을 구원의 길이라
하여 이것이 예수와 나와 똑같다 하여
돌리라 돌리라 하여 그들을 돌리고
있으나, 그 돌리는 백성이 끊어질 때
가 있을 테니 그리 알라.
47 이 어리석은 백성들아!
48 어찌하여 한 몸에 두 영혼이 들어갔다
그리 말하며, 한 몸에 두 영이 같이 있
다 말하는가?
49 형체가 없는 나 여호와가 어찌하여 나
의 아들 예수의 그 몸의 형체가 나와
예수가 똑같다 그리 말하는가?
50 그 사악한 짓을 하고도 너희가 나에
게 와 구원을 받을 수 있으며, 그를 믿
고 가는 백성 너희가 구원을 받을 수
있다 말하는가?
51 나 여호와가 세상에 내려가고자 하면
예수보다도 더 근엄한 자세로 더 위엄
있는 자세로써 내가 형상을 만들어 그
리 임하였을 것이니,
52 너희는 어찌하여 나의 아들을 만들어
내가 그 속에 들어갔다 그리 말하는가?
53 이 사악한 자들아!
54 내가 온다면 직접 올 것이니라.
55 내가 내려오면 직접 내려올 것이며,
내가 통제하고자 하면 직접 통제할 것
이니라.
56 내가 통제함이 아니요, 나의 아들 예
수를 통하기에 예수의 형체로써 예수
에게 성령을 넣어 내가 내려보냈음이
니,
57 거기에 내가 직접 내려갔다 하지 말라.
58 지금 내가 직접 내려갈 때요, 필요하
기에 내가 지금 나의 아들을 통하여
나의 말씀이요, 나의 뜻이라 너희가
말하는 성령을 지금 새로운 시대를 열
어 가며 새로운 역사를 이루는 이 시
점에 내가 직접 그 책으로써 세상에
내려보내는 것을 알라.
59 이게 바로 그는 행하는 것이요, 나의
뜻에 행하는 자이니, 그것을 너희는
알라.

60 이제 나의 이 뜻을 너희가 알았다면 함부로 삼위일체요, 예수의 몸으로써 내가 성령으로 임하여 내려왔다 하지 말라.
61 너희는 예수를 나의 아들이라 하면서 어찌 아들과 아비가 한 몸이라 보는가?
62 육의 세상에서 아비와 자식이 똑같다 말하는 자가 있는가?
63 그는 불효자며 그는 인간이 아닐 것이니라.
64 아무리 못났어도 아비는 아비요, 자식은 자식이라는 그 엄연한 것을 구분하지 못하는 그와 같은 어리석은 백성이며, 눈이 어두운 자들이며,
65 사악한 것에 너희가 팔려 가 있으며, 금화와 은화를 거둬들여 육의 편안한 삶을 살고자 지금 거기에 혈안이 되어 있으며, 혼동을 하는 정신 나간 자들 앞에 구원을 받는다는 그와 같은 믿음을 갖지 말라.
66 그의 몸을 빌려 왔다는 것을, 너희는 그를 믿지 말라.
67 나의 아들 예수는 내가 보낸 자요, 보냄을 받은 나의 아들이요, 나는 보낸 자이니라.
68 예수가 세상에 나가서 모든 역사를 했을 때 나 대신 가서 그리했음이니,
69 그가 행하는 것은 나를 대신해서 행하는 것이요, 내가 그 몸속에 들어가서 행함이 아니니라.
70 그렇다면 나의 아들 예수가 죽을 때 어찌하여 나에게 그 눈물의 기도를 드렸는가?
71 '이 잔을 받지 않도록 하여 주옵소서.
72 그리고 모든 것은 아버님 뜻대로 하여 주옵소서.
73 모든 영광을 아버님께 돌리옵나이다.
74 아버지, 저를 정녕 버리시렵니까?' 그 눈물의 기도를 드려도 그 예수의 육 속에 내가 들어 있단 말이던가, 이 사악한 자들아!
75 너희는 아비와 자식은 엄연히 구분되거늘, 나와 나의 아들을 욕되게 하는 짓을 하지 말며,
76 더 이상 나를 우롱하지 말며, 나를 희롱하지 말며, 우리 부자의 이름을 팔아 사악한 짓을 하지 말라.
77 너희가 지옥에 왔을 때 그 대가는 기름 가마 속보다도 더 고통스러운 속에서 영원히 존재함을 알라.

5,725 번째 하나님 말씀

2003년 3월 26일 11시 17분

1 사랑하는 나의 아들아!
2 "네, 아버님! 말씀하옵소서."
3 이 세상 나의 피조물 만백성이 살아가며 수억의 인구가 살다 또 죽어 가며 또 태어남이니라.
4 그리고 너희가 수없이 많은 인간이 더불어 살아가며 너희는 많은 사람을, 형제를 접하며 또 역사하며 생활해 가느니라.
5 그와 같은 삶을 살아가면서 너희가 가진 비밀이요, 남에게 말할 수 없는 고민을 털어놓을 수 있는 친구, 그리고 그를 영원히 무덤까지 가지고 가지켜 줄 수 있는 그와 같은 친구가 있다 하면, 그는 가장 행복한 사람이라 내가 너에게 깨우쳐 주었느니라.

6 그러니 지금의 모든 종교 집단이요,
믿음의 길을 가는 백성은 저희가 자
매요, 형제라 그리 말하는 그들을 서
로 그와 같이 믿고 신뢰하고 살아가는
너희가 되어야 하는 것이니라.
7 그리하여 내가 나의 법전을 읽고 깨우
친 백성 너희에게 하나가 되라 하는
것이며, 하나가 되어 너희가 모든 역
사를 임하라 함이니라.
8 어떠한 종파든 어떠한 속에 박혀 있든
그 백성이 남의 비밀을 알며 그를 간
직하고 지키는 자들이 그리 없음이니,
9 그와 같은 친구가 과연 어디에 있는가?
10 너희는 그와 같은 친구가 없음이니라.
11 종교 지도자라 하더라도 그 비밀을 영
원히 가슴에 묻어 준다면, 그것 하나
로써 그는 좋은 스승이라 말할 수 있
음이니라.
12 너희가 살아가면서 그와 같은 친구 하
나를 얻는 것이 얼마나 소중한가?
13 그러니 나의 법전을 읽고 깨우친 백성
너희는 모두가 그와 같은 친구가 되어
야 하며, 그와 같은 벗이 되어야 하며
그와 같은 형제가 되어야 함을 너희
는 알아야 할 것이니라.
14 백이면 백 명이 제가 속에 있는 얘기
를 말했을 때 그를 지켜 줄 수 있는 친
구요, 한몸이 되는 그와 같은 너희가
되었을 때 모든 것은 다 역사할 수 있
음이니라.
15 믿고 말할 수 있는 친구, 그리고 믿고
들어줄 수 있는 친구, 그와 같은 형제
요,
16 너희가 같이 공부하며 같은 길을 가는
자들이 그것 하나 지켜 줄 수 없는 사
람이며 그것 하나 지켜 줄 수 없는 분
위기요, 형제라면 이는 정녕 잘못된
것임을 알아야 할 것이니라.
17 이제 내가 너희에게 하나가 되라 하는
것은, 네가 남이 되어 그 입장이 되었
을 때 너희는 그를 지킬 수 있을 것이
니라.
18 그러니 그와 같은 마음으로 너희가
더불어 사는 형제가 되도록 그리하라.
19 나의 법전을 읽고 깨우친 백성이요,
나의 강론을 들은 백성, 너희는 모두
남들이 네 앞에 와 모든 고민을 털어
놓을 수 있으며 남에게 말하지 못하는
비밀을 털어놓을 수 있는 그와 같은
모습으로써 변하며 그와 같은 행동을
하고 살아가는 너희가 되어야만 함을
잊지 말라, 사랑하는 나의 아들딸들아!

5,726 번째 하나님 말씀

2003년 3월 26일 11시 24분

1 사랑하는 나의 아들아!
2 "네, 아버님! 말씀하옵소서."
3 지금의 모든 종교 집단이요, 지도자
그들이 가는 길이 무엇이던가?
4 저희가 손으로 지은 그 성전이라는 곳
에 오는 그 순간에 너희는 죽음에서
구원을 받으며 너희는 영원히 멸망치
아니한다 그리 가르치느니라.
5 그리고 너희가 재물을 바치며 지은 죄
를 회개하고 기도할 때, 너희는 나의
아들 예수가 피 흘려 죽은 그 죽음으
로써 나의 아들 예수가 너희 죄를 다
대속하여 그를 안고 갔으며 그 피로써
값지게 거둬들였으니 너희는 구원을

받은 자라 그리 말함이니라.
6 그러나 너희는 여기서 확실히 알고
넘어가야 함을 이제 잊지 말라.
7 내가 법전에 수없이 전하였으나 다시
한 번 너희에게 전함이니,
8 나의 아들 예수는 그 고통의 죽음으로
써 너희 죄를 대속하며 너희의 죄지은
것을 거둬들여 싸서 간 것이 아니니
라.
9 너희가 구원을 받는 방법과 너희가
구원을 받는 그 방향과 지표를 가르쳐
주고 깨우쳐 주며 전달하기 위하여 나
의 아들 예수가 그렇게 죽음으로써 그
길을 갔다는 것을 너희는 알아야 할
것이니라.
10 너희가 대속으로써 구원을 받았다는
것은, 너희가 무조건 죄가 없으며, 구
원을 받았다는 것이며,
11 너희가 구원의 길이 무엇이며 하늘에
오르는 길이 무엇인지 구원받는 방법
이요, 그 방향을 나의 아들 예수가 가
르쳐 준 것은 스스로 너희가 노력하
며 얻고 이루어야 하고 그 대가를 치
러야 하며,
12 너희가 잘못했을 때는 그 열배 백배의
대가를 치르는 선한 일을 행하였을
때, 구원을 받는다는 그와 같은 깨달
음의 진리를 너희에게 가르쳐 주고 전
했다는 것을 너희는 알아야 할 것이니
라.
13 너희는 그저 나의 아들 예수의 피로써
대속받았다 그와 같은 말을 함이니,
14 너희가 알고 짓는 죄는 말로써 기도하
며 눈물로써 용서를 빈다 해도 그것은
결코 이루어지지 아니한다는 그 근본
이요, 기초를 알아야 할 것이니라.
15 그를 모르는 자는 정녕 구원을 받을
수 없음을 너희는 알아야 할 것이니
라.
16 행함이 중요하며 너희가 어찌 행하여
야만 구원을 받는 것이며 어떠한 모범
된 삶을 살아야 나에게 오르는 것인가
를, 나의 아들 예수는 그 방법론을 너
희에게 제시해 줬다는 것을 잊어서는
절대 아니 되는 것이니 그리 알라.
17 모든 종교 집단이 너무나 대우를 받고
자 하며 섬김을 받고자 하며 나의 피
조물 만백성 위에 군림하고 있으니,
18 너희가 만백성의 종이요, 나의 종이라
는 가장 낮은 자세의 그 기틀을 깨우
치지 못하며 그 자체를 모르고 가는
것이니라.
19 이제 내가 사랑하는 나의 아들딸이요,
그리고 나의 아들을 따르는 제자요,
나의 법전을 읽고 깨우친 백성, 너희
에게 가장 낮은 자세로 역사하며 살
아가는 것이 무엇이며,
20 그것이 몸과 행동으로 이루어지지 아
니하거든 너희는 다음과 같은 뜻을
내가 전함이니,
21 이를 너희 것으로써 가슴에 깊이 새
겨, 가장 낮은 자의 자세로 살아가도
록 그리하라.
22 너희가 매일 먹는 그 음식을 앞에 접
했을 때 너희는 '나는 이 귀한 음식을
먹을 만한 자격도 없다.' 그리 생각하
라.
23 자격이 없는 자가 그 음식을 먹을 때
너희는 얼마나 경건한 마음이요, 조심
스러운 자세로써 그 음식을 취하겠는

가?
24 네가 많은 사람과 대화하며 같이 앉아
어울렸을 때, '나는 죄인이기에 이 자
리에 앉을 수 있는 자격이 없는 사람
이라' 너 자신을 그렇게 생각할 때,
25 너는 말이 필요 없을 것이며, 너는 수
다를 떨 필요가 없을 것이며 불필요한
행동의 자세가 없을 것이니,
26 겸손하고 겸허한 자세로 네가 살아갈
수 있을 것이니라.
27 많은 백성과 대중 속에서 일상생활을
하면서 그 자리에 너희는 낄 자격이
없으며 자리할 능력이 없는 자며 죄인
이라 그와 같이 생각하라.
28 너희가 한 잔의 차를 들 때, 남들과 앉
아서 대화할 때, 어떠한 사업을 구상
할 때, 인간관계의 취미 활동을 할 때,
열 가지, 백가지 모든 행동을 할 때,
29 '나는 이를 할 자격이 없는 자이거늘,
내가 어찌 이와 같은 영광이요, 축복
받은 일을 할 수 있으며, 내가 이와 같
은 대우를 받을 수 있으며 이와 같은
분위기에 젖어 있을 수 있는가?
30 나는 자격이 없는 자라' 너희 스스로
그리 생각하고 너희를 낮춰서 볼 때,
겸손하며 겸허하며 양보의 미덕을 알
게 되며,
31 조용히 한 발짝 물러나서 모든 사람의
역사함을 바라볼 수 있는 그와 같은
안목을 갖게 됨이니 그리 알라, 사랑
하는 나의 아들딸들아!

5,727 번째 하나님 말씀

2003년 3월 26일 11시 30분

1 사랑하는 나의 아들아!
2 "네, 아버님! 말씀하옵소서."
3 보잘것없으며 갖춰지지 아니한 나의
아들 너를 내가 아들이라 명하며 내
자식이라 그리 전함이니, 사람들이 너
를 믿으려 하지 아니하며 너는 악령의
자식이요, 악령의 뜻을 법전으로 만들
어 세상에 전하는 사악한 자라며 너를
핍박하고 너를 그리 욕함이니라.
4 그러니 여기서 이단이요, 악령의 차이
가 무엇인가를 내가 나의 법전에 기록
하여 너희를 깨우쳐 주지 아니하면,
너희는 나의 아들을 그리 욕할 것이며,
5 그리 욕하는 자들이 저희가 악령의 자
식이요, 이단의 자식이요, 사탄의 자
식이라는 걸 모르고 있기에 너희 스스
로 그를 구분할 수 있으며 깨달을 수
있게 하고자 내가 너희에게 이를 기
록하여 전함이니 그리 알라.
6 너희는 이 세상에 학자요, 배운 자요,
지식층이요, 그리고 모든 종교 집단의
지도자요, 너희가 말하는 교회요, 성
당이요, 법당이요, 그러하지 않으면
모든 종파 속에서 많은 백성을 이끌
어 가며 지도하는 그들은 많은 박식한
상식을 가지고 있음이니,
7 누가 들어도 가슴을 울리며 누가 들어
도 눈물을 흘릴 수 있는 경탄의 말을
하며 그와 같은 좋은 말로써 모든 것
을 구성하여 너희를 깨우쳐 주고 인
도하는 데 하나도 손색이 없는 자들이
니라.

8 그들이 말하며 그들이 말로써 전하고
말로써 가르치는 그것은 두말할 것이
없으며, 너희의 가슴을 울리며, 눈물
을 흘리게 하며, 또 기쁨을 얻게 하며,
그리고 너희가 아름다운 삶을 살아가
는 데 보탬이 되는 아름답고 귀한 말
을 그들은 많이 하느니라.
9 그러나 너희는 여기서 그를 알아야
할 것이니라.
10 그들이 그와 같이 말을 하며 좋은 말
로써 나의 피조물 만백성 너희의 가
슴을 울리며 눈물을 흘리게 하며, 그
리고 기쁨을 얻게 하는 그와 같은 자
들이 바로 행동을 그와 같이 해야 한
다는 것이니라.
11 바로 그와 같이 말로써는 모두 유창하
게 너희를 가르치나, 그들이 행동을
그리하지 못함이니,
12 그 행동을 하지 못하는 것을 봤을 때
나의 피조물 만백성은 등을 돌리며,
그 허무함이요, 허탈감에 빠지며,
13 그들은 세상에 믿을 자가 없으며, 세
상에 의지할 곳이 없어 하늘을 보고
이 세상이 어찌하여 이리도 사악하며,
종교 지도자까지도 이리 말은 번지르
르하나 행동이 따르지 못하는지 실망
하며 눈물을 흘리는 백성이 수없이 있
는 것이니라.
14 너희가 가르칠 때 그 말은 정말 약의
효과가 있음이니라.
15 그보다 더한 약의 효과가 없으며, 백
성을 치료하는 그와 같은 위대한 약의
역할을 하는 것이 너희가 말로써 설
법하며 말로써 설교하며 말로써 가르
치는 것이니라.
16 그러나 그 약효는 바로 너희가 행동
을 바르게 하지 못하며 너희가 말을
행동으로 실천하지 못하기 때문에, 그
약효는 바로 없어지는 것이며,
17 그 약효는 썩은 물로 변하며, 그건 너
희가 먹고 배설하여 냄새 나는 그와
같은 형국으로 되는 것이 너희가 앞으
로 말한 말이요, 가르친 말이요, 설교
이니라.
18 너희가 남들의 마음을 울렸으며 가슴
을 울렸던 그 입으로 나오는 아름다운
말대로 행동하지 못하니,
19 음식을 먹고 썩은 것처럼 모두 다 썩
어 냄새 나는 것이 너희가 말로써 가
르침이 뒤바뀜이 된다는 것을 알지 못
하는가?
20 얼마나 너희의 행동과 말이 일치해야
만 되던가?
21 말은 근사하게 하며 말은 더 없이 잘
하며 말로써는 세상 모든 선행을 다
베풀 듯하나, 행동하지 못하는 자,
22 그와 같이 너희가 말한 것을 행동하
지 못하는 자는 말로써는 천사와 같은
것이요, 나의 피조물 만백성의 심금을
울리나,
23 뒤로는 엉뚱하게 썩은 냄새가 나는 그
와 같은 행위를 하는 것이 바로 행동
을 하지 아니함이니라.
24 행동을 그대로 하지 아니하는 것이 너
희가 썩은 냄새를 풍기는 자세라는 것
을 알라.
25 그를 보고 따를 백성이 어디 있으며
그를 보고 가는 백성이 어디 있겠는가?
26 너희는 한 가정에서 자식을 가르치는
그것도 마찬가지니라.

27 부모가 자식을 다스리고 가르칠 때,
부모가 말로써는 그 자식에게 세상 것
을 다 가르쳐 주나, 그 부모가 행동하
지 못하며 행동을 그리하지 못하며 행
하지 못하면서 말로써만 그리한다면,
28 그 말은 자식에게 가슴의 양식이 되는
것이 아니요, 자식은 바로 너희에게
반작용으로써 역반응을 하며 너희에
게 반대로 제시하며 너희를 거부하니,
29 그리하여 '우리 자라나는 아들딸들이
잘못된 자식이라' 너희가 그리 말하
나, 너희의 언행이 일치했을 때, 그리
하는 부모가 자식을 가르쳤을 때, 그
자식은 반작용이요, 역반응이 일어나
지 아니하며 그를 그대로 받아들일 것
이니라.
30 너희가 기른 사랑하는 자식도 너희가
잘못했을 때 반작용이 일어나거늘,
31 세상의 종교 지도자가 나이 먹고 가정
을 가진 자들이요, 인격을 가진 자들
이요, 판단력이 있는 나의 백성 앞에
서 좋은 말로써, 글로써 가르치는 것
은 최선을 다하나,
32 행동을 하지 못하는 그와 같은 행위로
써 그들 앞에 보일 때, 그 약 효과는
점점 썩은 물로 변한다는 것을 잊지
말라.

5,728 번째 하나님 말씀

2003년 3월 26일 11시 39분

1 사랑하는 나의 아들아!
2 "네, 아버님! 말씀하옵소서."
3 너희가 부자는 하늘에 오르기가 힘들
며 오를 수 없다 그리 말하며,
4 그리하여 부자가 구원의 길에 오고자
한다면 네가 가진 모든 것을 다 버리
고 따라오라, 그와 같이 따르는 마음
의 자세로 구원을 받을 수 있다 그리
말함이니라.
5 그리하여 모든 것을 다 바치며 다 역
사하는 그와 같은 방법으로써 나의 피
조물 만백성에게 강요하며 그리 가르
치느니라.
6 그러나 이것이 얼마나 모순되며 잘못
된 해석인가를 너희는 이제 알아야 할
것이니라.
7 또한, 나의 법전을 전하고 나의 법전
을 만들며 나의 아들을 따르는 백성
너희까지도 모두 그와 같은 생각을 하
고 있을 것이니라.
8 그리고 모두를 다 버리고 다 던져 따
르는 길이 구원의 길이요, 하늘에 오
르는 길이라 그리 생각함이니,
9 재물을 다 버리며 육의 삶의 모두를
다 버리며 오로지 법전을 전하며 법전
을 가지고 만백성을 구하는 것이 믿음
의 길을 가는 것이라 그리함이니,
10 너희 마음속에는 자연적 의혹과 의심
이라는 것이 생길 것이니라.
11 어찌하여 모두를 다 버리는 것만이 하
늘에 오르는 길이요, 나 여호와에게
오르는 길인가 그리 생각할 것이니라.
12 그러나 모든 종교 집단의 지도자들은
다 그리 가르치느니라.
13 나 여호와의 가르침이 그와 같이 전해
졌으며, 나의 아들 예수가 전한 것을
너희는 실제로 물질이요, 육의 삶의
그 모두를 다 버리는 그와 같은 자들
이 하늘에 오르는 길을 올 수 있다 그

리 말하느니라.
14 그러나 여기서 너희는 깨달아야 할
것이니라.
15 나 여호와가 너희에게 깨우치고 전해
주는 나의 뜻은 그와 같은 것이 아님
이니라.
16 너희가 물질이나 가정 환경 그것을
모두 다 저버리는 것만이 나에게 오
르는 길이요, 나를 따르는 길이라 그
리 생각하지 말라.
17 나 여호와의 가르침은 너희가 하늘에
오르는 길이요, 하늘의 세계와 육의
세계요, 너희가 구원을 받는 것이요,
구원을 받지 못하는 것이요, 그리고
너희가 하늘의 변화의 역사를 이루는
것,
18 너희가 지금까지 살아가던 그 삶에서
나 여호와를 따르며 나 여호와의 법전
을 읽고 깨우치며 나의 법전을 전하며
그와 같이 변하는 것은,
19 육의 세상과 영혼의 세상이 엄청난 차
이가 있기 때문에 재물을 버리며 모든
것을 다 버려도 하늘의 이치의 그 차
이점을 너희가 감당키 어려울 만큼
큰 영광이요, 축복이라는 것을 너희에
게 알려 주고자 하는 뜻임을 너희는
알아야 할 것이니라.
20 실질적으로 너희의 재물이요, 육의 삶
을 다 버리고 나를 따르며 나에게 오
라는 것이 아니요, 그 모든 것을 다 버
려도 하늘과 땅의 그 차이점을 따를
수 없으며, 그 간격의 벌어짐을 너희
가 알 수 없으며 그 소중함을 알 수 없
다는 그 의미를 가르치고자 전한 말임
을 너희는 알라.
21 그러나 내가 그런 뜻에서 가르친 것을
실제로 종교 집단에서 믿음의 길을 가
는 길은 재물을 다 팔아 바치며 너희
육의 모든 것을 다 바치며 개인의 생
활을 말살시키는 그와 같은 방법으로
이끌어 가며, 그대로 가르치며 그리
너희를 유도하는 것이니라.
22 그것이 아니니라.
23 너희가 하늘에 오르는 길과 땅에 사는
삶이요, 육의 세상에 사는 삶과 하늘
에 오르는 길에 들어서는 그 차이는,
육의 세상의 재산이요, 모든 것을 다
버리는 것보다도 더 큰 엄청난 차이가
난다는 그 의미를 내가 너희에게 가르
치고자 그와 같이 말을 한 것이니,
24 이제 너희는 그 대목을 읽고 내가 전
하는 뜻을 깨우쳐 그 의미를 제대로
해석하도록 그리하라.
25 너희가 구원을 받는다는 것이, 구원의
길에 들어선다는 것이 얼마나 엄청난
것인가 하는 것을 내가 알리고자 한
본뜻임을 잊지 말라.
26 구원이 세상에서 너희가 사는 어느
것과도 바꿀 수 없는 엄청난 차이요,
그 간격의 무서움이요, 그 소중함을
전하고 너희를 가르치고자 내가 그와
같은 말을 성경에 기록하여 전했으니,
27 이제 본뜻이요, 내가 원하는 그 내막
이요, 내가 너희에게 전하고자 하는
뜻을 알았다 하면,
28 너희는 그와 같은 마음으로 믿음의 길
을 향하여 구원을 받도록 그리하라.
29 실제로 자신을 버리며 육의 삶을 망가
트리며, 모든 재산을 너희가 지은 성
전이요, 교회라는 곳에 다 바치는 그

용기 있는 자만이 구원을 받으며 진정한 믿음의 길을 가는 자라는 것이 아니니라.

30 육의 세상 것의 모두를 다 버려도 구원을 받는 그 세계에 들어서는 그것과는 차이가 엄청나다는 것을 내가 너희에게 가르치기 위해 그와 같은 비유를 들어 가르친 뜻을 깊이 깨우쳐 너희 것으로 만들도록 그리하라, 사랑하는 나의 아들딸들아!

5,729 번째 하나님 말씀

2003년 3월 26일 11시 49분

1 사랑하는 나의 아들아!

2 "네, 아버님! 말씀하옵소서."

3 나의 아들 예수는 만백성을 구하기 위해 십자가에 못 박혀 그 고통 속에 죽어 갔음이니라.

4 그를 따르며 그를 경배하며 그 피로써 보상을 받았다 하는 그 백성이 지금 몇천 년 동안 흘러오면서 그들이 가장 사랑하는 단어요, 그들이 원하고 바라는 말이 무엇인지 그들에게 한번 물어보도록 하라.

5 모든 종교 집단의 지도자요, 또 신도라 하는 자들이 가장 사랑하고 원하는 말이 이것일 것이니라.

6 '너희는 구원을 받았다.' '아멘, 할렐루야!' '너희는 축복을 받았느니라.' '아멘, 할렐루야!' '너희는 하나님으로부터 영광과 은혜를 받았느니라.' '아멘, 할렐루야!'

7 너희는 축복이요, 영광이요, 구원을 받았으며 은혜를 받았다 하는 그와 같은 말을 가장 사랑함이니, 그 사랑하는 것은 바로 무엇이던가?

8 너희가 축복받기를 원하는 것이며, 너희가 은혜 받기를 원하는 것이며, 나에게서 구원받기를 원하는 것이 너희가 가장 바라는 소망이요, 너희가 가장 사랑하는 단어라 한다면, 너희는 과연 그것이 무엇이던가?

9 지금 복을 주십사 하고 돼지머리를 놓고 기도하고 절하는 그 기복 신앙의 근본의 원천인 그들과 무엇이 다르던가?

10 그들도 축복을 받으려고, 은혜를 받으려고, 그들도 사랑을 받으려고, 구원을 받으려고, 소망하는 것을 받으려고 돼지머리 놓고 절하고 기도하니,

11 그 기복 신앙의 원조가 바로 너희임을 알라.

12 너희는 축복을 받는다는 그 말을 사랑하며, 은혜 받는 것을 사랑하며, 구원받았다는 말을 가장 사랑하며, 그 말을 가장 듣기를 좋아하며,

13 그 말을 위해서는 너희가 모든 재물을 바치며 헌금을 바치며 지금의 믿음의 길을 가고 있지 않은가?

14 받기 위해, 얻기 위해 가니, 바로 너희가 기복 신앙의 원조이니라.

15 그러나 나의 법전을 읽고 공부하는 백성, 나의 아들이 가르치는 그 제자들은 과연 뭐라 말하는가?

16 너희가 만일 죽음의 그 길에서 하늘에 오르는 표가 하나밖에 없을 때, 한 자리밖에 없을 때 다른 사람을 가도록 하고 너희는 눈물로써 고개 숙여 돌아서는 양보하는 마음을 갖는 것이 하

늘에 오르는 길이요, 나 여호와의 뜻
이라 그리 말하느니라.
17 너희가 사지에서 삶과 죽음의 길에
남의 자식과 제 자식이 있을 때, 제 자
식을 놔두고 남의 자식을 둘러업고 나
오는 것도 생각하고 계산하는 것이 아
니요,
18 무의식중에 그저 남의 자식을 둘러업
고 나오는 것이 도리요, 도덕적이요,
한 점의 부끄럼 없는 인간의 삶의 자
세라는 것을, 양심에 꺼림이 없는 것
에 따라 제 자식을 놔두고 남의 자식
을 둘러업고 나오는 것, 그게 바로 내
가 원하는 사랑이요, 너희의 사랑이라
그리 말하였음이니라.
19 달라, 이루어 달라, 나에게 달라 기도
하며 그 단어를 사랑하는 그 백성이
있으나,
20 나의 아들을 따르는 백성은 뭐라 기
도하는 줄 아는가?
21 저희가 구원을 받지 못해도, 저희가
축복을 받지 못해도, 사랑을 받지 못
해도, 은혜를 받지 못하더라도,
22 남을 위해서 많은 은혜를 내려 주시
기를 바라며, 많은 축복을 내려 주시
길 바라며, 많은 사랑을 내려 주시길
바라며 많은 백성을 구원하시기를 바
라는 것이 지금 나의 아들을 따르는
제자요, 그 백성이 바라고 기도하는
내용이니라.
23 너희는 여기서 과연 어떤 것이 사탄이
며 어떤 것이 사악한 자들인가 다시
한 번 너희 가슴에 손을 얹고 생각하
고 검토해 보도록 그리하라.
24 나의 아들을 따르는 백성은 그러하니
라.
25 '모든 고난을 저에게 짊어지게 하옵시
고, 모든 고통을 저에게 주옵시고, 남
들의 고통을 덜어 주시며, 남들의 시
련을 덜어 주시며 그 모든 것을 다 지
고 가게 해 달라.' 그들은 기도하느니
라.
26 그와 같이 기도를 하는 나의 선택된
백성과,
27 '저에게 축복을 주십시오, 은혜를 주
십시오, 영광을 주십시오, 구원을 주
십시오, 구원을 받았다, 그리고 무엇
을 이루어 주소서.'
28 '제 아들이 남들보다 좋은 자리를 갈
수 있도록, 좋은 학교에 갈 수 있도록,
영광을 받을 수 있도록, 사업이요, 재
물을 얻을 수 있도록, 그저 남의 것을
갈취하든 뺏든 저만 이루어 달라' 기
도하는 그 기복 신앙의 원흉이 너희들
이니,
29 지금 나의 아들을 따르는 백성이 기도
하며 그 제자들이 기도하는 내용과 과
연 어떠한 것이 사랑함이요, 너희가
어떤 것이 나의 뜻에 따라 가는 백성
이라 그리 말하는가?
30 너희는 여기서 이제 깨달아야 할 것
이며, 너희가 가는 길이 얼마나 잘못
된 것인가를 알아야 할 것이니라.
31 '고통과 고난의 그 모든 십자가를 제
가 지고 갈 수 있도록 저에게 모두 내
려 주십사.' 그리 말하는 것이 사랑의
언어며 그게 사랑이니라.
32 '가난한 자에게 재물을 더 주옵소서.
그리고 어려운 자에게 재물을 주옵소
서.' 그보다 더 중요한 기도요, 그보다

더 위대한 것이 없는 것이 아니던가?
33 가진 자가 더 달라, 더 역사해 달라,
더 편하게 해 달라, 더 좋은 것을 갖게
해 달라 그리 기도하는 자들이 과연
그것이 사랑이며 나눔이던가?
34 남보다 더 가진 자, 남보다 더 편안한
자, 남보다 더 소유한 자는 '그걸 나눠
줄 수 있는 자를 보내 주옵소서. 제가
베풀 자를 보내 주옵소서. 그리고 제
가 나눠 줄 자를 저에게 보내 주옵소
서.' 그리 기도하는 것이 너희가 해야
할 기도가 아니던가?
35 너희는 얼마나 지금 잘못 가고 있는가?
36 너희가 지금 가는 길이 과연 어디로
가는 길인가?
37 중요한 것은 너희가 지옥으로 가고
있다는 것을 알아야 할 것이니라.
38 너희는 가난한 자를 도와주며 가난한
자를 이끌어 주며, 기도로 마음으로써
고통의 십자가를 지고 가겠다는 그와
같은 생각과 마음을 가지고 가는 것이
나에게 오르는 길임을 알아야 할 것이
니라.
39 재물을 구하고자, 명예를 얻고자, 더
영광을 얻고자, 너희가 더 달라는 축
복의 기도요, 영광의 기도요, 은혜 받
았다는 소리요,
40 그리고 은혜를 받고자 하여 뒤범벅이
된 그 소리로써 눈물, 콧물 뒤섞여 울
고불고하는 그와 같은 기도는 아무것
도 아니니라.
41 양보하는 마음이요, 십자가를 지고자
하는 그와 같은 마음, 모든 고통을 저
에게 내려 달라고 기도하는 것이 종교
지도자요, 신도들이요, 하늘에 오르는
백성이요,
42 일반 백성과 달리 깨우치고 위대한 자
가 가는 길이라는 것을 잊어서는 아니
될 것이니 그리 알라.

5,730 번째 하나님 말씀

2003년 3월 26일 13시 28분

1 사랑하는 나의 아들아!
2 "네, 아버님! 말씀하옵소서."
3 지금의 모든 종교 집단이요, 믿음의
길을 가는 그 백성이 얼마나 어리석고
어리석은 삶을 살며, 말도 안 되는 그
와 같은 생활을 하고 있는지 알고 있
는가?
4 큰 종교의 교회라는 집단이 나의 아들
예수의 보혈로써 모두 대속받았으며
죄를 사하였다 그리 말하느니라.
5 그리고 너희는 축복을 달라, 영광을
달라 그와 같이 서슴없이 기도를 하
며, 그를 소원하는 마음으로써 믿음의
길을 가고 있음이니라.
6 그러니 너희가 나의 아들 예수가 죽어
간 그 심정, 그가 이루고자 했던 것을
알겠는가?
7 그가 모든 죄를 대신 지고 갔다면 무
엇을 의미하는가?
8 모든 백성의 죄를 제가 지고 감이니,
그 백성을 편하게 살 수 있도록 사랑
을 베풀 수 있게 깨달음을 주옵시며,
진리를 알 수 있도록 해 달라 나에게
간곡히 기도를 드리고 또 기도를 하며
그가 죽어 가지 아니하였겠는가?
9 그렇다면 너희는 나의 아들 예수의 보
혈로써 죄를 대속받았으며, 너희가 나

의 아들 이름을 부르며 구세주요, 구
원자라 그리 말하며 주 예수를 찬양한
다는 그와 같은 좋은 말은 다 갖다 붙
여 대며 울고불고 기도를 하면서,
10 어찌하여 예수가 남의 죄를 짊어지고
갔던 그 숭고한 사랑이요, 그가 실천
했던 것을 너희는 바라지 않는가, 그
리고 너희는 그를 행하려 하지 않는가?
11 모든 종교 집단의 지도자요, 그리고
신도라는 자들은 구원을 받고자 하면
기도를 어찌하여야 하는지 알겠는가?
12 예수가 나에게 기도하여 '모든 백성의
죄를 용서해 주시고 제가 그 고통을
질 수 있도록 하여 주옵소서.' 그리 기
도했다면 너희가 예수를 따르는 그
백성이라면 너희가 그리 기도해야 하
지 않겠는가?
13 '전지전능하신 여호와 하나님! 모든
백성의 죄를 제가 지며 그 고통을 제
가 지며 그 시련을 제가 질 수 있도록
하여 주옵시고,
14 제가 모든 사람을 대신하여 그 죄를
사할 수 있는 그 고통과 어려운 길을
가겠으며 저에게 주고자 하는 축복이
요, 저에게는 영광은 절대 내리지 마
시고 불쌍한 백성이요, 다른 백성을
위하여 내려 주옵소서.
15 오로지 저에게는 고통과 시련을 주옵
소서.' 하고 기도하는 것이 너희가 할
수 있는 기도가 아니던가?
16 남들의 고통을 대신 겪으며, 남들의
시련을 너희가 대신 겪으며, 어렵고
힘든 것을 대신 겪으며, 그리고 그 짐
을 지고 가는 자가 되겠으니, 나 여호
와에게 그들의 무거운 짐이요, 고통의
짐을 너희에게 지우며 그들을 편안하
게 고통에서 벗어나게 하여 달라고 간
절하고 애절한 기도를 드려야 하는 것
이 너희의 기도하는 자세며, 나에게
기도해야 하는 것이 아니던가?
17 그것이 바로 예수가 모든 백성의 죄를
짊어지고 모든 백성의 십자가를 예수
가 지고 간다 그리 기도하고 경배했던
그 마음이 아니던가?
18 그러면 너희는 여기서 하나를 깨우쳐
야 할 것이니라.
19 너희가 과연 남의 죄요, 남의 고통스
러움이요, 남의 시련을 다 지고 간다
하여 내가 너희에게 지고 가도록 하
겠으며, 너희가 지고 갈 수 있다고 생
각하는가?
20 너희는 남의 죄를 대신 지고 갈 수 없
으며, 남의 죽음을 대신 할 수 없으며
남의 고통을 대신 할 수 없음이니라.
21 다만, 너희가 그와 같은 진실한 마음
을 가지고 사는 것이 천사의 마음이
요, 나 여호와의 성령이기 때문이니라.
22 그리하여 너희가 그와 같이 기도하고
그리한다 해서 그리할 수 없음이니라.
23 또 그리한다고 해서 내가 너희에게
그리하겠는가?
24 죽어 가는 부모가 제 자식의 죄를 다
가지고 가고 제가 대신 다 안고 갈 테
니 제 자식에겐 고통 없이 영광만을
주십사 그리 기도하고 그 부모가 죽었
다 하자.
25 그 부모가 그리 기도했다고 해서 그
자식이 마약을 하며, 알코올 중독자
며, 사업을 하지 아니하며, 노력하지
아니하며 일하지도 않는데, 그에게 축

복과 영광이 내려질 수 있다고 생각하
는가?
26 그 부모의 애절한 마음이요, 그 간곡
한 마음을 내가 들어줬다 그리 생각하
는가?
27 그건 있을 수 없는 것이니라.
28 너희는 나의 아들 예수가 나에게 그리
기도하여 모든 죄를 대속하며 너희를
용서해 준다고 용서해 주길 간곡히 빌
고 기원했다 해도 그는 그리될 수 없
음이니라.
29 예수는 예수에 대한 그 일을 역사할
것이며, 너희가 지은 죄는 너희 스스
로 그 책임을 지며 그에 따른 용서를
빌며 살아가는 것이 너희의 책무이거
늘,
30 어찌하여 남이 너희 죄를 지고 가며
그 죄를 대속했다 하며 너희는 편안한
자며 죄가 없는 것처럼 그리 말하는가?
31 그것은 예수의 마음이요, 예수가 너희
를 사랑하는 마음이니, 너희도 그리
살라는 것을 보여 준 것이며, 그 죄를
대신 할 수는 없는 것이니라.
32 그를 할 수 있는 것은 나 여호와만이
할 수 있으며 내가 명했을 때 그리할
수 있으나,
33 그것은 공의의 하나님이 할 일이 아
니며, 그건 법도에 어긋나며 하늘의
이치에도 맞지 아니함이니라.
34 나의 아들 예수가 너희 죄를 대신 지
고 가니 너희를 편안하게, 그리고 죄
속에 살지 않고 고통 속에 살지 않도
록 해 달라 그리 기도를 했으니,
35 내가 그걸 들어줬다 하더라도 너희는
어찌하여야 하는가?
36 너희가 지은 죄는 너희가 지는 것이
니라.
37 너희를 고통 속에서 고통의 시련을 벗
어나게 할 수 있는 것은 나 여호와가
할 수 있는 것이며,
38 그러나 그와 같은 것을 예수가 너희
죄를 용서하며 대신 지고 가고자 했으
며 지고 갔다 하더라도 너희가 행한
것에 대해서는 너희가 책임을 지는
것이지, 예수가 지고 간 것은 너희와
는 관계가 없음이니라.
39 예수는 예수 자신이 너희를 사랑했으
며 너희를 그리 아끼며 너희를 소중히
생각하기에 그가 너희 죄를 다 지고
간다고 말을 했고 또 그는 그리 행했
음이니라.
40 그렇다고 해서 너희 죄가 다 그리 가
는 것은 아니니라.
41 너희가 행하고 잘못한 것은 너희에게
책임이 있으며 너희가 다스려 가야 하
기 때문에,
42 예수가 그와 같이 너희 죄에 대해 속
죄하며 너희를 대신해 죽었으며 그 피
로써 너희 죄를 용서해 주며 사해 준
다 얘기했어도 그것은 예수의 마음이
요, 예수의 사랑이니라.
43 그러니 그 사랑이 그대로 실천된다고
너희는 그리 생각하지 말라.
44 너희가 지은 죄는 너희가 하는 것이
요, 너희도 예수처럼 남의 죄를 지고
가는 그와 같은 아름다운 마음으로 살
도록 하는 것에 가르침이 있으며 깨달
음이 있음이니라.
45 너희가 남의 모든 죄를 대속해서 지고
가는 그와 같은 마음으로 살라는 교훈

이요, 가르침이 거기에 있으니, 그와
같은 마음으로 살지 않는 자는 나의
아들 예수의 이름을 부를 필요도 없으
며, 그 이름으로 대속받았다는 얘기도
하지 말며 예수와 관계있는 자처럼 말
하지 말라.
46 아무런 관계도 없는 자들이니, 너희가
바로 사는 자만이 예수와 형제요, 그
리고 너희가 죄를 짓지 아니하며 너
희가 지은 죄를 선행을 베풀어 그 용
서를 받고 구원의 길을 올 수 있는 것
이 예수와 형제요, 나의 아들딸이라는
것을 잊지 말라.
47 예수는 그와 같은 사랑을 베풀고 그와
같은 역사를 하고자 했으나, 그 마음
이요, 그 천성이요, 그 심성이 그리하
고 싶었고 그리한 것이지,
48 그렇다고 해서 그 모든 너희 죄가 벗
어지는 것은 아니니라.
49 너희가 형제지간이나 부모와 자식 간
에도 그러하니라.
50 누가 대신 죄를 지고 간다 하여, '내가
네 죄를 대신 질 것이니 그리 알라. 너
는 아름답게 살라.' 해도 그 죄가 벗어
지는 것이 아니니라.
51 그것은 네 부모의 마음이요, 너희 형
제의 마음이니,
52 다만 네가 벌을 받지 아니하고 네가
남에게 지탄받지 않는 삶은 네가 열
심히 살아가는 것, 진심으로 살아가는
것, 아름답게 살아가는 것, 네가 이루
고자 하여 열심히 노력하며 네 실력으
로 살아가는 것이 너에게 해당하는
것이지,
53 남이 너에게 아무리 죄를 사해 줬다
해도 그것이 되는 것이 아님을 너희는
알아야 할 것이니라.
54 남이 너에게 축복을 줬다 해서 너희가
그리 받은 것처럼 생각하지 말라.

5,731 번째 하나님 말씀

2003년 3월 26일 13시 35분

1 사랑하는 나의 아들아!
2 "네, 아버님! 말씀하옵소서."
3 예수의 보혈로써 구원을 받았다 말하
는 자들이 얼마나 어리석은 자이며 황
당무계한 짓을 하는가를 이제 깨우쳤
을 것이니라.
4 오로지 예수의 마음이요, 예수의 사랑
이요, 그리고 너희도 예수와 같이 만
백성을 사랑하며 이웃을 사랑하고 살
아가라는 그 교훈이요, 가르침이 담겨
있는 뜻을 너희는 알아야 할 것이니
라.
5 너희 인간사에 살아가는 속에서 너희
가 부채라는 것을 갚을 자가 있으며
받을 자가 있음이니라.
6 그리하여 받을 자는 부채를 갚을 자에
게 갚기를 원하며 그를 요구함이니라.
7 그와 같이 너희가 서로 거래가 이루
어지는 그 형국에서 제삼자가 말하기
를,
8 '이제는 저 사람에게 받지 말게. 받지
않으면 아니 되겠는가?' 그와 같이 말
을 했다고 하자.
9 그렇다고 해서 그것을 그 사람이 받지
말도록 탕감해 주라 해서 너희는 탕감
됐다고 생각하는가?
10 제삼자가 빚 갚을 자에게 저 사람에게

갚지 않아도 된다, 갚지 말라 했다, 그
리고 네가 그 받을 사람에게 좀 탕감
해 주라 그와 같이 간곡한 말을 했다
고 해서, 갚을 자가 갚지 않아도 된다
고 나서며 대든다면,
11 이것이 경우에 있을 수 있는 일이며,
이것이 너희 사회의 통념상, 너희의
관습에서 통하는 것인가?
12 제가 갚을 것은 남아 있는 것이니라.
13 제삼자가 천 명, 만 명이 받을 자에게
받지 말라고 말을 한다 해도, 또 갚아
야 할 자에게 '갚지 않으면 어떠냐?'
그리 말한다고 해서, 그 사람이 그리
말을 했으니 갚지 않아도 된다고 그리
말한다면,
14 이 세상의 질서는 어찌 되겠는가?
15 이 세상에서 거래는 하나도 이루어지
지 아니할 것이니라.
16 지금 종교 지도자들이 나의 아들 예수
의 보혈로써 구원을 받았다 말하는 자
들이 그와 같은 행위와 똑같음이니라.
17 제삼자가 갚지 않으면 어떠냐, 갚지
말라 했다고 해서 그 빚을 안 갚아도
된다고 버티면 그것은 어찌 되는가?
18 그것은 말도 안 되며 경우에 어긋나는
것이며, 형성될 수 없는 것이 아니던
가?
19 지금 나의 아들 예수의 보혈로써 구원
을 받았다 말하는 자, 너희가 바로 그
와 같은 자이니라.
20 남들이 그 빚을 갚지 말라 했다고 해
서, 그 사람이 갚지 말라 했으니 너는
안 갚아도 된다고 버티고 갚지 아니하
고 뒤로 나자빠지면 준 사람이 그대로
놔두겠는가?
21 그것을 그 사람이 받지 않고 그냥 놔
둔단 말이던가?
22 그건 말도 안 되느니라.
23 그와 같은 형국이 지금 나의 아들 보
혈로써 구원받았다 그리 말하는 자들
이요, 그와 같이 억지를 쓰는 자들이
며, 그리고 생각도 못하는 자들이 말
도 안 되는 것을 가지고 지금 자신은
나는 새처럼 하늘에 와서 구원받았다
그리 착각 속에 허덕이고 있으니 그리
알라.
24 심판자는 나 여호와이니라.
25 내가 심판을 반드시 하며 너희는 스스
로 심판을 받게 되어 있음이니라.
26 너희가 심판을 받아야 하는 그 생활
을 놔두고, 나의 아들 예수가 너희의
그 고통의 죄를 지고 간다는 그와 같
은 말을 했다고 해서, 나의 아들 예수
가 너희 죄를 다 지고 실제로 왔으며
너희 죄를 용서해 준 것처럼 그리 생
각하지 말라.
27 나의 아들 예수의 간곡한 마음이요,
너희를 사랑하는 마음이요, 너희를 아
끼는 마음이 예수는 그러하니라.
28 그리하여 너희도 이웃을 사랑하는 것
을 그리 본보기로 삼으라는 것이지,
29 사악한 죄요, 잘못된 죄를 짓고 사는
자의 그 죄까지도 예수가 그 모두를
무조건 감면해 주며 그를 대신 안고
왔다는 뜻이 아니라는 것을 알라.

5,732 번째 하나님 말씀

2003년 3월 26일 15시 27분

1 사랑하는 나의 아들아!

2 "네, 아버님! 말씀하옵소서."
3 너희는 구약 시대의 성서가 있으며 신
약 시대의 성서가 있으니 그걸 보고
깨우쳐 왔고 또 연구를 해 왔음이니라.
4 그러니 그 속에서 무엇을 원하며 어찌
가르치며 어찌 가고자 하는가를 알 것
이니라.
5 그러면 지금 160권의 법전이요, 대장
정의 이 역사의 기적을 이루며 나의
아들이 가는 것을 너희는 망령이라
하며 사탄이라 하며 이단이라 그리 말
하느니라.
6 그러니 너희는 어찌하여 그와 같은
경솔한 행동을 하며 그와 같은 말을
하는가?
7 나의 법전 160권을 읽고 정독해 보라.
8 그러면 너희가 구약과 신약에서 알지
못했던 부분이요, 깨닫지 못했던 부분
이요, 의혹했던 부분이요, 의심했던
부분이요, 그 모든 답이 거기에 있으
며 깨우침이 거기에 있느니라.
9 너희가 아직도 정녕 어떤 것이 구원의
길이며, 어떤 것이 참진리의 길이며,
너희가 어찌 가는 것인가를 다 구원의
길에 의혹을 품으며 불안해하고 사는
백성 너희는 어찌하여 지금 가는 길
만이 옳다 그리 말하는가?
10 세상 모든 것을 접해 보면 그 속에서
너희가 깨달음이 있느니라.
11 악령의 짓이요, 사탄의 짓이라 해도
너희가 구약에서 얻지 못했던 것, 구
약의 시대에서 너희가 의심하며 의혹
했던 것, 신약의 시대에서 이해가 가
지 않았던 것, 그리고 알아들을 수 없
었던 것, 그리고 너희의 허전한 마음
이요, 그 모든 공허한 것을 다 찾아 주
는 답이 거기에 있으며 깨달음을 주는
답이 거기에 있음이니라.
12 너희가 몰랐던 것을 깨우쳐 주며, 너
희가 의심했던 것을 깨우쳐 주며, 의
혹의 고리로써 너희가 지금까지 믿음
의 길을 가는 그 모든 답이 거기에 다
있음이니,
13 나의 법전을 읽고 너희가 답을 얻는
다면 그것이 바로 나의 성령이요, 나
의 가르침이 아니던가?
14 너희가 나의 구약과 신약의 성서에서
깨닫지 못하고 얻지 못했으며 알지 못
했던 부분들을 나의 법전을 읽고 접하
는 그 순간에 그 모두를 알 수 있고 깨
달을 수 있다면,
15 과연 나의 법전이요, 내가 새로 내려
보내는 이 성경이 과연 무엇이던가?
16 너희의 길을 안내하는 것이며 너희를
깨달음으로 인도하는 것이 아니던가?
17 그리하여 거기에 참진리가 무엇이며,
나 여호와가 역사하고자 하는 것이
무엇이며 이루고자 하는 그 답까지 거
기에 다 있음이니, 과거·현재·미래에
이루어지는 그 역사까지 거기에 명확
하게 모두 다 기록되어 있느니라.
18 그를 보고 깨우쳐 너희 것으로 만들면
될 것이니라.
19 여기서 내가 예수를 핍박하며, 예수를
인정하지 아니하며, 내가 모세의 시대
를 인정하지 아니하며 나 여호와를 인
정하지 아니하는 그와 같은 구절과 내
용이 과연 여기 어디에 기록되어 있으
며 그를 반대하는 것이 어디 있으며
그를 잘못됐다고 한 것이 어디 있더냐?

20 다만, 종교 지도자의 잘못된 부분을
지적함이니라.
21 너희가 너무 우상화되었으며 그저 재
물에 연연해 있으며, 제왕이요, 독재
자보다도 더 위대한 권력을 쥐고 흔들
기에,
22 가장 낮은 자가 주인이 되어 높은 자
의 자리에 앉아서 휘두르는 그것이 잘
못됐다는 것이니라.
23 그러니 너희가 가장 낮은 자가 되며
만백성의 종이 되는 것이 종교 지도자
라는 것이며,
24 어렵고 힘든 신도들보다 너희가 더
어렵고 힘들게 살아가며, 그리고 나누
며 베푸는 것을 주저하지 않고 살아가
는 것, 사랑을 베풀며 살아가는 것이
나 여호와의 뜻이요, 내가 너희에게
전하는 것이 아니던가?
25 '이웃을 네 몸과 같이 사랑하라.' 성서
에 기록되어 있으면 그리 실행하라는
것뿐이니라.
26 그리고 실천하라는 것뿐이니라.
27 그리 실천하고 살지 않는 백성이 잘못
된 것이라 하여 내가 가르치는 것이
나의 법전에 기록된 주 내용이 아니던
가?
28 너희는 내가 직접 불로 써 지키도록
명한 영혼의 양식인 십계명 자체도 부
인하고 부정함이니, 그래서야 너희가
어찌 나에게 오를 수 있다는 말이던
가?
29 그는 무조건 지킬 수 있으며 너희가
행할 수 있음이니라.
30 인간이라 지킬 수 없다 그리 말하는
것은 너희가 나에게 도전하는 것이며,
나 여호와를 사탄이요, 마귀라 평하는
행위와 똑같음을 알라.
31 나 여호와가 어찌하여 너희가 행할
수 없는 것, 지킬 수 없는 것, 이룰 수
없는 걸 내려보냈다 감히 그리 말하
는가?
32 모든 성경을 그런 식으로 보고 깨우침
이니, 거기에 진정한 뜻이요, 참진리
를 알 수 없음이니라.
33 그리하여 너희 머릿속을 내가 시원하
게 해 주며 머릿속에 대답을 주며 너
희가 의혹했던 그 모두를 풀어 주는
것이 나의 법전이니,
34 일단 나의 법전을 읽고 정독해 거기서
너희 스스로 깨닫고 얻는 그와 같은
영광을 얻으라.
35 법전을 보지 아니하면 너희가 의혹하
는 것, 의심나는 것, 불안했던 마음,
초조함, 그 모두를 거둬들일 수 없음
이니 그리 알라.

부 록

【하나님께서 가르쳐 주신 운동】

천재지변이 일어날 때, 동물이나 미물들은 미리 알고 대피하지만, 인간은 알지 못하고 큰 화를 당합니다. 하나님께서 인간에게 가장 높은 지혜를 주시고 완벽하게 창조해 주셨기에 동물들보다 더 잘 알 수 있지만, 욕심으로 마음이 혼탁해져서 한 치 앞을 보지 못하는 것입니다.

마찬가지로, 인간은 누구나 스스로 필요한 운동을 해서 건강을 지킬 수 있도록 하나님께서 만들어 주셨습니다. 우리의 머리에서 우리 몸에 필요한 동작을 해 달라고 끊임없이 신호를 보내지만, 인간이 혼탁하게 살아서 그 신호를 알아채지 못합니다. 그러니 자연스럽게 자기 몸이 원하는 그 신호를 따라서 운동하는 것이 하나님께서 가르쳐 주신 운동 방법입니다. 바로, 우리의 영이 육을 이끄는 운동입니다.

▶ 하나님 운동법

1. 눈을 감고, 발을 어깨너비로 벌리고 바르게 선다.
2. 몸에 힘을 풀고, 허리를 숙이면서 손과 머리를 아래로 내린다.
3. 허리를 펴고 싶을 때, 천천히 펴면서 하고 싶은 동작을 하면 운동이 시작된다. (사람마다 다르다.)
4. 멈추지 말고, 어떤 동작이든지 자기 몸의 느낌대로 계속 이어서 한다.

▶ 참고 사항

① 눈을 감은 상태로 아무 생각 하지 않고, 자기 몸의 느낌대로 움직입니다.
② 마음을 비우고, 욕심을 버리고, 지난날의 잘못을 반성하면서 몇 차례 시도하다 보면, 자기도 모르게 하고 싶은 동작이 끊임없이 생깁니다.
③ 운동 장소는 방 안이든 운동장이든 관계없으며, 걷거나 달리고 싶을 때는 눈을 떠도 됩니다.
④ 매일 40분 이상, 주 4회 이상, 3개월 이상 하면 음식 조절에 들어갑니다.
- 음식으로 생긴 병은 음식으로 치료하게 되며, 어떤 음식을 먹어야 하는지 스스로 알게 됩니다.
(자기 몸에 필요한 음식만 먹고 싶어집니다.)
⑤ 사랑하는 사람과 함께 운동하면 서로 치료해 주기도 합니다.
⑥ 운동을 하다가 몸의 어느 한 부분을 계속 손으로 자극한다면 그쪽에 이상이 있는 것이니, 의사에게 상담을 받고 적절한 치료를 받으면 됩니다.
⑦ 다이어트 및 기타 건강관리에 효과적입니다.
⑧ 꾸준히 운동하여 영이 맑아지면, 자신의 과거와 미래를 스스로 보게 됩니다.

누구나 스스로 하실 수 있습니다.

간행사

《새로운 성경》은:

· 새로운 성경은, 하나님께서 선량하고 선한 자를 선택하여 십계명을 암송하도록 하시고, 십계명을 암송한 다음에 음성으로써 들려주시는 말씀을 듣고 그대로 카세트테이프에 녹음해서 받아쓴 책입니다.

· 90분짜리 녹음테이프 700여 개에 달하는 말씀으로, 1999년 8월부터 2004년 7월까지 총 160권(권당 288쪽)을 완성하였으며, 그 이후에도 현재까지 계속 말씀을 내려 주고 계십니다.

· 새로운 성경은 "하늘을 두루마리 삼고 바닷물을 먹물 삼아 쓰고 써도 다 못 쓴다"는, 끝없이 방대한 하나님의 말씀이 두루마리로 직접 내려오는 것입니다. 이러한 새로운 성경은 구약과 신약을 폐하려는 것이 아니라 "인봉된 성서의 비유의 뜻"을 상세히 설명하여 완성하고자 하나님께서 직접 내려 주신 말씀입니다.

《새로운 성경》의 구성:

· 제 목: 2013년, 160권 모음집을 발간하면서, 본 도서의 제목을 "하나님! 말씀하옵소서"에서 《새로운 성경》으로 명해 주셨습니다.

· 단행본: 각 권당 288쪽(신국판) 책이 160권까지 시리즈로 출판됩니다.
(모음집은 단행본을 16권씩 묶어서, 총 10부로 구성됩니다.)

《새로운 성경》의 성경적 근거:

· 신약 성경 [요한복음] 16장 13절에 "진리의 성령이 오시면 그가 너희를 모든 진리 가운데로 인도하시리니 그가 자의로 말하지 않고, 오직 듣는 것만을 말하며" 하신 말씀처럼 하나님의 음성을 들은 것만 기록하였으며,

· "장래 일을 너희에게 알리시리라" 하신 말씀과 같이 개인, 나라, 인류의 "장래"일을 하나님께서 알려 주시는 것만 기록하여 책으로 만들었습니다.

《새로운 성경》의 기록 방법:

· 1999년 8월부터 하나님께서 저에게 들려주시는 음성을 기록하였습니다. 처음에는 제가 들은 말씀을 불러 주면 저의 아내가 기록하여, 2000년 1월 29일에 1권 초판이 세상에 나왔습니다. 2000년 4월부터는 주시는 말씀을 받아 녹음기에 기록하여 시리즈로 출간하기 시작하였습니다.

· 녹음을 시작하면서 하나님의 말씀을 받는 데 가속도가 붙었고, 2001년 5월 3일에 1부(1~16권까지)를 인쇄하여 출판하였으며, 2004년 7월까지 총160권 분량의 말씀을 받아 기록하였습니다.

하나님께서 저에게 주신 것은:

· 첫째, 만백성을 상대로 내려 주시는 "기도", 둘째, 수시로 내려 주시는 "묵상", 셋째, 개인의 과거, 현재, 미래를 알려 주시는 "개인 기도", 넷째, 개인의 건강을 위해서 내려 주시는 "음식 처방", 다섯째, 하나님께서 가르쳐 주신 "운동"등이 있습니다. 이 중에 첫 번째, "기도"를 책으로 편찬하였습니다. 사람의 생사, 개인의 미래에 관한 천기는 수록하지 말라 하셨습니다.

강론 안내:

· 하나님께서는 지금도 매일 저에게 새로운 하늘의 비밀의 말씀을 내려 주고 계십니다. 수시로 내려 주시는 말씀을 정리해서 제자를 육성하라는 말씀에 따라 매주 강론을 하고 있습니다. 누구나 무료로 들으실 수 있습니다. (book160.com)

《새로운 성경》을 읽는 분들에게 드리는 선물:

· 개인 기도: 개인의 과거, 현재, 미래에 관하여 말씀을 내려 주십니다.

· 음식 처방: 사람은 음식을 먹고살다가 건강을 잃으니, 음식과 운동으로 건강을 되찾는 방법을 알려 드립니다. 단, 하나님이 계심을 믿고, 십계명을 지키겠다고 진실로 서약하는 분들께 알려드립니다.

《새로운 성경》의 은혜와 기적:

· 새로운 성경 전160권은 16권씩 묶어서 총 10부의 모음집으로 구성됩니다. 모음집 한 부를 읽고 깨우치는 자에게 하나님께서 다음과 같은 기적이 있다고 하셨습니다.

· "첫째, 그가 죽어 하늘에 갔을 때 그의 죄를 묻지 아니하며, 구원을 받는 위대한 은혜가 있으며, 둘째, 그의 소원과 소망이 이루어지고, 셋째, 죽은 자(부모, 형제, 자식, 사랑하고 은혜 입은 분)의 이름으로 구입한 책을 읽고 누군가 한 사람이 깨우칠 때, 그 죽은 자가 지옥에서 천국으로 구원을 받게 되며, 넷째, 유산, 중절 수술 등으로 태어나지 못한 아이를 위하여 구입한 책을 보고 한 명이 깨우쳤을 때, 그 아이가 사람으로 다시 한 번 태어나는 은혜를 받는다."

· "새로운 성경"을 3회 이상 정성을 다해 정독하는 자, 성서의 비밀을 알게 되고, 세상의 이치를 알게 되며, 세상을 지배하고 통제할 수 있는 지혜를 다 얻게 된다고 하셨습니다. 이 책은 만백성이 정독하고 이웃에게 전하여, 평생 가슴에 묻은 슬픔과 고통의 짐을 벗고 미래를 위한 힘찬 삶을 살아가도록 하는 책입니다.

끝으로

· 하나님께서는 흰 눈이 세상을 덮듯이 새로운 성경을 온 세상에 전하라고 하셨습니다. 《새로운 성경》을 각국어로 번역해서 온 인류에게 구원의 길을 깨우쳐 주고, 그 수익으로 가난하고 어려운 백성을 구제하여, 만백성의 영과 육을 함께 구원하는 선지자의 임무를 수행하라고 저에게 명하셨습니다.

· 하늘에서 내려 주신 말씀의 보화를 만백성에게 나누어 주는 것이 선지자의 임무라고 하셨습니다. 새로운 성경을 통해서 얻는 재물을 사용할 곳도 하나님께서 일일이 명해 주십니다. 모든 재물은 저의 자의로 쓸 수 없고, 하나님께서 명하시는 대로만 쓰여집니다.

· 어떤 명분으로든 십일조나 각종 헌금을 거두어들이지 말라 하셨으며, 국내뿐 아니라 각국에 성전과 단독 서점을 운영하며, 한국의 많은 젊은이들을 전 세계에 지도자로 내보내라고 하셨습니다.

· 우리는 세계적으로 새로운 성경을 보급하며 어려운 이들을 돕는 역사를 해 나갈 것입니다. 지금까지 비록 몇 명 안 되는 제자들과 함께 이러한 일을 역사했지만, 앞으로도 계속 하나님께서 기뻐하시는 일들을 해 나갈 것입니다. 부족한 저희에게 여러분들의 지혜와 성원을 보내 주시기를 바랍니다. 많은 분들의 참여와 도움을 간절히 기다립니다. 감사합니다.

한국어로 내려온 《새로운 성경》 단행본을 출간하며
2016년 4월 10일

발행인 **김 용 철**

한국어로 내려온

새로운 **성 경** · 5부 · 제77권

지은이 하나님 말씀
대역자 김용철

초판인쇄 1쇄 2017년 4월 3일

펴낸 곳 도서출판 하얀마음
등록번호 제 10-2107호 (2001년 2월 14일)
주소 서울시 노원구 덕릉로86길5, 2층
전화번호 02) 313-1114
팩스 02) 393-5554
전자우편 book160@hanmail.net
편집위원 조나영 김미향 이석교
제작지원 김창현 김지영

도서상담 1600-7527
ISBN 978-89-5875-177-9 (04230)
978-89-5875-100-7 (세 트)

값 10,000원
잘못된 책은 구입하신 곳에서 바꾸어 드립니다.

※이 책은 10부로 제작되며, 각 부 16권씩 총160권으로 구성됩니다.※

1부	2부	3부	4부	**5부**	6부	7부	8부	9부	10부
1권	17권	33권	49권	65권	81권	97권	113권	129권	145권
2권	18권	34권	50권	66권	82권	98권	114권	130권	146권
3권	19권	35권	51권	67권	83권	99권	115권	131권	147권
4권	20권	36권	52권	68권	84권	100권	116권	132권	148권
5권	21권	37권	53권	69권	85권	101권	117권	133권	149권
6권	22권	38권	54권	70권	86권	102권	118권	134권	150권
7권	23권	39권	55권	71권	87권	103권	119권	135권	151권
8권	24권	40권	56권	72권	88권	104권	120권	136권	152권
9권	25권	41권	57권	73권	89권	105권	121권	137권	153권
10권	26권	42권	58권	74권	90권	106권	122권	138권	154권
11권	27권	43권	59권	75권	91권	107권	123권	139권	155권
12권	28권	44권	60권	76권	92권	108권	124권	140권	156권
13권	29권	45권	61권	77권	93권	109권	125권	141권	157권
14권	30권	46권	62권	78권	94권	110권	126권	142권	158권
15권	31권	47권	63권	79권	95권	111권	127권	143권	159권
16권	32권	48권	64권	80권	96권	112권	128권	144권	160권